後漢における「儒教國家」の成立

渡邊義浩著

汲古書院

後漢における「儒教國家」の成立／目　次

後漢における「儒教國家」の成立

序論

序論　「儒教の国教化」をめぐる議論と本書の方法論

はじめに

本書は、後漢における「儒教國家」の成立により「儒教の国教化」が完成した、という仮説を論証することを目的とする。この仮説そのものは、すでに渡邉義浩《一九九五》で提出しているが、それ以降の中国思想史研究者との共同研究の成果を受けて、若干の定義の変更を行いたい。さらに、本書は、渡邉義浩《一九九五》で不足していた經典に則した「儒教國家」成立の議論を展開していく。

本書で実証すべき仮説を提示する前提として、儒學と儒教、および「儒教の国教化」に関する研究動向の整理を行い、そののちに「儒教國家」の定義を掲げることにしたい。なお、渡邉義浩《一九九五》以降、「儒教の国教化」に関する学説史整理を行ったものに、西川利文〈一九九九〉、福井重雅〈二〇〇〇b〉、関口順〈二〇〇〇〉、保科季子〈二〇〇六〉・〈二〇〇八〉があり、屋上屋を架すことにもなるが、これらの整理が渡邉義浩《一九九五》を踏まえていることもあり、あえて渡邉義浩《一九九五》・〈二〇〇五f〉に附加する形で、学説史の整理を行うことにしたい。

一、儒學と儒教

孔子を祖とする教説が、「儒學」であるのか「儒教」であるのかという問題は、単に言葉の問題として片づけることはできない。それは、孔子を祖とする教説を、「禮教」、すなわち「教え」と捉えて「儒學」という概念で表現するのか、それとも宗教と捉えて「儒教」という概念で表現するのかという、教説への本質的な理解と直結する問題となるためである。

従来、日本においては、前者の「儒學」として捉える立場が主流を占めている。例えば、日原利国《一九八四》の「儒教」の項目では、孔子を教祖とする一つの体系的教説であり、教説の信奉実践を敬重する立場からは儒教と称し、教説とこれに付随する多くの文献の学習研究を敬重する立場からは儒學と称する。またそれらの文献の専門的な研究そのものを經學と称し、「四書五經」が中心に置かれる、と両者の併存を一応は認める。そのうえで、儒教を宗教とみることは難しいと述べ、その理由として、儒教は一般の宗教のように、単に情意的な信仰や願求などによるのみでも、見神や救済に達するを得るということがない。すなわち、悟得とか信念とかにいたる方法が甚だしく理知的である点において、儒教は一般の宗教に異なり、むしろ一種の修養法の体系、もしくは倫理教説の体系とみるべきであろう、としている。

これに対して、欧米や中国においては、「儒教」を宗教として見る立場も多く存する。ゆえに、趙吉恵・郭厚安《一九八八》には、「儒教」の項目と「儒學」の項目とが、併置されている。そして、「儒學」の項目では、それを孔子の創設した儒家の学説であると定義し、以下、思想的内容、時代的発展を述べるに止まる。これに対して、「儒教」の項目では、それを孔教のことであり、孔子の学説が宗教になったものであると定義し、それは、董仲舒による崇天神学の採用を契機とし、歴代の封建統治階級による孔子の神格化がもたらしたものである、とする。そして、「儒教」を宗教ではないとする学説を紹介したのち、儒教の宗教性を論じ、儒教は宗教としての基本的特徴を備えているものの、形式上一般の宗教と異なるため、これを宗教と認識しないものもあるが、儒教は宗教である、としているのである。

1　「儒學」

儒教に関する体系的な概説書である戸川芳郎・蜂屋邦夫・溝口雄三《一九八七》は、世界宗教史叢書中の一冊であるにも拘らず、孔子の教説を「儒學」として捉える。そして、こうした「儒學」の系譜を、宇野哲人[一]・武内義雄[二]・津田左右吉と辿り、それに対する批判を検討する。そして、時流に無反省に巧みに適合する政治性を有する教化思想が儒教の本質の一端であろうかと、自己の「儒學」への認識を述べ、池田末利の「儒學」の定義を掲げて、この問題を締め括っている。そこに紹介された諸説の中から、津田左右吉・池田末利を取りあげ、併せてそこに取り上げられていない諸説をも検討することにしたい。

宇野哲人よりも早く、服部宇之吉《一九一七》は、「孔子教」の本質を次のように理解していた。服部は、「孔子は道徳を一とし、一貫の道を立て其本原を天に帰し、従来の思想に含まれたる宗教的の方面をば主として倫理的に解釈し、倫理綱常に関する方面に於て、従来よりも広範なる範囲に渉りて立説した」と述べている。すなわち、「孔子教」を非宗教的な「倫理思想」と捉えているのである。かかる服部の「儒學」理解の背景には、「今や支那人は、所謂牽強誣妄を恣にし孔子及び孔子教を民主共和に傅会せんとする」ことに対する激しい憤りがある。すなわち、康有爲らの孔教會による、孔子の国教化運動に対する反発が[三]、孔子の神秘化および「孔子教」の宗教化を批判させているのである。

また、戸川芳郎・蜂屋邦夫・溝口雄三〈一九八七〉は、津田左右吉〈一九三八〉を取りあげ、津田が「儒學」の主要徳目として「忠」と「孝」を強調していることは、明治以来の日本の「教育勅語」体制を背景とする「醇化せる儒教」の集約を再確認するためであった、として、津田の「儒學」理解の背景を探る。かかる津田の「儒學」理解は、次の如き中国宗教への理解を背景としよう。津田左右吉〈一九二〇〉は、「中国では、宗教的性質は裏に隠れて政治的意味が表に現れ、宗教は政治に従属し、政治によって規定される。そして、知識社会では、儀礼としては祭祀が礼典化せられ、思想としては神が理智化せられ、抽象化せられていく」とするのである。つまり、津田は、中国知識人社会における宗教が、すべて政治に従属したように、「儒學」は、あくまで政治に規定される倫理道徳である、と理解していたのである。

こうした、中国への懐疑的認識に基づく第二次世界大戦以前の研究に対して、吉川幸次郎〈一九四八〉は孔子の思想の分析において「儒學」を次のように理解した。すなわち、「儒學は非常に宗教的なものをもっており、宗教になる可能性をもっている。にもかかわらず、儒學が宗教とならなかったのは、中国の文化・民族の性癖が、神秘的であるよりも、合理的なものへの目覚めが非常に早かったことによるのである」としている。ここでも「儒學」を、非宗教的存在と理解することは、津田と同様である。しかし、津田の如く、遅れた中国では宗教も未発達であった、という理解ではなく、中国はその民族的な合理性のゆえに、「儒學」が宗教にならなかった、とする見解を示している。つまり、中国の合理性を高く評価して、そこに「儒學」の成立理由を求める点に、戦後の中国研究の視座を見ることができるのである。

また、池田末利は、一般宗教学の理論を背景に、『宗教学辞典』（東京大学出版会、一九七三年）において次のような

「儒學」の定義を行っている。すなわち、「儒教は国家宗教の体裁をとるにいたったが、經典の記述には儒教倫理的な解釈が多く、また、儀礼の執行も宗教的信仰の発露というよりは、王権の誇示、宗族の団結といった政治的・社会的意図に発するものが多いのであって、秦・漢帝国の封禪や郊祀などはその例である。そこで、祭祀の政治秩序への従属は否定し難い事実であった。このようにみてくると、宗教をいかに定義づけるにしても、儒教を宗教と断定することは困難で、ただ宗教的要素を含むというに過ぎない」としているのである。

このように「儒學」、すなわち儒教を非宗教として捉える日本の諸研究は、服部宇之吉・宇野哲人・武内義雄のように、「儒學」の有する倫理性を強調するものと、津田左右吉・池田末利のように「儒學」の政治への従属を理由とするものとがあることを理解できよう。

こうした儒教の宗教性を否定する諸説を集大成したものが、池田秀三《一九九八》である。ただし、その留保は大きい。池田秀三は、儒教が宗教であるか否かという問題は、いずれともいえない。どちらか一方に決めることはできない、とこの問題を結論づける。そのうえで、一方に決めるのであれば、宗教ではないに一票を投じる、とする。儒教における超越的存在者に相当する「天」や「鬼神」について、儒教にはかなりはっきりした無神論的傾向が存することは明白な事実であるからである。強いて儒教に宗教性ありというのであれば、儒教は「宗教にあらざる宗教」とでもするほかない。あるいは、啓示宗教ではなく、人間理性に基礎を置くという点、さらにまた社会道徳が自然法的秩序とみなされ、あたかも宗教的な規制力を有したという点において、儒教を「自然宗教」と呼ぶことができる、としているのである。

一方、中国では、これを「儒教」と捉える研究者も少なくない。後述する任継愈はその代表である。しかし、王家驊《一九八八》の総括によれば、日本の諸研究同様、倫理道徳・政治理論としての側面を強調して「儒學」と捉える考え方も多く存在するという。[四]それでは、倫理性と政治への従属とを理由に、儒教を「儒學」と規定し得るのであろうか。「儒教」と認識して、宗教性を主張する諸説の検討に移ろう。

2 「儒教」

孔子を祖とする教説の宗教性を強調して「儒教」と捉える者には、欧米の研究者が多い。むろん、欧米の研究者においても、ヴェーバー《一九七一》の如く、儒教は教養ある世俗人たちのための政治的準則と社会的礼儀規則との巨大な法典にすぎなかった、と「儒學」の合理性を強調して、「儒學」の宗教的性質を重視しない立場もある。[五]しかし、宮川尚志〈一九六五〉は、デ＝フロート以来の「儒教」的な立場を重視してマスペロ・グラネ・クリールの諸説を紹介し、自らも「儒教」と捉える立場を取る。[六]これらの説より、グラネを取り上げよう。

グラネ《一九四三》は、「おほやけの宗教」として「儒教」を捉える。すなわち、「一切のまつりは、帝王またはその精神的権威の派遣が皇帝の名においてこれを行ふにあらざれば、値打ちはない。これがおほやけの宗教の根底である。皇帝は最高の宗教的かしらである」として、皇帝が主宰する「儒教」の祭祀を極めて重要視する。つまり、グラネの所説は、「儒教」の宗教性を国家祭祀に求める見解である。

また、中国人研究者として「儒教」的な立場を取る者に任継愈がある。任継愈〈一九七九〉は、「儒學」が歴史的に「儒教」へと発展したと主張する。すなわち「先秦時代の『儒學』は、殷・周以来の宗教思想を継承しながらも、宗教ではなかった。これに、董仲舒によって、神学的目的論が加えられ、さらに儒・佛・道の三教合一の宋明理學が形成されて『儒教』が完成する。宋明理學は、宗教であり哲学であり政治の準則であり道徳の規範であって、この四者の結合によって、完全無欠な中国中世におけるスコラ哲学の基本要素が構成された」とするのである。つまり、任継愈は「儒學」の「宗教」的な変質を重視して、「儒教」の形成を説く立場にあると言えよう。

任継愈の所説を継承する李申《二〇〇五》もまた、董仲舒が孔子の学説と伝統宗教を結合させて、宗教としての儒教を創立した、とする。人と神とが交わる手段としての天人感應説を重視し、讖緯思想をその発展と位置づける。また、後漢から国家祭祀として孔子を祭り続けていることも、宗教であることの有力な論拠である、という(七)。

また、「儒學」の変質を「儒教」と捉える見方は、「儒教」とは、国教としての「孔子教」を意味するという独特の定義を行う板野長八にも見られる。板野長八〈一九七〇〉は、『儒教の国教化』とは、六藝の科・孔子の術が、君主を含めて人間界全体を指導し教化するようになることであり、それは圖讖と孔子教とが結合し、人道の教えを説く聖人孔子が、天道を説く呪術の最高権威となり、孔子教が変質した時期に求められる。その時期とは、圖讖を全面的に受容し、即位・政策・封禪などすべて圖讖に依拠して行動した後漢の光武帝期にこそ求められるのである」としている。宮川尚志〈一九六五〉も、漢代の讖緯思想による「儒學」の宗教化を重視し、国家宗教として「儒教」を理解している。このように「儒教」と捉える立場の論者は、「儒教」が国家において果たした役割、すなわち国家宗教としての役割を重視することが多いのである。

一方、これまでの論者がその宗教性を否定してきた原始儒教の呪術性に、「儒教」の宗教性を求める者が加地伸行《一九九〇》である。加地は、宗教を死ならびに死後の説明者であると定義し、葬儀における儒教の重要性を指摘して儒教こそ死と深く結びついた宗教であるとする。そして、「死に対する説明として、儒家の重視したものが『孝』であり、儒者は、生命論としての『孝』を基礎として、その上に家族倫理、社会倫理（政治理論）を作り、宇宙論・形而上学を発展させていく」と理解する。つまり、加地は「儒教」の本質に生命論としての「孝」を置き、そこに「儒教」の本質である宗教性を見るのである。

以上のように、「儒教」を宗教として捉える議論は、国家宗教としての「儒教」を重視する見解と、その本源的な呪術性を重視する見解とに分類することができるのである。こうした「儒學」的立場と「儒教」的立場の両者が出現する理由は、儒教の持つ諸要素の多元性にあろう。それでは、儒教の多様な諸要素を、いかに理解すればよいのであろうか。

3　儒教の諸要素

「儒學」と「儒教」という、宗教性の有無に関して対照的な見解が併存する事由は、儒教の持つ性格の多様性による。そうした多様性において儒教を捉えようとする試みに、次の三者の研究がある。すなわち、「儒學」と「儒教」の概念の弁別により両者の整合的理解をめざす冨谷至、儒教を多様な諸要素の複合形態として捉える溝口雄三、儒教の多様な要素の段階的展開を主張する加地伸行の研究である。

冨谷至〈一九七九〉は、「儒教の国教化」と「儒學の官学化」とを分けて論ずべきことを説く。すなわち、「經學」が国家によりその地位を保証されることを「儒學の官学化」と称し、教理としての「儒教」が君主および人民を規制し、一種の「国家宗教的なもの」になることを「儒教の国教化」と称すべきであるとするのである。しかし、儒教とは、「儒學」と「儒教」の二側面に截然と区別し得るものではあるまい。むしろ、様々な要素が渾然と一体になって存在しているものと捉えるべきではなかろうか。1で取りあげたように、「儒學」説を総括するが如き辞典の項目を執筆している池田末利〈一九七六〉は、序説においてこの問題に関して、次のように述べている。すなわち、「一般に中国人は、宗教的であるよりは人間中心主義的・現実的傾向が強く、中国の思想には宗教的要素や影響が希薄であるとの見方が、西欧学者の間には勿論、わが国学者の間にも有力である。こうした見解は、確かに中国民族精神の基本性格について、その一面を捉え得たものといえる。しかし、儒家の倫理主義的人生観にしろ、道家の自然主義的世界観にしろ、その根底には天とか神とかいった超越者・至上者を常に考えていたものと見るべきで、その意味からは思想の基調としての宗教性を低く評価することはできない。のみならず、儒教政治そのものが『禮』を以て凡称される一種のリチュアリズムと見られ、儀禮と呪術との執行が王者の最も重要な任務であったのである。したがって、中国思想の非宗教性ないし反宗教性のみを強調するのは、一面的理解に止まるものと言わざるを得ないが、かかる半面的理解は宗教性そのものについての深い洞察を欠くところから生じる」とするのである。長い引用となったが、「儒教」の有する宗教性と非宗教性の渾然たる形態を言い当てた文章と思われる。つまり、冨谷説のような分離論は、「儒教」と「儒學」の問題を矮小化するものに過ぎないのである[八]。

こうした「儒教」の有する諸要素を、アスペクトとして取り出すことを試みたものが溝口雄三〈一九九〇〉である。溝口は、儒教のアスペクトを十項目に、次のように分類する。すなわち、①禮制・儀法・禮観念、②哲学思想、③世界観・治世理念、④政治・経済思想、⑤指導者の責任理念、⑥教育論・学問論・修養論・道徳論、⑦民間倫理、⑧共同体倫理、⑨家族倫理・君臣倫理、⑩個人倫理の十項目である。溝口の提言は、儒教の多様性を具体的に、かつ網羅的に表現したものとして評価できよう。しかし「儒教」の歴史的存在形態は、これら十項目の羅列的な併存形態としては出現しまい。「儒教」は、時代により、多様に変化・発展し、その結果が十項目に分類し得るのであって、逆ではない。つまり、溝口のような類型論では、儒教の歴史的存在形態を理解することができないのである。

羅列的な類型論である溝口説に対して、加地伸行《一九九〇》は「儒教」の多様な要素が、累層的に五段階に発展したことを説く。すなわち、①原儒時代（孔子以前）の死への不安に対処する呪術が、②儒教成立時代（前六世紀～前二世紀）に、生命論としての「孝」となり、それが儒教の最も根底に存在させられる（宗教性）。そして、③經學時代の前期（漢〜唐）に、家族論・政治論が形成され（禮教性）、④經學時代の後期（宋以降）の宋學において、宇宙論・形而上学が形成される（哲学性）。こうした禮教性・哲学性は、⑤儒教内面化時代（現在）では崩壊し、儒教として残存するものは、生命論としての「孝」のみである、とするのである。加地説は、時代による儒教の発展を説くことにおいて、羅列的な溝口説よりも歴史的存在形態に近い。しかし、加地が、儒教の本質としての「孝」を強調し、それの有する宗教性が、儒家から消えることを非難する時、こうした歴史性に対する配慮は失われる。例えば、加地は次のように述べている。「漢代以後の儒家は、儒教を宗教でないとするため、儒教經典内の至るところに説かれている、祖先崇拝に基づく鬼神の祭祀の位置づけ、その意義づけに四苦八苦することになる。儒教の本質として存在する宗教性が分からなかったのであるから、宗教的に位置づけなどできようはずはない。その無理解の代表は五世紀の范縝である」と。こうして加地は、漢代以後の儒家の「儒教」に対する無理解を批判するのである。これは疑問である。漢代以後の儒家が、祖先崇拝に基づく鬼神の祭祀の位置づけに四苦八苦するのであれば、その四苦八苦する姿が、漢代以後の儒教なのではないか。儒教のあり方は、時代によって変遷するものであろう。加地が考える儒教の本質が、漢代以後の儒家と異なるからといって、漢代以後の儒家の儒教理解を「無理解」であると非難することはおかしい。つまり、加地のような現代からの視角に基づく一元論では、歴史的に変遷する儒教の存在形態を把握することはできないのである。

それでは、儒教をいかに捉えればよいのであろうか。多様な要素を持つ儒教は、歴史的な変遷を見せる。それにも拘らず、中国のすべての時代に共通する儒教像を把握するという方法論を取れば、それは「儒教」と「儒學」の諸説の検討に明らかなように、整合的な解釈を提出し得ないまま終わることも多い。したがって、こうした試みはしばらく放棄し、それぞれの時代における儒教の在り方を解明することから始めるべきではないであろうか。つまり、儒教の歴史的存在形態をそれぞれの時代ごとに解明することが必要なのである。池田秀三《一九九八》も、本論のもととなった渡邉義浩《一九九五》を引用しつつ、現在必要なのは、儒教を空論することではなく、各時代・各個人についてその儒教の特質を闡明することである。渡邉の提案する「儒教の歴史的存在形態をそれぞれの時代ごとに解明すること」、この提案に満腔の賛意を表するものである。今日の儒教研究はこの道しかない、と述べているのである。池田秀三《一九九八》は、漢代は明代と並んで、儒教の宗教性が強い時代である、とする。漢代は、「はじめに」に掲げたように、「儒教の国教化」が求められる時期なのである。しかし、その時期については、多くの異説が併存する状況にある。続けて、「儒教の国教化」をめぐる議論を検討することにしよう。

二、「儒教の国教化」をめぐる研究

中国の国家や社会において、儒教がいかなる役割を果たしたのか。この問題を考究するためには、儒教が中国の支配理念とされ、社会へ浸透していった時代の研究から始める必要がある。従来の研究では、董仲舒の「對策」を契機とした、前漢武帝による「儒教の国教化」以来、儒教は中国の正統思想としての地位を占めてきた、とされている。しかし、「儒教の国教化」に関しては、その時期・内容などに関して、「定説」を批判する多くの説が提出されている。以下、時代順に諸説の論拠を追い、「儒教の国教化」に対する本書の立場を明確にしていきたい。

1　前漢武帝期

従来の定説とも言える前漢武帝期に「儒教の国教化」の時期を求める説は、重澤俊郎の〈一九四三〉を代表とする。[九]重澤は、儒家的統一は社会的政治的要請に外ならず、董仲舒の出現を俟たずとも儒家の表彰は早晩行われる運命にあったが、此の趨勢を洞察して旧来の儒家思想を整理更改せる偉大な手腕は、董仲舒に認めなければならない、として董仲舒出現の必然性を当該時代の社会状況から説きおこす。[一〇]そして、董仲舒の学問・著作・「天人三策」の提出・五經博士の設置など、董仲舒に関わる基本的な諸事項を明らかにし、その政治思想・倫理思想・陰陽五行思想との関わりを論じた。とりわけ、董仲舒の政治思想中最も特色を有する部分として、君主権に関する思想を取りあげ、董仲舒は、君主権の強大を肯定すべき絶対的要請の為に、「大一統」と世界国家の思想を以て、姑らく其の理論的根拠を提供したが、其の反面儒家の伝統精神に依って、之を或る範囲に抑制せんとする用意を怠らなかった、と理解したのである。こうした重澤の董仲舒理解が、以後の研究の基礎となり、これを祖述することにより董仲舒の研究は進められた。[一一]また、中国においても、董仲舒の位置づけ、「儒教の国教化」に関する議論は、基本的にはこの線を凌駕するものではない。[一二]

この「定説」に対する批判は、冨谷至〈一九七九〉の整理に拠れば、主として三方向から提出された。第一は、五經博士の設置、董仲舒の對策に関する史料的な疑問、第二は、「儒教国教化」の実効性に対する疑問、第三は、「儒教国教化」の解釈の問題である。第一の史料的な問題より検討しよう。

第一の立場からの批判は、平井正士〈一九四一〉を嚆矢とする。平井は、上奏の年次に諸説のある「天人三策」のうち、第一策・第三策は元光元（前一三四）年に上奏されたものであり、また、第二策は、文中に武帝末年にならなければ記録に見えないはずの「康居」が含まれているので、後世の竄入であろうとする。そして、孔子を推明し、百家を抑黜し、州郡の茂才を挙げる事が皆、董仲舒の對策によって発せられたとなす本傳は、美を董氏に帰する讃辞に過ぎず、漢代儒學一尊の風潮は、実は田蚡に始まって、公孫弘に至って固成されたものである、と論じて、董仲舒による「儒教の国教化」という定説を批判したのである。

　これを継承しながら、さらに議論を展開したものが、福井重雅〈一九六七〉である。福井は、五經博士の設置、および董仲舒の對策に関わる史料が『漢書』にのみ現れ、『史記』には見えないことを重視する。そして、『漢書』は、董仲舒を「儒宗」と仰ぐことを始めた劉向・劉歆父子の思想的影響を大きく受けた書物であることから[一三]、班固が、董仲舒を以て漢代における儒教の確立者とする伝承を作為した、とする。その結果、五經博士の設置は、『漢書』にしか明記されず、また五經博士のうち禮・易の博士に、誰が任命されていたかも不明なのである。すなわち、武帝の五經博士設置という著名な制度は、『漢書』編纂時の思想から加上的に仮託された記載であり、武帝時代に実施された事実は認められない、とするのである。また、「天人三策」に関しても、平井説を継承し、第二策は後世の竄入であり、他の對策もほとんど政策に具体的に現れていない。つまり、武帝の儒教政策は、即位当初の十余年間に一時的に施行されたにすぎず、その後は殆ど顧みられることはなく、凋落していった、としたのである。

　福井説に対する反論として提出されたものが佐川修〈一九六七〉である。冨谷至〈一九七九〉も基本的には佐川説を踏襲する。また、町田三郎〈一九八五〉も、佐川論文により福井の問題提起は解決したとし、前漢武帝時代を「儒教の国教化」の時期とすることを立論の大前提としている[一四]。したがって、佐川の福井批判を検討することが重要となる。佐川の福井批判は、第一に、五經博士に関しては、『漢書』のみにそれが現れる理由を、『漢書』武帝紀に対応すべき『史記』武帝本紀が現在失われているためである、とする。そして、「五經博士を置く」とは、今後、博士は五經に限って置くことを制度の方針として決定した、という意味であるとし、武帝の五經博士の設置を肯定的に解釈する。また、第二に、董仲舒の第二策に関しては、「康居」の一語からこれを否定することは危険であるとして、最初に第二策が位置し、天子のさらなる策問に対して、第一策・第三策があったと考えれば、第二策を後世の竄入と見る必要はない、と平井・福井の両者の説に反論したのである。

こうして、佐川論文により、平井・福井の提出した史料に関わる二点の問題、すなわち五經博士の設置・「第二策」の問題は解決したと考えられた。(二五)しかし、佐川およびそれを継承した冨谷の批判は、平井・福井の提出した、史料に関わる二点の疑義に対して、十全に答えているとは言い難い。(二六)第一に、五經博士に関しては、原本の『史記』の武帝本紀が現存しない以上、『史記』に「五經博士」に関わる記事の無いことの消極的な理由とはなっても、積極的な反論とはなり難い。また、第二策の問題も、佐川・冨谷の説くように、最初に第二策が位置し、天子のさらなる策問に対して、第一策・第三策があったのならば、なぜ第二策・第一策・第三策の順序に記載されなかったのかという素朴な疑問が残る。しかも、第一策・第三策は内容的に近接しているのである。加えて、五經博士が制度として確立したのは、公孫弘の奏請において、博士と弟子員とが太學に置かれてからである、と佐川も認める以上、史料的な問題ではなく、冨谷の分類でいう第二の「儒教国教化」の実効性に関する疑問としては、何の解決もしてはいないのである。しかし、史料に係わる問題は、決定的な史料が存在しない以上、自説の立場からの解釈の整合性を争うことになり、他者である本論がこれ以上議論を展開しても不毛である。したがって、史料問題は両者の見解を併存させたままにして、「儒教国教化」の実効性に関する問題へと議論を進めたい。

2　前漢元帝期

「儒教国教化」の実効性に関する問題提起もまた、平井正士から始まった。平井正士〈一九五四〉は、武帝期の建元年間（前一四〇年～前一三五年）の儒家任用は、宰相田蚡の勢力樹立の手段に過ぎず、彼の勢力安定後には儒家の勢力は衰退する。また、武帝本人の儒家登用も大臣の牽制のためであり、武帝の独裁期に入ると儒家は無用化して捨て去られた、とする。そして、儒家官僚の進出は、昭帝・宣帝の準備期を経て、元帝・成帝以降に実現すると論じたのである。如上の説を実証するため、平井正士〈一九八二〉は、公卿層への儒家の浸潤を検討し、「太學」の設置以降武帝の治世の終わりまでの三十七年間、儒家の公卿層への進出は、一・九%と殆ど閉ざされたままであったことを解明した。それが、元帝期には、儒家は公卿層へと浸潤し、当該時期の公卿の総数の二六・七%を占めるまでに至ったとして、元帝期になって初めて儒學は支配思想としての地位についた、と主張したのである。また、福井重雅〈一九六七〉も、武帝初期の崇儒政策に貢献したのは、趙綰・王臧・公孫弘らであり、董仲舒個人を特に評価すべき理由はなく、公孫弘による博士弟子の増員を上奏した「功令」以後、「儒教」政策は姿を消し、以後酷吏に代表される法術主義が再び擡頭してくると論じて、武帝の儒教政策は、即位当初の十余年間に過ぎなかった、としている。

これに対して、冨谷至〈一九七九〉は、当時の儒學の中心が春秋公羊學であり、公羊學の思想性が酷吏の擡頭と活躍を保証するものであったとする冨谷至〈一九七八〉を根拠に、酷吏の進出・活躍は、儒學一尊の風潮が生み出したものであるとして福井説を批判した。しかし、冨谷の批判は、公卿層における儒家官僚の実数を検討した平井の実証的な研究を崩し得るものではあるまい(一七)。また、酷吏の活躍の背景に公羊學が存在したとしても、儒教の国教化が存在したから刑法を徳教よりも尊重する酷吏が出現した、という論理は受入れ難い。前漢武帝期においては、中央の官僚層に儒家の存在は未だ少数であった。こうした意味では、日原利国〈一九七二〉の、儒教が政治と学術の世界に浸透し、それに伴って陰陽災異の説が蔓延してゆくには昭帝・宣帝を経て元帝へと、百年近い歳月の経過を必要とした、という考え方に左袒したい。すなわち、儒教が官僚層にある程度浸潤したという指標に基づき「儒教の国教化」の時期を求めるのであれば、前漢の武帝期ではなく、前漢の元帝期の方に現実性はあると言えよう。

3　王莽期・後漢光武帝期

「儒教の国教化」の解釈に関わる疑義を提出した者は、西嶋定生と板野長八であった。西嶋定生〈一九七〇〉によれば、「儒教の国教化」とは、第一に「儒教」が国家の政治理論として絶対的な地位を得て、儒家の主張する禮説によって国家の祭祀が改革されること、第二に漢帝国の支配者である「皇帝」の存在を「儒教」の教義体系の中に組入れられることである、と定義される。前者は、宗廟制・郊祀制などの国家祭祀が儒家思想を基準として改廃された前漢後半期から王莽期に完成し、後者は、讖緯説を取り入れ神秘主義と結合した前漢末期に求めることができる。したがって、「儒教の国教化」の時期は、前漢の最末期におかれ、王莽政権は、この「儒教の国教化」を背景に出現し、それを完成させたものと位置づけられる、としたのである〔一八〕。

一方、板野長八〈一九七五〉は、「儒教」とは、国教としての「孔子教」を意味する、という独自の定義から出発する〔一九〕。すなわち、「儒教の国教化」とは、六藝の科・孔子の術が、君主を含めて人間界全体を指導し教化するようになることである。それは、圖讖と孔子教とが結合し、人道の教えを説く聖人孔子が、天道を説く呪術の最高権威となり、孔子教が変質した時期に求められる。その時期とは、圖讖を全面的に受容し、即位・政策・封禪などすべて圖讖に依拠して行動した後漢の光武帝期にこそ求められる、とするのである。

両者の説は、時期ではそれぞれ王莽期・光武帝期と異なるものの、讖緯・圖讖による儒教の神秘化を重視する点では揆を一にする。王莽の革命が、「符命革命」と称され、光武帝のそれが「圖讖革命」と称されるように〔二〇〕、両者の政治行動の中で、儒教の占める役割は極めて重要なものであった。この時期には、政治思想としての儒教は、国家建設の中で欠くことのできない思想的中核として、非常に大きな地位を占めているのである。しかも、讖緯思想と結合して「皇帝」をも包摂する概念となった儒教は、まさに思想内容としての「国教化」と称するに相応しい内容を備えている。思想内容だけを指標とするのであれば、王莽・光武帝期に「国教化」の時期を求めることもできよう。

4　段階説

「儒教の国教化」という問題について、これをある一定の時期に求めるのではなく、ある程度の時間の中で、徐々に形成されたと考えるものが段階説である。福井重雅《二〇〇五》は、段階の存在を前提としながらも、元帝期における「儒教の官學化」を設定するが、(二一) 池田知久《二〇〇九》は、完全な段階説をとる。(二二)

福井重雅《二〇〇五》は、儒教の体制化の時期を歴史的に跡付けると、それは前漢の文帝～武帝時代に胚胎し、宣帝・元帝時代に芽生え、王莽時代に開花し、後漢の光武帝～章帝時代に結実したと形容できる、として、儒教の官学化を四期の段階に分ける。

第一期：賢良・方正・孝廉・茂材などを主体とする察擧制度の新設、それに表裏する儒學専門の博士・博士弟子制度の形成、武帝即位当初における田蚡・王臧らによる儒學尊重の進言などに象徴される文帝～武帝期。

第二期：皇帝自身による儒學の尊崇、儒家的官僚の政界進出、体制の再編成などに代表される宣帝・元帝期。

第三期：讖緯・古文を導入した儒學の変質・解体、儒家的官僚層の急増、祭祀の一元化などに集約される王莽期。

第四期：国家思想としての儒學の普及、官民一体による儒教の受容、在地社会への儒學の浸透などに要約される光武帝～章帝期。

そのうえで、このような二二〇年におよぶ儒教の形成期の中に、敢えて一点だけ儒教の転換の時期を設けようとするならば、その一線は宣帝と元帝との間の時期に相当する。すなわち程度の差こそあれ、宣帝以前の時代は、儒教はいまだ皇帝や国家によって唯一の思想として公認されることはなかったが、元帝以後の時代において、はじめてそれは皇帝を筆頭に、官民一般に推戴される国家正統の思想として成立することになったのである、と述べている。

これに対して、池田知久〈二〇〇七〉は、儒教の国教化、すなわち国家が儒教を唯一の正統と認めその他を包摂・抑制するかたちで思想統一を行うことは、前漢全期を通じた儒教重視の積みかさねの結果、達成されたものであり、以下の三段階を経て行われた、とする。

萌芽段階：文帝期～武帝期（前一八〇～前八七年）には、賢良・方正・孝廉などを主とする官吏登用制度が創設され、儒教經典を専門的に研究する經學と博士制度が確立し、同じく博士弟子制度が創設されて、武帝即位の初年には儒家官僚の登用と活躍が見られた。

発展段階：昭帝期～元帝期（前八七～前三三年）には、鹽鐵會議・石渠閣會議に儒家が参加・発言し、皇帝自身も儒教を重視したために、儒家官僚が政界に進出した。また郡國廟の廃止をはじめとする禮制の改革が行われた。

完成段階：成帝期～王莽期（前三三～前二三年）には、劉向・劉歆による六經を中心とした書籍整理が行われるとともに、儒教は讖緯説を取り入れて変貌していった。また、儒家官僚が徐々に増加し、儒教的な宗廟制・郊祀制が確立された。王莽期には『周禮』をモデルとする官制・田制の諸改革が行われた。

このような段階説を主張するとともに、儒家に先んじて道家が諸思想を統一する構想を有していたことを重視することが池田説の特徴である（池田知久《二〇〇九》も参照）。

三、「儒教國家」の四つの指標と「儒教の国教化」の完成

　ここで論点を整理しよう。これまでの研究では、「儒教の国教化」は、約言すれば、⑴制度的な儒教一尊体制の確立、⑵儒教の公卿層への浸潤、⑶思想内容としての体制儒教の成立の三つの指標により論ぜられていると言えよう(二三)。⑴を指標として、前漢武帝期に「儒教の国教化」を求める通説は、平井・福井の批判のように、官僚層そのものに儒家の存在が少数であっただけでなく、儒教思想そのものが政治や社会に浸透していないことを理由として、承認することはできない。武帝期・宣帝期を中心とする法家思想の隆盛は、それを如実に物語る。つぎに⑵を指標として、前漢元帝期に「儒教の国教化」を求める平井説はどうか。平井の実証によれば、元帝期の公卿層に占める儒家官僚の割合は、二六・七％であるという。わずか一・九％にすぎなかった武帝期に比しての儒教の浸潤は明白である。しかし、三割弱の浸潤によって、ここに「儒教の国教化」を措定することは難しいであろう。さらなる儒教の公卿層への浸潤を俟って、⑵の指標を適用すべきである。それでは、⑶を指標として、王莽期、光武帝期にそれぞれ「儒教の国教化」を求める西嶋説、板野説は肯綮し得るであろうか。たしかに、「皇帝」の概念を思想内容に含む時期は、讖緯思想の確立期である王莽期から光武帝期の間に求められよう。また、王莽が、儒教的な宗廟制・郊祀制の確立に大きな役割を果たしたことは明らかである。しかし、「儒教の国教化」という概念を、政治思想としての思想「内容」の確立のみに止めて適用することは、「儒教の国教化」という概念の諸要素を尽くしていると言えるのであろうか。

　本質的に政治思想である儒教は、抽象的な思想「内容」の確立にではなく、国家の支配に儒教が「具体的」に、いかに関わっていたのかという指標でこそ、有用性が判断される。換言すれば、⑷支配の具体的な場に、儒教が出現する「儒教的な支配」の確立を、「儒教の国教化」の第四の指標として措定し得るのではないであろうか。それが許容

されるとすれば、王莽期は、王田制などの「儒教的な支配」政策が、ほとんど実効性を挙げる間もなく、新王朝の崩壊をみたのであるから、ここに「儒教の国教化」を求めることはできまい。さらに、中国古代国家の支配を現実のものとするものが在地勢力であるのであれば（渡邉義浩《一九九五》）、公卿層といった高級官僚だけではなく、国家の支配を在地で支えた在地勢力が儒教を受容することも、重視すべきであろう。そこで、⑶の中央官僚に⑸在地勢力の儒教の受容を加えることにしたい。

しかし、多くの指標を加えていくことは、従来の研究とは異なる尺度によって「儒教の国教化」を論じることになる。また、「国教化」という概念についても、前述した板野説などさまざまな議論がある。[二四] そこで、⑷支配の具体的な場に儒教が出現する「儒教的な支配」を重視する本書は、国家の儒教的支配を重視するという意味で、「儒教國家」という分析概念を設定し、「儒教國家」の成立によって、「儒教の国教化」は完成すると理解したい。「儒教」という分析概念をもあわせて、「儒教國家」成立の指標の定義を行っておく。

○　儒教

儒教とは、儒家の教説の総称である。その中心となる經典解釈は、經學と呼ばれるが、本書では、漢代儒教の特徴をその宗教性の高さに求める立場から、經學を含めた儒家の教説全体を儒教と呼ぶ。

○　「儒教國家」成立の指標

1　思想内容としての体制儒教の成立
2　制度的な儒教一尊体制の確立
3　儒教の中央・地方の官僚層への浸透と受容
4　儒教的支配の成立

以上の四つの指標の中には、前著である渡邉義浩《一九九五》ですでに議論を尽くしたものもある。したがって、本書で1から4のすべての指標を論証するわけではない。しかし、九章にわたる論証が終わった後には、渡邉義浩《一九九五》をはじめとする従来の研究成果を含めたうえで、「儒教國家」成立の時期について、すなわち「儒教の国教化」の完成時期について論じることにしたい。

おわりに

本書は、「儒教の国教化」に関して、次のような段階論を主張する。すなわち、「儒教の国教化」は、大まかに考えて、

第一段階　前漢宣帝期から石渠閣会議まで　「儒教の国教化」の開始
第二段階　前漢元帝期から王莽期まで　「儒教の国教化」の進展
第三段階　後漢光武帝期から白虎觀會議まで　「儒教國家」の成立＝「儒教の国教化」の完成

の三段階を経て達成された。かかる諸段階の中でも、最も重要な画期は、「儒教國家」が成立し、「儒教の国教化」の完成する後漢章帝期の白虎觀會議である。この認識については、前著である渡邉義浩《一九九五》から変わるところはない。

本書は、後漢「儒教國家」の成立によって、「儒教の国教化」は完成し、その時期は後漢章帝期の白虎観会議に求められる、という仮説を実証することを目的とするものである。

《注》

(一) 宇野哲人《一九二四》は「序論」に、「抑も儒教とは何ぞや。儒教とは言う迄も無く、二千四百余年の昔、魯の孔子の説く所にして、其後幾多の変遷を経て、以て今日に至れる倫理道徳の教を言ふ」と述べ、儒教を「倫理道徳の教」と捉えている。

(二) 武内義雄《一九四三a》は「叙説」に、「儒教は支那において発達した倫理教であるから儒の教えはすなわち倫理であるともいえる。しかしまた他の方面から考えると、倫理は国家社会の秩序を扶持する規則であるが、儒教は特にこの規則を遵守発揚するための実践方法と、それを理論付けるための哲学的思弁をも説いている」と述べる。すなわち、武内も宇野同様、儒教を「倫理」であり「哲学」であると理解している。

(三) 服部宇之吉《一九一七》は、第一五章「支那民国の崇祀孔子」のなかで、孔教會の国教化運動を伝えている。なお、孔教會に関しては、鐙屋一〈一九九〇〉を参照。

(四) 王家驊《一九八八》の取り上げた任継愈への批判の中では、とくに李国権・何克譲〈一九八一〉、および崔大華〈一九八二〉の二論文が、こうした立場を明確に主張している、とする。

(五) 木全徳雄〈一九六六〉は、ヴェーバーを援用しながら、儒教の本質として、①伝統主義・古典主義、②合理主義、③礼儀正しさ、④伝説の誕生、⑤沈静的、⑥「目的合理的」(⑥はヴェーバーの概念)の六項目を掲げている。

(六) 宮川尚志〈一九六五〉の紹介に依れば、フロートは、国家宗教としての儒教の祭祀に叙述の中心を置き、マスペロは、合理主義的で無神論的宗教の満足ゆく理論を努力してまとめあげたものとして儒教を捉える。また、クリールは、孔子をイスラエルの預言者に準えている。いずれも、儒教を宗教と捉えながらも、西欧的な宗教と対比した際の、合理主義的な側面を重視していると言えよう。

(七) これに対して、姜広輝《二〇〇三》は、儒学を一種の「意義的信仰」であるとして、一般的な宗教とは本質的に異なる、と理解している。このほか、中国における儒教を宗教と捉えるのか否かに関する論争については、苗潤田〈二〇〇四〉に整理されている。

（八）西川利文〈一九九九〉は、冨谷至〈一九七九〉を、現在でも有効な観点である、とするが、福井重雅〈二〇〇〇〉により厳しく批判されている。

（九）このほかにも、例えば武内義雄《一九四三b》も、「武帝が即位して名儒董仲舒が現れるに及んで遂に諸子百家を圧倒してここに儒教は国家の正教として認められる様に成った」と述べている。あるいは、狩野直喜《一九五三》も、「武帝は此の説（董仲舒が独り孔子の学を存し、其の他は尽くこれを絶滅すべしと言った説）を納れ、建元五年始めて五經博士を置いた。是れ、実に中国にて儒教を以て学術の正派と定めたる始めであって、爾来最近に至るまで変更することがなかったのである」としている。

（一〇）山田勝芳〈一九九一〉は、儒學一尊に至る社会情勢の分析を行い、漢初の国家体制・外交問題・官吏登用制のいずれもが、黄老思想に適合的であったが、呉楚七國の乱を転回点として、儒者の擡頭が起こった、としている。

（一一）董仲舒に対する研究の中から、政治思想の中核をなす「天人相関説」に関わるものと、政治との関わりを論じたものを以下に整理しよう。第一に「天人相関説」について、沢田多喜男〈一九六八〉は、董仲舒の理論化した天人相関説が、漢代の支配者層に支配的ではなかった理由を、儒家の道徳・政治思想に合致する限りでは、王朝の強力な擁護者となるが、その逆の場合には、王朝にとって極めて批判的なものと成り得る、天人相関説の両刃の剣の如き性格に求めている。また、田中麻紗巳〈一九七四〉は、人間を含めた自然の万物が陰陽を媒介に相関関係・感応の関係を持つことができる。董仲舒は人間が自然に働きかけることができると考えていたと説き、迷信的とされるこうした自然観が中国独自の自然観である、としている。また、伊藤計〈一九七九〉は、董仲舒が筆禍に会い、二度と災異を口にしない契機となった「高廟園炎対」より、董仲舒の災異説を検討し、それは、天意を背負った孔子の批判精神を漢代社会の支配階級内部に貫徹せんとするものであった、としている。第二に「政治との関わり」について、山田琢〈一九五三〉は、董仲舒の公羊春秋学は「当世の務と先聖の術」

という漢武帝の政治的要請に応えて形成された、とする。同様に、小倉芳彦〈一九六五ａ〉も、孔子から董仲舒への変化を、政治に対処する思想の姿勢一般の変質として捉える。また、佐川修〈一九六一〉は、董仲舒の改制説の有する重要な意味は、漢の禮樂の改制を道徳との関連においてなすべきことを主張したこと、漢の暦正は建寅・夏時を採用すべきことを主張したことに帰結される、としている。内山俊彦〈一九九三〉は、董仲舒の歴史認識を循環論と尚古主義と総括している。

（一二）周桂鈿《一九八九》は、中国における近年の董仲舒研究を代表する。董仲舒の對策の年次を初めとした基本的な存在形態・宇宙論・人生論・仁義論・義理論・賢庶論・徳才論・貴志論・名諱論・辞指論・常変論・中和論・大一統論・および後世への影響にわたって、董仲舒に関わる諸議論が集大成されている。また、鄧紅《一九九五》は、周桂鈿《一九八九》を敷衍しながら、『春秋繁露』に依拠して董仲舒の思想を解明しようとしている。しかし、いずれもその研究は、董仲舒の思想内容に限定され、現実の国家との関係や国教化における位置づけなどに触れるものではない。

（一三）『漢書』の思想的偏向に関しては、板野長八〈一九八〇〉を参照。

（一四）町田三郎《一九八五》は、前漢の武帝期に「儒教の国教化」が行われたことを前提としながら、董仲舒の果たした役割を次のように評価している。「陰陽を推して儒者の宗となった」とされる董仲舒とは、陰陽説のみではなく、道家諸家等百家の学を吸収しつつ、公羊春秋派の儒家の立場から諸家の総合化を目指し、あわせて「吏事を潤色」しつつ政界に儒教理念を徐々に浸透せしめた功業者だということができる。すなわち、董仲舒を統一国家の下における、統一思想の形成者として位置づけているのである。

（一五）浅野裕一〈一九九一〉も、董仲舒の對策は第二→第一→第三の順序であり、武帝の制策の問いの枠内でその考え方を述べている、とする。そして、董仲舒は武帝を中心とする黄老道追い落としと中央集権化の策謀に加担させられたことになるが、長期的にみれば儒學に天人相関災異説を導入することによって政治思想としての地位を確立した、と説いて、基本的に佐川論文を踏襲しながら、董仲舒の對策の時期の政治状況を分析している。また、斎木哲郎〈一九九六〉は、福井説への批判であるが、福井重雅〈二〇〇〇〉の指摘のように、その史料解釈には誤りがある。

（一六）佐川説に対する反批判としては、平井正士〈一九七六〉があり、冨谷説に対する反批判としても、平井正士〈一九八三〉がある。ともに、平井説の立場からの反批判であり、現存の史料よりすれば、平井の解釈の論理的な整合性は、佐川・冨谷説に比してより高いと思われる。

（一七）馬彪〈一九八八〉は、前漢・後漢の公卿に占める儒家の割合を分析して一覧化し、その比率は元帝期に二四．五％、平帝期に二六．八％であったとする。平井とほぼ同様の結論である。

（一八）同様の考え方で、王莽政権を理解するものに、渡会顕〈一九八四〉がある。また、飯島良子〈一九九五〉は、王莽が古文經典により儒教を国教化したことを説き、西嶋説を補強する。

（一九）このほか、板野長八〈一九七〇〉・〈一九七八〉など板野長八《一九九五》にまとめられた諸研究も参照。

（二〇）王莽については、安居香山〈一九六三〉、光武帝については安居香山〈一九六四〉・平秀道〈一九六五〉を参照。

（二一）渡邉義浩〈二〇〇五g〉は、福井重雅《二〇〇五》の研究史上の意義と所説への疑問を述べたものである。

（二二）「儒教の国教化」を長い時間の中で考えていくことについては、池田秀三〈一九七八〉もまた、思潮の変革は短時日の内に成し遂げられるものではない。儒教が学界政界全般に浸透し、經學の絶対的権威が確立したのは、実際には元帝から王莽にかけての期間に於てであった。つまり、前漢末の半世紀こそ、諸子思想の儒家による統一折衷が經學という形式を通して一応の完成を見た、古代思想の収束時期であったのである、と論じ、「儒教の国教化」を「前漢末の半世紀」という長い期間に設定している。このほか、渡邉義浩《二〇〇五》に収めたシンポジウムの討論の中で、堀池信夫が「（儒教の国教化については）時点ではなく時間として捉えるべきである」と述べ、内山俊彦が「（儒教の国教化は）事件ではなく状態である」と述べている。

（二三）「儒教の国教化」をいくつかの指標を掲げて検討することは、甘懐真《二〇〇三》にも見られる。甘懐真《二〇〇三》は、儒教の国教化に関して、天命と教化の観念の三面における制度化を考察する必要があるとして、①儒家の經典が制度化されて聖経と国法になること、②天命の観念が制度化されて国家の体制となること、③教化の理想が制度化されて国家的禮法典が制定されることを掲げている。

(二四) 儒教の「国教」化について、張栄明《二〇〇一》は、国教とは国家宗教の簡称であり、国家宗教とは、国家・政治と社会秩序のために服務し、国家という存在のために道徳の具と究極的な価値の拠り所を提供するものである、としている。

第一篇　国政の運用と儒教經典

第一章　兩漢における春秋三傳と国政

はじめに

班固により五經博士の設置と儒教一尊の立役者と仮託された董仲舒が春秋公羊學者であり、光武帝が自己の正統性を示すため天下に宣布した圖讖の主たる制作者が公羊學派であったように、兩漢における春秋學の中心は公羊學であった。（一）しかし、宣帝期の石渠閣會議を機に穀梁傳が學官に立てられ、章帝期の白虎觀會議が左氏傳の擡頭を背景に開かれたように、穀梁傳・左氏傳、なかでも後漢における左氏學は有力であった。

これら春秋三傳に関する成立論議・思想内容などに関しては、きわめて多くの研究成果が挙げられている。（二）そこで、本章では、春秋三傳の特徴を出現時およびそれ以降の国政との関わりの中で追究することに焦点を絞る。それにより、兩漢の国政の場において、春秋三傳がどれだけの現実性を有して用いられていたのか、という問題を明らかにしたい。具体的には、『史記』『漢書』『後漢書』といった史書に記録された論議の中で、春秋三傳がどのように国政の運用の論拠とされているのかを検討する。かかる視座からの研究は、すでに田中麻紗巳により行われているが、（三）それを導きの灯としながら、兩漢における春秋三傳の相剋と国政との関わりの中から、なぜ公羊傳が兩漢における三傳の中心となったのかを解明し、そののち左氏傳が優勢になる理由をも展望することにしたい。

一、武帝期までの前漢の国政と公羊傳

重層的な形成過程を持つ春秋三傳の成書時期を定めることは難しい。本章では、三傳の基本的な成書時期を戰國後期とし、公羊傳→穀梁傳→左氏傳の先後関係があるとする加賀栄治の見解に従う[四]。そのうえで、三傳の成書よりも出現時期に注目して、三傳の特徴と漢の政治状況との関係を考察していきたい。

春秋三傳のなかで、最初に出現したものは公羊傳である。多くの經師を経て累層的に形成された公羊傳は、景帝のとき、胡毋生により最終的な整理が行われた（日原利国《一九七六》）。公羊傳は、左氏傳とは異なり、經と即応させつつ經を解くため、⑴魯国主体の記録・⑵尊王の心情・⑶周の封建制度の維持という春秋經の三つの性格を継承する。野間文史《二〇〇一》の整理によれば、公羊傳は、⑴魯国主体はそのまま受け継ぎ・⑵王者の尊重は、理念としての王者を絶対視する。そして、⑶絶対の王者を頂点とする理念としての封建制度において、諸侯の専封を与《ゆる》さず、世卿を非禮とし、大夫に遂事無しとした、という。

また、野間文史《二〇〇一》は、胡毋生により最終的な整理が行われた景帝期に、公羊傳の最も特徴的な部分も作成されたとし、その論拠を四点掲げる。すなわち、1秦漢統一帝国の成立後に天子の独占祭祀となった郊祭に関して、公羊傳は魯の郊祭を僭禮として非難している。2公羊傳の災異の見方は、いわゆる「災異説」成立の一歩手前である[五]。3公羊傳の説話中に、文・景帝期に著された『韓詩外傳』や文帝期の伏生の『尚書大傳』に類似した文章がある。4公羊傳の総論である、哀公十四年の「西狩獲麟」に『春秋』を「撥亂世反諸正」の書とするが、これは高祖の功績を讃えた群臣の言葉と同一である[六]、を理由として掲げるのである。そして、公羊傳の特徴を、①大夫の遂事を禁ずる一方で、それが許される例外として、經に対する權・文に対する實を主張する。②夷狄は、その存在を認めない

ほどの激しい攘夷思想を持つ。③君臣の義を絶対視するとともに、親親の道との両全を期待する。④行為の結果よりも、行為をしようとする意志を重視する動機主義をとる。⑤讓國を賛美する。⑥復讐を是認する。⑦災異に天意を読み取る、の七点にまとめている(七)。

これら公羊傳の性格⑴〜⑶・特徴①〜⑦と、漢の国政との関わりを検討していこう。公羊傳が出現した景帝期までの前漢において、国政上の大きな問題は、❶強大な諸侯王と❷匈奴の侵攻にあった。さらに、景帝の正統性に関わる問題として、景帝の父である❸文帝の即位を正当化する必要性を挙げることができる。

❶・❷の問題については、公羊傳の出現に先行する文帝期の儒者である賈誼が、その解決法を上奏している（『漢書』巻四十八 賈誼傳）。金谷治によれば、賈誼の諸侯王対策は、封國の細分により皇帝権力の強化をはかるもので、武帝期に盛んに行われる「推恩の令」の先駆となる。諸侯の実力をそぐ冷酷な働きが、家族制への顧慮という一種の恩情主義に装われていることに、儒教の勝利の原因がある。また、賈誼の匈奴対策は、従来の屈辱的な関係を清算して、武力と懐柔で天子の尊厳を立つべしとするもので、大統一理念の表現である、という(八)。

賈誼の諸侯王対策は、鼂錯に継承された。鼂錯は、はじめ申商刑名の法家思想を学び、命ぜられて齊の伏生より『尚書』を受けて博士となり、のちに景帝となる皇太子に重用されて、「智囊」と呼ばれた。景帝が即位すると御史大夫となり、持論であった諸侯王の封地削減を実行に移す（『漢書』巻四十九 鼂錯傳）。これにより、まず楚王の劉戊が、文帝の生母薄皇太后の崩御の際に、服喪中にも拘らず女人を姦した罪で東海郡を削られ、続いて趙王の劉遂・膠西王の劉卬の領地が削られると、吳王の劉濞は諸王を糾合して鼂錯の誅殺を名目に反乱を起こした。吳楚七國の乱である。乱は平定され、諸侯王は国政から分離される。それまで諸王國の官僚は、中央から派遣される丞相を除いて、すべて王により任命されていたが、乱の後には、王國の丞相は相と改名され、御史大夫など中央政府と同名の官は廃

止されて、王國の政治は中央派遣の相により担われることになった。(九)

狩野直喜《一九九四》が、公羊傳の「譏世卿」は、卿にあたる王國の丞相が朝廷から派遣されることを論じている、と述べるように、⑶諸侯に対して絶対的な王の地位を主張する公羊傳の性格は、呉楚七國の乱の原因となる❶諸侯王の勢力削減を正当化する論理となる。⑵理念としての王者の絶対性を説くことは⑶の前提であり、それは本来、春秋時代に権威を失墜させた周王の理想を求める思想であったが、それが❶諸侯王の強大さに苦しむ漢の天子の理想を示す思想になった。すなわち、❶強大な諸侯王の存在という前漢初期の国政の現実が、賈誼に代表される前漢初期の儒者の営為を継承する⑵絶対の王者が⑶諸侯以下を支配することを正当とする、公羊傳の性格に反映しているのである。

楚王の劉戊が、文帝の生母薄皇太后の服喪中の違禮を理由に領土を削減されたように、景帝には、父文帝の生母薄皇太后への思い入れがあった。しかし、漢を危機に陥れた呂皇后に代わって、薄皇太后が劉邦の皇后として高皇后と追尊されたのは、後漢の光武帝のときである（『後漢書』本紀一下 光武帝紀下）。それは、景帝が文帝の生母の顕彰をするための論理が未確立であったことに加えて、呂氏の打倒に力のあった王家が、文帝を出した代王家ではなく、齊王家であったことへの遠慮による。文帝——景帝が即位すべき正当性は、政治過程としては薄弱なのであった。

呂后の死後、呂産・呂祿は相國・上將軍となると、南北軍の兵により劉氏一族および呂氏に与さない諸大臣を討滅する計画を謀ったという。呂祿の娘を妻としていた朱虚侯の劉章は、この計画を妻より聞き出し、兄である齊王の劉襄に告げた。齊王は、齊國の兵を起こすと共に、他の諸侯王に檄を飛ばして連合を求め待機する。これに呼応して首都長安では、劉章が太尉の周勃・丞相の陳平らと謀議したうえで呂産を斬殺、周勃と共に呂氏一族を尽く誅殺したのである。これを聞いた齊王は軍を収めて齊國に帰った（『漢書』巻三十八 高五王 齊王肥傳）。

ところが、このの ち皇帝に迎えられた者は、呂氏打倒の中心となった劉章の兄である齊王の劉襄ではなく、代王の劉恆（文帝）であった。齊王は、呂后の子惠帝、惠帝の二人の子（少帝恭・少帝弘）が亡きこの時点では、祖母の曹夫人の地位が高いため、劉邦の嫡長孫にあたる（図一「前漢皇帝略図」参照）。しかし、母の生家に駟鈞という悪人がおり呂氏のような外戚になることを危惧され、皇帝に迎えられなかった。これに対して、文帝は、惠帝の弟にあたるが、その生母薄姫の生家の人々が、「性 至りて謹良」であるとされて、皇帝に選定されたのである（『漢書』巻三十八 高五王 齊王肥傳）。

むろん齊王家は納得できまい。その現れであろうか。朱虚侯の劉章、のちの城陽景王の劉章は、このの ち山東半島で祭祀が続けられた。王莽により漢が簒奪された時、漢を思い反乱を起こした赤眉の乱は、城陽景王信仰を集団の一つの核としていた[一〇]。呂氏一族より漢を救った劉章は、その死後、城陽景王信仰を通じて、漢を簒奪した王莽を打倒しているのである。

図一「前漢皇帝略図」

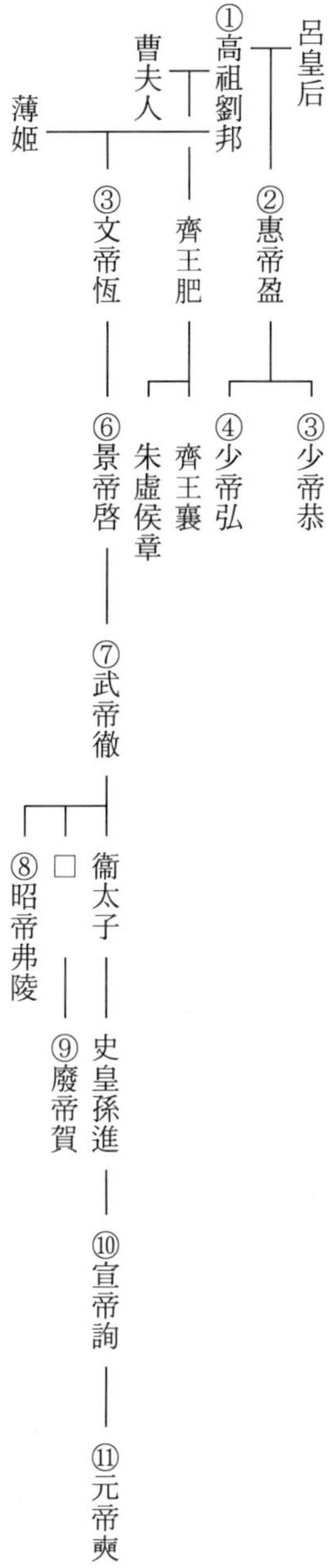

景帝期に出現する公羊傳は、母の卑しい弟にあたる代王家から、齊王家を飛び越して即位した❸文帝を正統化しなければなるまい。それが⑤讓國の賛美である。公羊傳は、魯の隱公が弟の桓公に公位を譲ろうとする意志を持っていたことを絶賛する。しかし、それは成し遂げられなかった。それでも讓國の意志を持ったことが尊いのである。④動機主義である。しかし、桓公は弟であるが、隱公に比べ、母の地位は妾媵としてわずかに貴《たか》い。これでは、同じく妾媵であるが、曹夫人に比べて母の薄姫の地位が卑《ひく》い文帝を正統化することはできない。

ここで公羊傳は、他の二傳にはない「子以母貴、母以子貴（子は母を以て貴く、母は子を以て貴し）」の義例を用意する。『春秋公羊傳』隱公元年は、隱公が桓公に国を譲ろうとした原因として母の地位が貴かったことを挙げ、「子以母貴」という義例を立てる。その結果、即位した子は、もともと母の地位が貴いのであるから、続けて掲げられる「母以子貴」という義例は、論理的には必要ない《ここ》。あるいは隱公・桓公には不必要なのであるが、母の卑しい❸文帝が即位している漢の現実を正統化するためには、必要不可欠であった。「母以子貴」という春秋の義例は、⑤讓國の賛美・④動機主義とともに、景帝の父である❸文帝の即位を正当化しているのである。

さらに、「母以子貴」は、景帝の生母の立后をも正当化する。父の文帝がまだ代王であったとき、その王后は四人の男児を遺して薨じ、四人の子も文帝が帝位に即くと次々に病死する。そこで、妾媵の竇姫の長男であったのちの景帝が皇太子に選ばれ、その二ヵ月後に薄皇太后（文帝の生母）の言により、竇姫が文帝の皇后に立てられたのである（『史記』巻四十九　外戚世家）。つまり、景帝の母竇姫の立皇后も、「母以子貴」という義例により正当化されるのである。ただし、のちに皇太后となった竇氏は、黄帝・老子の思想を好んだ（『史記』巻四十九　外戚世家）。儒者による公羊傳の宣揚が、不足していたことを窺い得る。

「母以子貴」の義例を重視する景帝は、それゆえに、寵愛しなくなった栗姫をこの義例により皇后にしようとする

上奏に激怒した。『史記』巻四十九 外戚世家に、（一二）

景帝の長男たる榮、其の母は栗姫にして、栗姫は齊の人なり。（景帝）榮を建てて太子と爲す。……（館陶）長公主 日〻に王夫人の男の美なるを譽め、景帝も亦た之を賢とす。又 曩者《さきに》日を夢みし所の符有るも、計 未だ定むる所有らず。王夫人 帝の栗姫を望《うら》み、因りて怒り未だ解けざるを知り、陰かに人をして大臣を趣《うなが》し栗姫を立てて皇后と爲さしめんとす。大行 事を奏し畢はりて曰く、「『子は母を以て貴く、母は子を以て貴し』と。今 太子の母に號無くば、宜しく立てて皇后と爲すべし」と。景帝 怒りて曰く、「是れ 而《なんぢ》が宜しく言ふべき所ならんや」と。遂に案じて大行を誅し、而して太子を廢して臨江王と爲す。栗姫 愈〻恚恨し、見ゆるを得ず、憂を以て死す。卒に王夫人を立てて皇后と爲し、其の男を太子と爲す。

とある。これは、『春秋』の義例が国政の運用の論拠として掲げられた最も早い事例の一つである。景帝が「母以子貴」という春秋の義例を守りながら、寵愛していない栗姫の立皇后を避けるためには、栗姫の子を太子から廃する以外に方法はない。それを見越して王夫人は栗姫の立皇后を進言させたのである。目論見通り、景帝は太子を廃し、王夫人の息子が太子となった。武帝である。

武帝は、衛青・霍去病により匈奴を破り、匈奴との屈辱的な外交関係に変化をもたらした。さらに李廣利により大宛を征討した太初四（前一〇一）年、武帝は匈奴との戦いを再開するにあたり、詔を出した。『漢書』巻九十四上 匈奴傳上に、（一三）

（武帝）乃ち詔を下して曰く、「高皇帝は朕に平城の憂を遺し、高后は時に單于の書の悖逆なるに絶《た》ふ。昔 齊の襄公 九世の讎を復《むく》い、春秋 之を大《たふと》ぶ」と。

とある。これは『春秋公羊傳』莊公四年の春秋の義を踏まえて、匈奴の討伐を正当化したものである。公羊傳は、齊の襄公が紀を滅ぼしたことを九世前の齊侯のために仇を報いたものであると肯定し、百世の仇であっても復讐すべきである、とする。穀梁傳・左氏傳にはない、⑥公羊傳の激しい復讐の肯定は、高祖劉邦の時からの❷匈奴の侵攻に対する復讐の是認と考えてよい。となれば、公羊傳の②激しい攘夷思想の理由も、夷狄である匈奴への復讐を正当化するためと考えることができる。すなわち、❷匈奴の侵攻に苦しむ前漢初期の国際関係の現実が、②激しい攘夷思想と⑥復讐の是認という公羊傳の特徴に反映しているのである。

以上のように、公羊傳は、❶諸侯王の勢力削減・❷匈奴討伐・❸文帝・景帝の正統化という景帝期までの前漢の国政が抱える現実問題に対処すべく、自己の思想を練りあげた。❶に対しては、⑵王者を尊重し、⑶諸侯の専封を許さず、❷に対しては、②激しい攘夷思想と⑥復讐の是認を唱え、❸に対しては、⑤讓國の賛美と④動機主義に加えて「母以子貴」という義例を用意した。こうした努力により、武帝期には、公羊傳を論拠とする国政の正統化が詔として下されるまでに至ったのである。班固が『漢書』で、武帝期に「儒教の国教化」を設けようとした理解は的外れではない[一四]。班固の父の班彪に師事した王充もまた、『論衡』程材篇に[一五]、

（或ひと曰く）「法令は、漢家の經、吏の議 焉に決す。事の法に定まる、誠に明らかと爲す」と。曰く、「夫れ五經も亦た漢家の立つる所、儒生の政を善くする、大義 皆 其の中より出づ。董仲舒 春秋の義を表し、律に稽合せしめ、乖異する者無し。然らば則ち春秋は、漢の經、孔子 制作して、漢に垂遺す。論者 徒らに法家を尊び、春秋を高しとせざるは、是れ闇蔽せらるるなり。

と述べて、『春秋』が「漢の經」であり、それは董仲舒に由来することを力説する。しかし、班固や王充が宣揚する董仲舒は、⑦災異説を深化させると共に、武帝の側近の批判を試みた「高廟園炎對」を政敵に悪用され、自らの思想を国政に反映させることはできなかった（渡邉義浩（一九九五ａ））。それでも、武帝が公孫弘などの儒者を重用したこ

とは、皇帝の生母を「母以子貴」の義例により正統化し、匈奴をはじめとする夷狄との戦いをその特異な復讐・夷狄観により正当化した公羊傳の現実への適応性が高く評価されたことの現れである。しかし、宣帝期の国政は、公羊傳による正統化を許さなかった。

二、宣帝期の国政と穀梁傳

文帝・景帝だけではなく、武帝の生母をも正統化していた「母以子貴」の義例は、こののち、生母・生祖母が妾媵の皇帝により、生母などの追尊に多く用いられる（田中麻紗巳（一九八五））。昭帝が生母の趙倢伃を皇太后に追尊することも、史書に明記はされないが、「母以子貴」の義例により正当化し得るのである。しかし、宣帝の即位は、公羊傳では正当化されない。『漢書』巻七十一　雋不疑傳[二六]に、

> 始元五年、一の男子有り黃犢車に乘り、黃旐を建て、黃襜褕を衣、黃冒を著け、北闕に詣り、自ら衛太子と謂ふ。公車　以聞す。詔して公卿・將軍・中二千石をして雜《とも》に識視せしむ。長安中の吏民　聚觀する者　數萬人。右將軍　兵を闕下に勒して、以て非常に備ふ。丞相・御史・中二千石の至る者　並びに敢へて言を發する莫し。京兆尹の（雋）不疑　後に到り、從吏を叱して收縛せしむ。或ひと曰く、「是非　未だ知る可からず。且《しば》らく之を安《ゆる》やかにせよ」と。不疑曰く、「諸君　何ぞ衛太子を患はん。昔　蒯聵　命に違ひて出奔し、輒　距みて納れず、春秋　之を是とす。衛太子は罪を先帝に得、亡れて死に卽かず。今　來りて自ら詣るも、此れ罪人なり」と。遂に詔獄に送る。

とあるように、昭帝の京兆尹である雋不疑は、武帝と衛皇后の子で立太子の後に廃された衛太子を名乗る者が現れた

とき、躊躇なくこれを逮捕したが、その正当性の論拠は、『春秋公羊傳』哀公三年に置かれた。公羊傳は、父の命に背いて出奔した衞の太子である蒯聵の帰国をその子の蒯輒が許さなかったことを是としており、(一七)これに照らせば、すでに武帝より罪を得ている衞太子を許す必要はないと判断したのである。これを聞いた衞太子の弟である昭帝は、公卿には經術を学んだ者を用いるべきだ、とこの処置を高く評価した。(一八)しかし、こののち即位する衞太子の孫の宣帝から見れば、公羊傳は許しがたい処置を正当化した好ましくない經典となるのである。

逮捕すべきとされた衞太子、その孫である宣帝が即位できたのは、霍光が昭帝の崩御の後に即位した昌邑王の劉賀を廃位したためである。前代未聞の皇帝廃位のため、霍光は外孫にあたる上官皇太后を利用した。群臣を率いた霍光は皇太后に謁見し、まだ十七歳の皇太后が未央宮に臨御して皇帝を呼び入れる。皇帝が皇太后の前に拝伏すると、霍光以下群臣が連署した無道な皇帝を廃位すべきであるとする上奏文は、皇太后に裁可される。皇帝の璽綬を皇太后に返還した皇帝は、こうして廃位されたのである。『漢書』巻六十八 霍光傳に、(一九)

今 陛下 孝昭皇帝の後を嗣ぐも、行は淫辟にして不軌なり。詩に云ふ、「籍《たと》ひ未だ知らずと曰ふとも、亦た既に子を抱く」と。五辟の屬は、不孝より大なるは莫し。周の襄王 母に事ふる能はず、春秋に曰く、「天王 出でて鄭に居る」と。不孝に繇《よ》りて之を出でたれば、之を天下に絶つなり。宗廟は君よりも重し。陛下 未だ高廟に命ぜられざれば、以て天序に承け、祖宗の廟に奉け、萬姓を子とす可からず、當に廢すべし。

とあるように、上奏文では、衞の武公が厲王を刺ったことを歌う『詩經』大雅 蕩之什 抑とともに、『春秋』僖公二十四年の經文が引用されている。公羊傳は、「王者は外無くも、此に其れ出づると言ふは何ぞや。母に能はざればなり」と述べる。(二〇)後漢末に公羊學を集大成し、『春秋公羊傳解詁』を著した何休は、これに「母に事ふる能はず。罪不孝より大なるは莫し、故に之を絶ちて出づると言ふなり。下は上を廢すの義無くも、之を絶つを得るは、母 之を廢すを得、臣下 母の命に従ふを得るを明らかにす」と注をつけている[二一]。岩本憲司《一九九三》が、何休の注の前半が『漢書』巻六十八 霍光傳に、後半が『春秋繁露』精華篇に類似することを指摘しているように、何休のこの解釈は、董仲舒学派の公羊學の展開を受けながら、『漢書』に記録された前漢の国政の現実を正当化するために書かれたと考えてよい。公羊學は、皇太后が皇帝を廃位する正当性をも保証することにより、宣帝の即位までは着実に前漢の国政を正統化し続けていたのである。

ところが、宣帝と公羊傳は、うまくかみ合わなかった。宣帝は、霍光が薨去すると親政を開始し、霍氏一族を族誅する（『漢書』巻六十八 霍光傳）。祖父の衞太子を逮捕する論拠を提供するばかりか、夫人の地位を限定し、士庶より君主になった者の生母は夫人と称し得ないと説く[二二]、宣帝に不都合なだけの公羊學派に代わり、宣帝の親政を正統化する儒説が欲しい。ここに、穀梁傳の出現が必然となる。

春秋穀梁傳は、宣帝の詔で開催された石渠閣會議から、遠く離れない時期に出現した反公羊傳であるという（山田琢〈一九五八a〉）。しかし、釈義の方法は公羊傳を継承し、これを展開している。野間文史《二〇〇一》の整理によれば、穀梁傳の性格は、⑴魯国主体には緩みがみられ、⑵理念の王ではなく、現実の周王室への尊周の念が強く、⑶周の封建制度を維持することへの強い意志がみられるという。その性格は、左氏傳に比べると、はるかに公羊傳に近い。これに対して、穀梁傳の特徴は、ｉ讓國を認めず、長幼の序による継嗣を主張し、ⅱ華夷混一の理想社会の実現を説き、ⅲ重民思想と法刑の並用が述べられる[二三]。穀梁傳の特徴には、公羊傳に代わろうとした『春秋』の傳としての性格が顕著に現れている。

したがって、ここでは穀梁傳の特徴ｉ～ⅲと、国政との関わりを検討しよう。穀梁傳が出現した宣帝期の儒教への要請は、何よりもⅠ民間から即位した宣帝の正統化にあった。また、宣帝期の国政上の特徴は、Ⅱ匈奴の降服とⅢ内政の重視にある。

『春秋穀梁傳』は、隱公元年という『春秋』の冒頭で、継子の問題を論ずる。隱公が、父惠公の愛した弟の桓公への讓國を予期し即位したことに関しては、⑤讓國を賛美する公羊傳のほか左氏傳も、隱公を「賢君」と評価する。これに対して、穀梁傳は、「先君（惠公）の桓（公）に與へんと欲するは正に非ざるなり、邪なり」と説いて、長子相続を廃そうとした惠公の行為を「邪」とし、それを実行しようとした隱公の行為を、「已（隱公）は、先君の邪志を探りて、遂に以て桓に與ふは、是れ父の惡を成すなり」と厳しく糾弾する。長子相続を、惠公の意志に従うという親への「孝」よりも高き道と考えているのである。こうして穀梁傳は、ⅰ讓國を認めず、長幼の序による継嗣を主張し、武帝の長子の衞太子の孫であるⅠ宣帝の即位を正当化しているのである。

そして、宣帝もまた、自ら長子相続を貫いた。即位した当初、宣帝は、霍光による摂政の大権返還の申し出を受けなかった。霍氏に対抗し得る権力基盤を有していなかったためである。それにも拘らず、宣帝は即位の年の十一月、その妻で二歳の長子（のちの元帝）をもうけていた許氏を皇后とする。四年後、霍光の妻顯は、自分の娘を皇后にするため許皇后を毒殺、その調査も霍光の意向により中止された。結果、毒殺は発覚せず、翌本始四（前七〇）年、霍光の娘成君が皇后に冊立された（『漢書』巻八 宣帝紀）。

地節二（前六八）年、霍光の病死により、親政を開始した宣帝は、翌年、毒殺された許皇后の生んだ王子奭を皇太子に立てた（のちの元帝）。当時の皇后はなお霍光の娘であるにも拘らず、宣帝は穀梁傳が強く主張する長子相続を貫いたのである（『漢書』巻八 宣帝紀）。

また、宣帝親政期には、漢の建国以来、最大の懸案であったⅡ対匈奴問題が解決する。神爵二（前六〇）年、はじめて西域都護を龜茲に設置して、西域の南北道を鄭吉に制圧させたことが、匈奴の内部分裂と重なり、五人の單于が乱立するに至ったのである。その中で有力であった呼韓邪單于は、いったんは匈奴の統一に成功しながら、兄の郅支單于に敗れ、甘露元（前五三）年、その子を入侍させて漢に帰順、救援を求めたのである。そして二年後の甘露三（前五一）年には、呼韓邪單于自ら漢に来朝し、正月朝賀に参列する（『漢書』卷九十四上 匈奴傳上）。

これに先立ち、宣帝は呼韓邪單于への対応を議論させていた。『漢書』卷七十八 蕭望之傳[一四]に、

初め、匈奴の呼韓邪單于 來朝するや、公卿に詔して其の儀を議せしむ。丞相の（黃）霸・御史大夫の（于）定國議して曰く、「聖王の制は、德を施し禮を行ふに、京師を先にして諸夏を後にし、諸夏を先にして夷狄を後にすと。詩に云ふ、『禮に率《したが》ひて越えず、遂に視て既に發す、相土烈烈として、海外截《せつ》たること有り』と。陛下の聖德は、天地に充塞し、四表に光被し、匈奴の單于は、風に鄉《むか》ひ化を慕ひ、珍を奉じて朝賀す。古より未だ之れ有らざるなり。其れ禮儀は宜しく諸侯王の如くし、位次は下に在らしめよ」と。（蕭）望之、以爲へらく、「單于は正朔の加ふる所に非ず、故に敵國と稱す。宜しく待するに不臣の禮を以てし、位は諸侯王の上に在るべし。外夷は稽首して藩と稱し、中國は讓りて不臣とするは、此れ則ち羈縻の誼、謙亨の福なり。書に曰く、『戎狄は荒服なり』と。其の來服するは、荒忽にして亡常なるを言ふ。如し匈奴の後嗣をして、卒に鳥竄・鼠伏する有りて、朝享を闕かしむも、畔臣と爲さず。信讓は蠻貉に行はれ、福祚は亡窮に流るるは、萬世の長策なり」と。天子之を采り、詔を下して曰く、「蓋し聞くならく、五帝・三王は、教化の施さざる所には、及ぶに政を以てせずと。今 匈奴の單于 北藩と稱し、正朔に朝すも、朕の不逮は、德もて弘覆する能はず。其れ客禮を以て之を待ち、單于をして位は諸侯王の上に在り、贊謁して臣と稱するも名いはしめず」と。

とある。匈奴の單于を諸侯王の下にすべきとする丞相の黃霸と御史大夫の于定國の議は、『春秋公羊傳』成公十五年の「春秋は其の國を內として諸夏を外とし、諸夏を內として夷狄を外とす」を論拠としており、公羊學の②夷狄への

厳しい攘夷思想を反映している。これに対する蕭望之の反論を採用して、宣帝は、甘露三（前五一）年正月、夷狄である匈奴の呼韓邪單于の地位を諸侯王の上とし、皇帝に拜謁する際に臣と称するが名をいわない「稱臣不名」の待遇を与えた。こうして漢はⅡ匈奴との和親関係を結び得たのである。公羊傳のような②強烈な攘夷思想と⑥復讐の是認では、この関係を維持することは不可能である。これに対して、穀梁傳はⅱ華夷混一の理想社会の実現を説く[二五]。

そこで、宣帝は同甘露三（前五一）年五月、蕭望之を司会役に石渠閣會議を主宰した。大久保隆郎〔二〇〇二〕の説くように、新たなる匈奴対策の依拠すべき經典を公認するためである。また、福井重雅が論証するように、石渠閣會議は、「五經の異同」を討議するため、五經の各自にはじめて明確に博士が出揃うようになった。制度的な儒教一尊体制への第一歩である[二六]。ただし、五經すべてを等し並みに扱ったわけではなく、石渠閣會議は春秋、何よりも『春秋公羊傳』に対する『春秋穀梁傳』の顕彰を目的としていた。會議の結果は「多く穀梁に従」い、宣帝の意向どおりとなった（『漢書』巻八十八 儒林 瑕丘江公傳）。

こうして宣帝は、Ⅰ自らの即位をⅰ長子相続の最優先により、Ⅱ匈奴の降伏をⅱ華夷混一により正当化する穀梁傳を儒教の中核に据えたのである。しかし、それは宣帝の政治が儒教のみを拠り所として運営されたことを意味しない。宣帝は、国政の根本は「良二千石」にあるとして循吏を積極的に登用することにより、Ⅲ内政を重視した（『漢書』巻八十九 循吏傳）。しかし、『漢書』巻九 元帝紀に、太子であった元帝が儒者を専用することを提言した際の[二七]、

宣帝、色を作して曰く、「漢家 自づから制度有り。本と覇・王の道を以て之を雑《まじ》ふ。奈何ぞ純《もっぱ》ら徳教に任じ、周の政を用ひんや」と。

という宣帝の有名な言葉を伝えるように、宣帝はもっぱら儒教を学んだ者だけを重用したわけではない。武帝期に多く登用された法刑を重視して君主権力の伸張を目指す酷吏は、宣帝期にも循吏と並んで活躍していたのである[二八]。穀梁

傳は、iii重民思想と法刑の並用という特徴により、「法律を詩書となす」（『漢書』巻七十七　蓋寛饒傳）と称された宣帝の「王覇雜揉」の政治にうまく適合した。ただし、後漢の如き儒教一尊政策が宣帝期に行われていたのではないことには注意をする必要がある。

以上のように、穀梁傳は、i嫡長子相続の最優先により武帝の嫡曾孫であるI宣帝の即位を正当化し、ii華夷混一の理想社会の実現を説いてII匈奴の降伏という現実に適応した。また、宣帝のIII内政の重視にも対応してiii重民思想と法刑の並用を主張、宣帝の「王覇雜揉」の政治を支えたのである。しかし、元帝の即位後の前漢は、「王覇雜揉」の政治を放棄し、後漢もまた「寛」治が主流であった。[二九]また、対外的にも漢は、こののち羌族などの夷狄の侵入に苦しんだため、穀梁傳が漢の春秋學の主流となることはなかった。ただし、公羊傳に代わろうとした最初の『春秋』の傳として、またその論理的整合性の高さにおいて、三傳の一つとしての地位を失うことはなかったのである。

三、劉向・劉歆と左氏傳

元帝が即位すると、国政運用の論拠として儒教を中心に据えることが本格化し、それに伴い儒教の經義の相互矛盾や現実との齟齬が、かえって顕在化する。[三〇]また、後漢のような一尊体制を儒教は未だ築きあげておらず、皇帝の国政運用は儒教を離れ右往左往した。こうした中で、天の宇宙的運行に基盤をおく整合的な数的世界観による律曆思想に基づき、前漢の儒教教説を収斂した劉歆、およびその父である劉向に発見されたものが『春秋左氏傳』である。[三一]

注(四)所掲加賀論文によれば、左氏傳は、(1)基層に春秋長曆を置き、國語と同源の資料からとった(2)史伝説話のほか、術數家の伝えたト筮説話・歳星説話が重層的に重ねられ、左氏傳を『春秋』の傳たらしめる(3)解經の文、「書

曰」「不書」「凡例」などが加えられて完成したという性格を持つ。その特徴は、公羊傳が事（史実）の動機を重視しつつ、政治社会の統一へ向かう秩序規範の樹立を意図し、穀梁傳が事の結果を重視しつつ、統一された政治社会の秩序の整斉さを目指すことに対して、左氏傳は事を解くことから始め、義はその後に説く。すなわち、[1]事を主とすることが左氏傳の、義を主とする公羊・穀梁傳との違いであるという。また、漢家の正統化に関して、『春秋左氏傳』文公 傳十三年などにより、[2]漢の祖先は堯帝の末裔であるという史伝説話を持つことも、公羊傳・穀梁傳にはない特徴である。かかる左氏傳の特徴と、左氏傳が出現した成帝期の国政上の問題である①天子七廟制、②郊祀、③漢火徳説との関係を考察したい。

①天子七廟制の問題は、郡國廟の廃止より派生した。郡國廟とは、高祖が父のため各郡國に置いた太上皇廟を起源とし、太祖廟（高祖）・太宗廟（文帝）・世宗廟（武帝）と増加した郡國で皇帝の祖先を祀る廟である(三二)。郡國廟に加えて、長安および近郊には高祖から宣帝および太上皇と宣帝の父史皇孫の廟があり、これらの祭祀は莫大な負担となっていた。経費がかさむだけではない。郡國廟は儒教の經義に合致しないので、丞相の韋玄成ら七十人は、『漢書』巻七十三 韋賢傳附韋玄成傳(三三)に、

> 春秋の義に、「父は支庶の宅に祭らず、君は臣僕の家に祭らず、王は下土の諸侯に祭らず」と。臣ら、愚 以爲へらく、「宗廟の郡國に在るをば、宜しく修むること無かるべし。臣請ふらくは復た修むること勿かれ」と。

とあるように、「春秋の義」に照らして廃止すべきことを上奏した。ただし、堀池信夫《一九八八》が指摘するように、この「春秋の義」は、春秋學関係の資料ではなく『禮記』を典拠とする。禮説もが「春秋の義」と表現されることに、漢代における『春秋』の重要性を指摘し得るが、いずれにせよ、こうして郡國廟は廃止された。そしてこののち、天子七廟制の問題が議論される。長安および近郊に祭られていた高祖から宣帝および太上皇と宣帝の父史皇孫の

宗廟をどのように整理するか、という問題が派生したのである。

藤川正数によれば、前漢における宗廟制の問題は、傍系から入って帝位を嗣いだ皇帝の父の廟を皇帝の親廟として祭るべきか否か、武帝廟を世宗として不毀廟に入れるべきか否かの二点に収斂される。[三四] 韋玄成は、太祖廟は残し、太上皇・恵帝・文帝・景帝の廟は親が尽きたので毀ち、皇考廟は親が尽きていないので残すことを主張した。これに対して、尹更始は、皇帝として即位していない宣帝の父である皇考廟は毀つべきであると反論した。元帝は、詔を下して、韋玄成らの皇考廟存続説を取ったが、問題は解決しなかった。元帝は、やがて祖先の怒りを恐れ、毀つことになっていた太上皇廟・恵帝廟を復したのである。成帝が即位すると、再び議論が開始され、孔光と何武は、太祖廟・太宗廟のみを不毀廟とし、武帝の廟は毀つべきであるとした。これに対して、劉歆は王舜とともに、武帝の廟を世宗廟として不毀廟にすべきこと、および不毀廟の数に制限はなく、七廟の数の中には含まれないことを主張した。『漢書』巻七十三 韋賢傳附韋玄成傳[三五]に、

> 太僕の王舜・中壘校尉の劉歆 議して曰く、「……①禮記の王制及び春秋穀梁傳に、『天子は七廟、諸侯は五、大夫は三、士は二なり』と。……春秋左氏傳に曰く、②『名位 同じからざれば、禮も亦た數を異にす』と。③『上より以て下に、降し殺ぐに兩を以てす、禮なり』と。七なる者は、其の正法の數にして、常數とす可き者なり。宗は此の數の中に在らず。宗は、變なり。苟しくも功德有らば則ち之を宗とし、預《あらかじ》め設《つら》ねて數と爲す可からず。……」と。

とあるように、劉歆は、天子七廟の典拠として①『禮記』王制と『春秋穀梁傳』を掲げる。そして、不毀廟の数には制限はなく、不毀廟は七廟の中には含まれないとする劉歆の主張の部分では、『春秋左氏傳』の②莊公 傳十八年、③襄公 傳二十六年を論拠としている。哀帝はこれに従い、武帝の廟を不毀廟とし、最終的に王莽が皇考廟を毀

つことを定めて、天子七廟制の問題は決着する。すなわち、①天子七廟制の問題を解決するための論拠は、左氏傳の經義に求められたのである。

郡國廟の廃止や天子七廟制以上に、漢の故事と經義との間で揺れ動いたものが②郊祀の問題である。前漢では、武帝の行った甘泉に泰畤を立て泰一を祭り、河東の汾陰に后土を祭る天地の祭祀が故事として継承されてきた。これに対して、匡衡は、郊祀の呪術色の排除を目指し、四百七十五ヵ所の祭祀を廃止するほか、甘泉の泰畤と汾陰の后土、さらには五帝を祀る雍の五畤を廃止して、長安城の南郊と北郊で天地の祭祀を行うことを主張し、成帝はこれを採用した。こうして建始元（前三二）年三月、成帝は南郊で上帝を祀り、北郊で后土を祀った。中国における南北郊祀の始まりである。ところが、郊祀禮の当日、長安では未曾有の大風災害がおこり、以後郊祀は行われなかった。成帝の諮問を受けた劉向は、匡衡を批判して南北郊に反対している。結局、永始二（前一六）年に至り、皇太后は成帝に子がないのは、祭祀を移した祟りであるとし、天地の祭祀を甘泉・汾陰の故地に復帰させた。これに対して、谷永はそれを長安の南北郊に戻すことを要請、皇太后は成帝の崩御により、一旦は長安に戻したが、哀帝の病気のため、再び甘泉・汾陰に復帰させたのである。

こうした郊祀の祭地の右往左往ぶりからは、儒教の經義により国政を運用しようとする努力にも拘らず、それがいまだ実現していないことを見てとれる。「儒教國家」は未だ成立していないのである。これもまた、王莽により長安の南北郊が確立され、甘泉・汾陰の祭祀、雍の五畤は廃止された。[三六] 劉歆は、王莽がこの問題を審議させた儒者の一人ではあるが、具体的にどのような働きをしたかについては記録がない（『漢書』巻二十五下　郊祀志下）。

続いて、左氏傳が漢の国政と最も関わった③漢火德説について検討しよう。劉向・劉歆まで五德終始説は相勝説を採っており、文帝期の張蒼が漢水德説を制度化したことに対して、賈誼や公孫臣は漢を土德と考え、黄龍の出現を機に公孫臣の漢土徳説が文帝に採用された。これを受けて武帝は、太初元（前一〇四）年、受命改制思想に基づき太初暦を制定、三正説と呼応させて漢を土徳と決定した。[三七]

これに対して、劉歆は三統暦を作成して太初暦に対抗、相生の五徳終始説に基づき③漢火徳説を唱えたのである。『漢書』巻二十一上 律暦志に、[三八]

（劉）向の子（劉）歆、其の微眇を究め、①三統暦及び譜を作りて以て春秋を説く。推法 密要なれば、故に焉を述ぶ。夫れ暦の春秋なる者は、天の時なり、人事を列ねて因るに天の時を以てす。傳に曰く、「民は天地の中を受けて以て生ず、所謂る命なり」と。……。②傳に曰く、「元は善の長なり。共に三徳を養ふを善となす」と。

とあるように、班固は、劉歆が①三統暦と世譜によって『春秋』を説いたと理解する。事実、劉歆の暦論には随所に左氏傳が引用される。三統という語は、「一元三統四千六百十七年」という暦法上の語であるとともに、夏・殷・周三代の正朔である天統・地統・人統を意味し、さらに、天・地・人の三才を貫く大本の理法であるが、これを正統化するものは②『春秋左氏傳』昭公 傳十二年である。むろん、堀池信夫《一九八八》が重視するように、三と二との基本的数値の関係（九六）は、易のいう「參天兩地」つまり、天地より得たところの絶対的な数と意味づけられており、三統暦は左氏傳と共に易を中心的な経典としているが、劉歆は禮經典を除くほとんどの儒教經典を三統暦の世界内に配置し、經学が世界を統括すると位置づけ、その中心に易とともに左氏傳を置いたのである。

左氏傳が三統暦に有用であったのは、同じく『春秋』の傳でありながら、公羊・穀梁と異なり、左氏傳が[1]事を主としていたためである。春秋長暦を推算する際、三十七回の日食のほか、干支を持つ記事の存在は有用となる。左氏傳に依拠すれば、經の三百九十三の干支のほかに、左氏傳独自の三百八十六の干支を加えることができる。[1]事を主とする左氏傳の特性である。[三九]劉歆は、左氏傳の中に記される暦象二十四事を、三統暦を用いることで算出し、三統暦の正しさを実証した。こうして劉歆は、左氏傳の⑴基層に春秋長曆を置くという性格と[1]事を主とする特徴を生かすことにより、漢の土德を正統化していた太初曆を打破したのである。

それでは、漢が土德ではなく火德であることは、どのように証明されたのであろうか。父の賈徽が劉歆より左氏傳を受けている賈逵は、漢の火德は左氏傳により少昊を入れることで証明される、とする。『後漢書』列傳二十六 賈逵傳に、[四〇]

又 五經家は皆 圖讖を証するを以て劉氏は堯の後爲るを明らかにする者無きも、而るに左氏は獨り明文有り。五經家は皆 顓頊の黃帝に代はるを言ひ、而して堯は火德爲るを得ず。左氏は以て①少昊は黃帝に代はると爲す。卽ち②圖讖の謂ふ所の帝宣なり。如令《もし》 堯の火爲るを得ざれば、則ち漢は赤爲るを得ず。其の發明・補益する所實に多し。

とある。光武帝により、漢の正統化に圖讖が宣布されていた後漢では、左氏傳を顕彰するためには、①少昊を入れて漢堯後説・漢火德説を左氏傳により証明できることを主張するのみならず、圖讖との結びつきにも言及しなければならなかったのである。[四一] ただし、

五經家説

黃帝（土）→顓頊（金）→帝嚳（水）→ 堯（木）→舜（火）→
夏（土）→ 殷（金）→ 周（水）→ 漢（木）

左氏傳説

黃帝（土）→少昊（金）→顓頊（水）→帝嚳（木）→堯（火）→
舜（土）→ 夏（金）→ 殷（水）→ 周（木）→漢（火）

と、少昊を入れ、堯の火徳を論証すること自体は、賈逵の前から行われていた。逆順のため分かりにくいが、『漢書』巻二十一下 律暦志下(四二)に、

世經　春秋 昭公十七年に、「郯子 來朝す」と。傳に曰く、「昭子 問ふに、『少昊氏 鳥もて名づくは何の故ぞ』と。對へて曰く、『吾が祖なり。我れ之を知る。昔者、黄帝氏は雲を以て紀す、故に雲師と爲りて雲もて名づく。炎帝氏は火を以て紀す、故に火師と爲りて火もて名づく。共工氏は水を以て紀す、故に水師と爲りて水もて名づく。太昊氏は龍を以て紀す、故に龍師と爲りて龍もて名づく。我が高祖の少昊摯の立つや、鳳鳥 適〻至る、故に鳥に紀し、鳥師と爲りて鳥もて名づく』」と。言ふこころは郯子 少昊に據りて黄帝に受け、黄帝は炎帝に受け、炎帝は共工に受け、共工は太昊に受く、故に先づ黄帝を言ひ、上は太昊に及ぶ。

とあるように、劉歆の「世經」が、『春秋左氏傳』昭公 傳十七年を論拠に帝王の系譜を跡づけ、漢火徳説を創設している。劉歆は、左氏傳を論拠に、帝王の系譜に少昊を挿入することにより、相生の終始五徳説に基づく漢火徳説を正統化したのである。

また、左氏傳の特徴として掲げた②漢の祖先を堯の末裔とする論拠は、『春秋左氏傳』文公 傳十三年に、「其の處る者、劉氏と爲る」とある、士會の子孫が劉氏になったとする六文字である。これに、襄公 傳二十四年・昭公 傳二十九年にみえる堯の子孫が劉累であり、劉累の子孫が范氏である史伝説話をあわせ、『漢書』巻一 高祖本紀の贊にひく、秦に留まった劉氏が漢室の祖先となるという劉向の説を加えると、漢堯後説が完成する。

これについては、早くも孔穎達が、この六文字は、漢の左傳家が劉を姓とする漢に媚び、左氏を興すために附益したものである、と述べており（『春秋左氏傳』文公十三年疏）、劉逢祿は、六字を劉歆の増益と断言し、左氏傳そのものも劉歆の偽作である、と主張するに至る（『左氏春秋考証』下）。鎌田正≪一九六三≫は、文公 傳十三年の六字を劉歆の

増益とすること及び左氏傳を劉歆の偽作とすることを否定し、漢火徳説および漢堯後説は、父の劉向の説である、とする。しかし、『史記』巻二 夏本紀に、(四三)

陶唐 既に衰へ、其の后に劉累なるもの有り。擾龍を豢龍氏に學びて、以て孔甲に事ふ。孔甲 之に姓を賜ひて御龍氏と曰ひ、豕韋の後を受く。龍の一雌 死するに、以て夏后に食はしむ。夏后 求めしめ、懼れて遷り去る。

とある。この『史記』の文は、漢堯後説の論拠の一つである『春秋左氏傳』昭公 傳七年とほぼ同文である。むろん字句の出入りはあるが、決定的に異なることは、現行の『春秋左氏傳』昭公 傳七年には、これに「范氏其後也」の五字が加わっていることである。『春秋左氏傳』文公 傳十三年の、「其處者爲劉氏」の六字と同様の附加の方法である。ともに劉氏の祖に関わる部分が、同じような形式で補われているのであれば、鎌田正《一九六三》の如く、文公 傳十三年の六字を後人の竄入ではあり得ない、と断言することは難しい。むろん、左氏傳すべてを劉歆の偽作と考えることは問題外であるとしても、劉向・劉歆の校書の際に、当該時期の政治状況に合わせた加筆が行われたと推定することは不自然ではない。少なくとも、司馬遷が見たという「左氏傳」からは、漢が堯の後裔であることは導き出せなかった。それは『史記』巻二が、『春秋左氏傳』昭公 傳七年を引きながら、堯と漢との関係に全く触れないことに明らかである。久野昇一〈一九三八〉は、『史記』の出現は各王朝の祖先を判然とせしめたので、漢室の名誉のためにその祖先を明らかにする必要があった、と漢堯後説の出現理由を述べる。佐川繭子〈二〇〇五〉は、『史記』本紀・世家には堯後の氏族が存在せず、劉氏堯後の系譜を見出すには都合がよかったのであろう、とする。『史記』執筆の段階では、漢堯後説は成立していなかった。司馬遷が見たという「左氏傳」と劉歆・劉向により「発見」された『春秋左氏傳』とは、同一のものではない可能性が高い。いずれにせよ、劉向・劉歆は、②漢の祖先は堯帝の末裔であるという左氏傳の特徴により、③漢火徳説および漢堯後説を正統化したのである。

以上のように、左氏傳は、成帝期の国政の重要課題であった①天子七廟制の問題を解決するための劉歆の主張に正統性を与えた。また、⑴基層に春秋長暦を置く、[1]事を主とすることにより、漢土徳説の論拠である太初暦を打破する三統暦を正統化した。そして、③漢火徳説・漢堯後説を[2]漢の祖先は堯帝の末裔であるという史伝説話により正統化したのである。

こうして確立された③漢火徳説・漢堯後説は、やがて王莽により利用された。『漢書』巻九十九上　王莽傳上に、[四四]

予は不徳なるを以て、①皇初祖考たる黄帝の後、皇始祖考たる虞帝の苗裔に託し、而も太皇太后の末屬なり。……②赤帝たる漢氏高皇帝の靈、天命もて傳國金策の書を承へ、予 甚だ祇み畏るるも、敢へて欽み受けざるや。

とあるように、居攝三（八）年十一月の下書のなかで、王莽は自らを①黄帝・舜の苗裔と位置づけ、②漢を火徳（赤徳）としている。また、『漢書』巻九十九中　王莽傳中に、[四五]

莽曰く、「予の①皇始祖考たる虞帝は嬗りを唐に受く。②漢氏の初祖たる唐帝、世〻に傳國の象有り、予 復た親しく金策を漢の高皇帝の靈に受く。……」と。

とあるように、始建國元（九）年には、②漢を堯（唐帝）の後裔とし、①堯舜革命に準えて、漢新革命が行なわれことを述べている。

しかし、康有為の『新学偽経考』のように、王莽のために劉歆が左氏傳を偽作したと主張することはできない。漢の正統化のために左氏傳を論拠に作成された③漢火徳説・漢堯後説を王莽が利用したのであって、王莽土徳説・王莽舜後説のために、③漢火徳説・漢堯後説が作成されたわけではない。それでも、結果として、王莽の新の建国に左氏傳が利用されたことは間違いない。新を打倒して漢を復興した光武帝劉秀が、左氏傳を學官に立てることは難しい。しかし、天子七廟制や郊祀制度など左氏傳の出現を背景とする政治状況の中で、王莽によって定められた「古典的国制」の基本的な形態は継承せざるを得なかった。(四六)それでは、後漢はいかなる対応を春秋三傳に見せたのであろうか。

四、後漢の国政と公羊傳・左氏傳の相剋

光武帝は即位の正統性を圖讖に置いた。赤伏符である。『後漢書』本紀一上 光武帝紀上(四七)に、

> 光武 先に長安に在りし時の同舎生たる彊華、關中より①赤伏符を奉ず。曰く、「劉秀 兵を發して不道を捕らへ、四夷 雲集して龍は野に闘ひ、四七の際 火は主と爲る」と。羣臣 因りて復た奏して曰く、「受命の符、人應を大爲りとす。萬里 信を合はせ、議せずに情を同にす。周の白魚も、曷ぞ焉に比する足るや。今 上に天子無く、海内淆亂す。符瑞の應、昭然として著聞たり。宜しく天神に荅へて、以て羣望を塞ぐべし」と。光武 是に於て有司に命じて壇場を鄗の南の千秋亭の五成陌に設けしむ。(建武元年)六月、皇帝の位に卽く。

とあるように、周の受命の象徴である白魚よりも確実なものとして即位の正当性を担った①赤伏符は、漢火德説に基づくものであった。加えて翌建武二(二六)年に定まった、天子にとって最も重要な天の祭祀である郊祀のほか、迎氣の儀礼も「元始の故事」と呼ばれる王莽が定めた制度を継承した(『續漢書』志七 祭祀上)。王莽の定めた禮制は、本来、漢のために議論されてきたものであった。かつ、建国の草創期に、新たな經義に基づく正統性を打ち出す余裕はなかったのであろう。

左氏學派もまた盛んであった。建武四(二八)年には、尚書令の韓歆が上疏して、古文の費氏易と左氏傳の立學を求め、今文派との討議を経て、光武帝の裁定が下り、左氏傳の博士として李封が立てられた。だが、こののちも立學の是非が絶え間なく論じられ、光武帝はたまたま卒した李封の後任を置かず、以後、左氏傳が學官に立てられること

はなかった（『後漢書』列傳二十六　陳元傳）。

かかる光武帝の判断の背景には、内容的には優れるものの、結果として王莽の簒奪を許した左氏傳に、後漢の正統性を委ねることを避けようとする思いがあったのであろう。『續漢書』志七　祭祀志上に、（四八）

（建武）七年五月に至り、三公に詔して曰く、「漢は當に堯を郊すべし。其れ卿大夫・博士と與に議せ」と。時に侍御史の杜林　上疏して、「以爲へらく、漢の起こるは堯に因縁せず、と。殷周と宜を異にし、而も舊制は高帝を以て配す。方に軍師　外に在らば、且に元年郊祀の故事の如くす可し」と。上　之に從ふ。

とあるように、建武七（三一）年、光武帝は杜林の上疏に従い、郊祀における堯の配侑を行わないことにした。王莽の漢新革命が堯舜革命に準えて行われたことを考えれば、当然の措置と言えよう。（四九）

やがて光武帝は、郭皇后を廃して陰皇后を立てた。それに伴い、建武十九（四三）年、郭皇后の子で皇太子となっていた劉彊は東海王に退けられ、陰皇后の子であるのちの明帝が皇太子とされた。皇太子を交替する詔は、『後漢書』本紀一下　光武帝紀下に、（五〇）

（建武十九年）六月戊申、詔して曰く、「春秋の義、子を立つるに貴を以てす。東海王の陽は皇后の子なれば、宜しく大統を承くべし。皇太子の彊は謙退を崇執し、藩國に備はらんことを願ふ。父子の情、久しく之に違ふを重る。其れ彊を以て東海王と爲し、陽を立てて皇太子と爲し、名を莊と改めよ」と。

とある。「子以母貴」である。むろん、公羊學派も巻き返しに務めていたのである。（五一）三で取りあげた、左氏傳だけに漢堯後説・漢火德説が明記されるとする上奏文を賈逵が奉り、左氏傳の立學を求めたのは、章帝期に入ってからであった。章帝は、賈逵の上奏を善しとし、公羊の嚴氏・顏氏の二家を修めていた諸生たちの中から二十人を選び、左氏傳を学ばせたという（『後漢書』列傳二十六　賈逵傳）。

続いて、建初四（七九）年に、章帝は白虎觀會議を主宰した。左氏學を代表とする古文學と公羊學を中心とする今文學との対立を軸とした論議がまとめられた『白虎通』は、全体としては、ほぼ今文説でまとめられる。春秋學に関しては、左氏傳は全く無視され、穀梁傳は少し用いられ、公羊學派の説が大部分採用された。[五二]そこでは、王莽の定めた禮制である「元始の故事」を中心とする古典的国制が、經義により正統化された。具体的には①洛陽遷都・②畿内制度・③三公設置・④十二州牧設置・⑤南北郊祀・⑥迎氣（五郊）・⑦七廟合祀・⑧官稷（社稷）・⑨辟雍（明堂・靈臺）・⑩學官・⑪二王後・⑫孔子子孫・⑬樂制改革・⑭天下之號（王朝名）のほとんどが、白虎觀會議において、今文學の經義により正統化され直したのである（本書第二章）。匈奴政策の方針転換を正当化する穀梁傳を公認することを主目的とした石渠閣會議に対して、漢の国政全般を公羊傳および公羊學説で正統化した白虎觀會議は、後漢「儒教国家」の完成を象徴する会議であった。[五三]

白虎觀會議において行われたことは、今文學である公羊傳の優越性の確認と王莽により定められた漢の国制の經義による正統化だけではない。現実の変容に適応した、新たなる公羊學の展開も見られるのである。生母の外戚が多かった前漢において、「母以子貴」の義例は、外戚の政治関与の正当化に大きな役割を果たしていた。ところが、後漢の外戚は、生母ではなく嫡妻の一族出身であり、嫡妻権をその権力の拠り所としていた（渡邉義浩〈一九九〇〉）。こうした外戚の権力形態、具体的には章帝の外戚である竇氏の権力は、「母以子貴」によっては正統化し得ない。そこで掲げられた義例が「娶先大國」である。

白虎觀會議ののち、後漢中期の順帝の外戚となった梁氏は、かつて章帝の貴人として和帝を生み、罪を着せられて誅殺された梁氏の子孫である。それにも拘らず、『後漢書』本紀十下 梁皇后紀に、[五四]

陽嘉元年春、有司 奏すらく、「長秋宮を立てん。以へらく乘氏侯の（梁）商は、先帝の外戚なり。春秋の義に、

『娶るに大國を先にす』と。梁小貴人は、宜しく天祚に配し、位を坤極に正すべし」と。(順)帝 之に從ふ。乃ち壽安殿に貴人を立てて皇后と爲す。

とあるように、梁貴人は順帝の皇后として立てられ、梁氏は外戚として権力を振るうことになるのである。ここで注目すべきことは、有司という一般的な名称により伝えられる役人が、「娶先大國」という「春秋の義」を当たり前のように梁皇后立后の正当性として引用していることである。「娶先大國」という「春秋の義」は、春秋經はもちろん公羊傳にも何休注にも見られない。この論理は、『白虎通』巻十 嫁娶に、(五五)

王者の娶るや、必ず先づ大國の女の禮儀 備はり見る所多きより選ぶ。詩に云ふ、「大邦 子有り、天の妹に俔ふ。文 厥の祥を定め、渭に親迎す」と。明王なる者は必ず大國より娶るなり。春秋傳に曰く、「紀侯 來朝す。紀子 女を天子に嫁がしむるを以て、故に爵を増して侯と稱す」と。

とあるように、白虎觀會議で定められた公羊學説であることが分かる。順帝期の梁皇后立后時の有司の上奏は、「母以子貴」の義例を展開する中から、白虎觀會議で生まれた「娶先大國」によって正当化されているのである。ここに、儒教一尊の時代である後漢の国政における『白虎通』の規制力の強さを理解できると同時に、公羊學派の学説の展開を見ることができるのである。

それでは、賈逵が強調していた左氏傳だけが直接的に劉氏と春秋との繋がりを伝えるとの主張に対して、公羊學はいかなる論理の展開により対抗したのであろうか。その答えを今日に伝えるものは、『春秋公羊傳』哀公十四年に附けられた何休の注である。『春秋公羊傳解詁』哀公十四年に、(五六)

〔傳〕君子 曷《なん》の爲にして春秋を爲りしや。……

〔注〕……孔子 仰ぎて天命を推し、俯して時變を察し、卻きて未來を觀、豫め無窮を解す。漢の當に大亂の后

を繼ぐべきを知り、故に撥亂の法を作りて以て之に授くるなり。

〔傳〕春秋の義を制して、以て後聖を俟つ。

〔注〕聖漢の王、以て法と爲すを待つなり。

とある。ここでは孔子は、漢の成立を予知し、そのために法とすべき春秋の義を制定した神秘的な存在と位置づけられている。無冠であるが真の王者である「素王」孔子が、後世の「聖漢」のために、真の王者たるものの法を『春秋』において指し示す。何休に代表される公羊家の「孔子素王説」は、こうして「聖漢」の正統性を支えることにより、左氏傳に対抗した。公羊學は、左氏傳が王莽に利用されたことを機に漢の正統思想としての地位を盛り返し、白虎觀會議でその勝利を確定させた。そこには、公羊傳自体が漢の国政の現状に適合していたこともあるが、公羊學派の学説展開の努力が存在したのである。

また、後漢末を生きた何休は、『春秋公羊傳』宣公十五年の注に、理想的土地制度として井田法を主張している（渡邉義浩〈二〇〇五ａ〉）。しかし、曹魏の屯田制・西晉の占田・課田法へと続く井田の系譜は、『禮記』王制から展開された。[五七] 公羊學が聖漢と見なす後漢の滅亡は、公羊學派の普及と展開を困難にしていたのである。一方で、公羊學に対抗を続けてきた左氏學は、後漢の滅亡にもよく対応した。後漢の「寛」治の行き詰まりに対しては、『春秋左氏傳』昭公　傳二十年の「寛猛相濟」を論拠に法刑を重視する「猛」政を主張し、曹操や諸葛亮の国政運用に影響を与えている（渡邉義浩〈二〇〇一ｂ〉・〈二〇〇三ｂ〉）。また、社会の分権化に対しては、『春秋左氏傳』僖公　傳二十四年を論拠に、同姓諸侯への封建を正当化した（渡邉義浩〈二〇〇五ｂ〉）。さらに、西晉に杜預が登場すると、左氏傳に注を附しながら、司馬氏の権力を正統化していき、公羊傳を圧倒する（渡邉義浩〈二〇〇五ｃ〉・〈二〇〇五ｄ〉）。聖漢との関係が密接に過ぎた公羊傳は、聖漢とともに衰退したのである。

おわりに

本章では、春秋三傳の成立やその思想内容の問題をとりあえず置き、兩漢の政治過程の中で、春秋三傳がいかなる国政の正当化に利用されたのかを追求した。出現時期が最も早い公羊傳は、武帝期までの前漢の国政をよく正当化し、後漢においてもその学説を展開することにより、兩漢を通じて春秋の中心的な經典となった。これに対して、穀梁傳は、出現時期の宣帝期の政治にはよく適合していたが、宣帝期の特殊状況に特化し過ぎた感がある。最後に現れた左氏傳は、漢の禮制の根本を規定する優位性を有していたが、王莽に利用されたことが、後漢における地位を不利にした。

公羊傳は、漢のための春秋であった。聖漢のために書かれたことが何休により明記されるだけではなく、漢民族国家の脅威であり続けた夷狄への強烈な攘夷思想は、漢という時代にこそ適合する。漢の滅亡後、五胡十六國時代を経て、胡漢融合が進展していく中で、公羊傳の苦戦は続いていこう。これに対して、左氏傳は事を主とするために、様々な事例を引き出すことが可能であり、汎用性が高かった。ゆえに、漢の滅亡後、魏晉南北朝の動乱期を超えて、唐の『五經正義』の一つに選ばれるに至るのではなかろうか。

《注》

（一）班固が『漢書』において董仲舒を宣揚したことについては、渡邉義浩《二〇〇五》を、光武帝が圖讖を天下に宣布したことについては、渡邉義浩《一九九五》・板野長八《一九九五》を参照。

（二）春秋三傳のうち、公羊傳・穀梁傳については、野間文史《二〇〇一》に、左氏傳については、野間文史《一九八九》に、それぞれコメントを附した研究動向の整理がある。本章は、野間の先行研究整理に大きく依拠している。

（三）田中麻紗巳〈一九九五〉・〈一九九六〉・〈二〇〇七a〉・〈二〇〇七b〉。古くは皮錫瑞《一九五四》の「四　春秋　論春秋為後世立法惟公羊能発明斯義惟漢人能実行斯義」に、史書に見える「春秋の義」がまとめられている。また、日原利国〈一九六〇〉も、漢代における「春秋の義」の現実具体的把握を人民主義的・国家主義的な『春秋』解釈の緊張関係において検討する。さらに、陳蘇鎮《二〇〇一》、張端穂《二〇〇五》も、政治過程との関わりのなかで、前者は春秋三傳・後者は公羊傳の特徴を探求したものである。

（四）加賀栄治〈一九九〇〉・〈一九九一〉・〈一九九二〉。これに対して、『漢書』藝文志をはじめ、狩野直喜《一九九四》のように、左氏傳が公羊傳よりも先に一書となっていた、と考える立場も多い。このほか、『春秋』の成書に関しては、平勢隆郎《二〇〇三》もある。

（五）これは、公羊傳には、漢代公羊學の特徴である災異と人事との間に直接因果関係を見出したり、人事的努力によって天災避止の可能性を説くという天人一致の思想は見出せない、とする中江丑吉〈一九五〇〉を批判して、論証されている。

（六）哀公十四年の「西狩獲麟」の傳文と漢の高祖との関係は、狩野直喜《一九六四》がすでに指摘している。また、内山俊彦〈一九八三〉は、この傳文の解釈とその意義を論じたものである。

（七）日原利国《一九七六》は、①の經と權を「五　經と權」・文と實を「七　文と實」、②を「六　特異な夷狄論」、③を「四　人倫道徳」、④を「三　心意の偏重」、⑥を「二　俠氣と復讐」で詳論している。

（八）金谷治〈一九六〇〉。また、先駆的研究として、重澤俊郎《一九四九》の中に賈誼を論じた部分があり、唐雄山《二〇〇五》は、賈誼の諸侯対策を「割地定制」、匈奴対策を「三表五餌」という概念を中心に論じている。

（九）呉楚七國の乱については、稲葉一郎〈一九七六〉を、前漢の王國の相については、鎌田重雄〈一九六二〉を参照。

（一〇）赤眉の乱における城陽景王信仰の重要性については、志田不動麿〈一九三〇〉を参照。

（一一）田中麻紗巳〈一九八五〉は、「子以母貴」は桓公の、「母以子貴」は隱公の妾母をそれぞれ指す可能性を指摘しながらも、桓公の貴いことに関連して、子と母が互いに貴さを支え合う意味で公羊は述べている、と理解している。

（一二）景帝長男榮、其母栗姬、栗姬齊人也。（景帝）建榮爲太子。……（館陶）長公主日譽王夫人男之美、景帝亦賢之。又有曩者所夢日符、計未有所定。王夫人知帝望栗姬、因怒未解、陰使人趣大臣立栗姬爲皇后。大行奏事畢、曰、子以母貴、母以子貴。今太子母無號、宜立爲皇后。景帝怒曰、是而所宜言邪。遂案誅大行、而廢太子爲臨江王。栗姬愈恚恨、不得見、以憂死。卒立王夫人爲皇后、其男爲太子（『史記』巻四十九 外戚世家）。

（一三）（武帝）乃下詔曰、高皇帝遺朕平城之憂、高后時單于書絶悖逆。昔齊襄公復九世之讎、春秋大之（『漢書』巻九十四上 匈奴傳上）。なお、狩野直喜《一九九四》は、武帝は春秋の義を匈奴を征する理由の口実としている、とこれを理解している。

（一四）福井重雅《二〇〇五》に、班固の作為的な董仲舒の宣揚が明らかにされている。また、渡邉義浩《二〇〇五》も参照。

（一五）（或曰）法令、漢家之經、吏議決焉。事定於法、誠爲明矣。曰、夫五經亦漢家之所立、儒生善政、大義皆出其中。董仲舒表春秋之義、稽合於律、無乖異者。然則春秋、漢之經、孔子制作、垂遺於漢。論者徒尊法家、不高春秋、是闇蔽也（『論衡』程材篇）。

（一六）始元五年、有一男子乘黄犢車、建黄旐、衣黄襜褕、著黄冒、詣北闕、自謂衞太子。公車以聞。詔使公卿・將軍・中二千石雜識視。長安中吏民聚觀者數萬人。右將軍勒兵闕下、以備非常。丞相・御史・中二千石至者並莫敢發言。京兆尹（雋）不疑後到、叱從吏收縛。或曰、是非未可知。且安之。不疑曰、諸君何患於衞太子。昔蒯聵違命出奔、輒距而不納、春秋是之。衞太子得罪先帝、亡不卽死。今來自詣、此罪人也。遂送詔獄（『漢書』巻七十一 雋不疑傳）。

（一七）狩野直喜《一九九四》は、『論語』に伝わる孔子の言葉より、蒯聵が父を拒ぐことを許したとする公羊傳は、孔子の真意を伝えない曲解であるとする。

（一八）『漢書』巻七 昭帝紀。また、冨谷至〈一九七八〉が述べるように、公羊學の動機主義的な法律解釈は、裁判の場において重要な役割を果たした。

(一九) 今陛下嗣孝昭皇帝後、行淫辟不軌。詩云、籍曰未知、亦既抱子。五辟之屬、莫大不孝。周襄王不能事母、春秋曰、天王出居于鄭。繇不孝出之、絶之於天下也。宗廟重於君、陛下未見命高廟、不可以承天序、奉祖宗廟、子萬姓、當廢（『漢書』卷六十八 霍光傳）。

(二〇) 王者無外、此其言出何。不能乎母也（『春秋公羊傳』僖公十四年）。

(二一) 不能事母。罪莫大於不孝、故絶之言出也。下無廢上之義、得絶之者、明母得廢之、臣下得從母命（『春秋公羊傳注疏』僖公十四年）。

(二二) 「母以子貴」の義例により、妾媵の子が皇帝になるとその生母は先君の夫人となるとする公羊學であるが、『通典』卷七十二 禮三十二に引く許愼の『五經異義』に、「妾母の子 君と爲らば、子 其の母を尊びて夫人と爲すを得。春秋公羊説を按ずるに、妾の子 立ちて君と爲らば、母 夫人と稱するを得。故に堂を上らば妾と稱し、嫡に屈するも、堂を下らば夫人と稱し、尊 國家に行はる。則《しかる》に士庶 起ちて人君と爲るも、母は亦た夫人と稱するを得ず（妾母之子爲君、子得尊其母爲夫人。按春秋公羊説、妾子立爲君、母得稱夫人。故上堂稱妾、屈於嫡、下堂稱夫人、尊行國家。則士庶起爲人君、母亦不得稱夫人）」とあるように、許愼が伝える公羊説では、士庶より君主となった者はその母を夫人と称し得ないとし、夫人の範囲を限定していた。

(二三) 穀梁傳の夷狄觀については、山田琢〈一九五八a〉のほか、山田琢〈一九五八b〉も參照。また、穀梁傳の法刑の重視については、重澤俊郎〈一九四二〉・日原利国〈一九八三〉を參照。

(二四) 初、匈奴呼韓邪單于來朝、詔公卿議其儀。丞相（黄）霸・御史大夫（于）定國議曰、聖王之制、施德行禮、先京師而後諸夏、先諸夏而後夷狄。詩云、率禮不越、遂視既發、相土烈烈、海外有截。陛下聖德、充塞天地、光被四表、匈奴單于、鄉風慕化、奉珍朝賀。自古未之有也。其禮儀宜如諸侯王、位次在下。望之、以爲、單于非正朔所加、故稱敵國。宜待以不臣之禮、位在諸侯王上。外夷稽首稱藩、中國讓而不臣、此則羈縻之誼、謙亨之福也。書曰、戎狄荒服。言其來服、荒忽亡常。如使匈奴後嗣、卒有鳥竄・鼠伏、闕於朝享、不爲畔臣。信讓行乎蠻貉、福祚流于亡窮、萬世之長策也。天子采之、下詔曰、蓋聞、五帝・三王、教化所不施、不及以政。今匈奴單于稱北藩、朝正朔、朕之不逮、德不能弘覆。其以客禮待之、令單于位在諸侯王上、贊謁稱臣而不名（『漢書』巻七十八 蕭望之傳）。

(二五) 山田琢〈一九五八b〉は、『春秋穀梁傳』の哀公十三年の「吳の夫差論」・哀公十四年の「西獲麒麟」より、孔子の理想が夷狄も進んで中国の礼に合致した華夷混一の世界の実現にある、としている。

(二六) 福井重雅〈一九九五〉。福井によれば、宣帝以降、元帝・成帝・哀帝・平帝とつづく前漢後期にいたっても、なおいぜんとして公的に博士の名目や定員などを記録した一定の文言を見出すことはできず、光武帝の建武年間に、はじめて五經とは易・書・詩・禮・春秋の五種類の經典を指し、一經ごとに所定の家法が立てられ、各家法に博士がおかれるという制度が決定した、という。博士弟子制度としての儒教一尊体制は、後漢の光武帝期になってようやく完成するのである。なお、林啓屏〈二〇〇二〉は、石渠閣会議を經典の「正経化」運動の一つと位置づけている。

(二七) 宣帝、作色曰、漢家自有制度。本以霸・王道雜之。奈何純任德教、用周政乎（『漢書』巻九 元帝紀）。

(二八) 宣帝期にも酷吏が活躍したことについては、鎌田重雄〈一九五〇〉、影山剛〈一九五七〉、譚伝賢〈一九九八〉を参照。

(二九) 「寛」治が後漢における統治の主流であったことについては、渡邉義浩〈一九九四〉、〈二〇〇一〉を参照。

(三〇) 『春秋公羊傳』文公九年・襄公二十九年の春秋の義を論拠に、郅都單于の子を国境まで送るとした議が通らず、『春秋公羊傳』襄公六年の春秋の義を踏まえて、二王の後を孔子の子孫とした議が裁可されないなど、国政運用の論拠として春秋の義が掲げられることの増加に伴い、それが拒否されることも多くなっていた。

(三一) 劉歆の律暦思想については、堀池信夫《一九八八》を参照。また、川原秀城《一九九六》もある。

(三二) 郡國廟については、守屋美都雄〈一九三八〉を参照。また、郡國廟だけではなく、天子七廟制なども含め、前漢後期の国政と儒教との関係を論じたものとして、保科季子〈一九九八〉がある。

(三三) 春秋之義、父不祭於支庶之宅、君不祭於臣僕之家、王不祭於下土諸侯。臣等、愚以爲、宗廟在郡國、宜無修、臣請勿復修（『漢書』巻七十三 韋賢傳附韋玄成傳）。

（三四）藤川正数《一九八五》。また、伊藤徳男〈一九八三〉も参照。

（三五）太僕王舜・中壘校尉劉歆議曰、……①禮記王制及春秋穀梁傳、天子七廟、諸侯五、大夫三、士二。……春秋左氏傳曰、②名位不同、禮亦異數。③自上以下、降殺以兩、禮也。七者、其正法數、可常數者也。宗不在此數中。宗、變也。苟有功德則宗之、不可預爲設數。……（『漢書』巻七十三 韋賢傳附韋玄成傳）。

（三六）漢の郊祀制度に関する禮學の展開ついては、藤川正数《一九八五》を、制度の変遷については、金子修一《二〇〇六》、王柏中《二〇〇五》を参照。また、前漢武帝期の郊祀については、目黒杏子〈二〇〇三〉を参照。なお、岩野忠昭〈二〇〇四〉は、『春秋繁露』との関わりを論じ、北村良和〈一九八一〉は、七廟制に漢家の自己冒瀆を見、王莽の經学帝国出現の先払いと位置づけている。

（三七）五行思想については、島邦男《一九七一》を参照。また、石合香〈二〇〇三〉は、三正制を重視することは班固の顕彰であり、実際の受命体制は五徳終始説を中心としていたとする。

（三八）（劉）向子（劉）歆、究其微眇、作三統曆及譜以説春秋。推法密要、故述焉。夫曆春秋者、天時也、列人事而因以天時。傳曰、民受天地之中以生、所謂命也。……傳曰、元善之長也。共養三德爲善（『漢書』巻二十一上 律曆志）。なお、三統曆と世譜については、能田忠亮・薮内清《一九五一》を参照。

（三九）杜預が、經と左氏傳の合計七百七十九個の干支をなるべく生かすように閏月を十九年ごとに七回設け、大小の月を定めて作成した春秋長暦において、三十七回の日食中三十三回を暦面どおりに設定し得たことについては、渡邉義浩〈二〇〇五e〉を参照。

（四〇）又五經家皆無以証圖讖明劉氏爲堯後者、而左氏獨有明文。五經家皆言顓頊代黄帝、而堯不得爲火德。左氏以①爲少昊代黄帝、②卽圖讖所謂帝宣也。如令堯不得爲火、則漢不得爲赤。其所發明・補益實多（『後漢書』列傳二十六 賈逵傳）。

（四一）福井重雅〈一九九九〉・〈二〇〇〇a〉は、この賈逵の上奏を、漢堯後説・漢火徳説・『左傳』・讖緯の四者のもつ相関関係を説明した、唯一最初の記録であるとしている。また、漢火徳説については、久野昇一〈一九三八〉、楊権《二〇〇六》を参照。

(四二) 世經　春秋昭公十七年、郯子來朝。傳曰、昭子問、少昊氏鳥名何故。對曰、吾祖也。我知之矣。昔者、黄帝氏以雲紀、故爲雲師而雲名。炎帝氏以火紀、故爲火師而火名。共工氏以水紀、故爲水師而水名。太昊氏以龍紀、故爲龍師而龍名。我高祖少昊摯之立也、鳳鳥適至、故紀於鳥、爲鳥師而鳥名。言郯子據少昊受黄帝、黄帝受炎帝、炎帝受共工、共工受太昊、故先言黄帝、上及太昊（『漢書』巻二十一下　律暦志下）。

(四三) 陶唐既衰、其后有劉累。學擾龍于豢龍氏、以事孔甲。孔甲賜之姓曰御龍氏、受豕韋之後。龍一雌死、以食夏后。夏后使求、懼而遷去（『史記』巻二　夏本紀）。

(四四) 予以不德、託于①皇初祖考黄帝之後、皇始祖考虞帝之苗裔、而太皇太后之末屬。……②赤帝漢氏高皇帝之靈、承天命傳國金策之書、予甚祗畏、敢不欽受（『漢書』巻九十九上　王莽傳上）。なお、王莽の禪讓革命と漢火德説については、渡邊さおり〈一九九五〉を参照。

(四五) 莽曰、予之皇始祖考虞帝受嬗于唐。漢氏初祖唐帝、世有傳國之象、予復親受金策於漢高皇帝之靈（『漢書』巻九十九中　王莽傳中）。

(四六) 王莽が定めた「元始中の故事」を中心とする儒教に基づく国制の整備を「中国における古典的国制の成立」と意義づけることについては、渡辺信一郎〈二〇〇三〉を参照。また、後漢における故事については、本書第三章を参照。

(四七) 光武先在長安時同舍生彊華、自關中奉赤伏符。曰、劉秀發兵捕不道、四夷雲集龍鬪野、四七之際火爲主。羣臣因復奏曰、受命之符、人應爲大。萬里信合、不議同情。周之白魚、曷足比焉。今上無天子、海內淆亂。符瑞之應、昭然著聞。宜荅天神、以塞羣望。光武於是命有司設壇場於鄗南千秋亭五成陌。（建武元年）六月、卽皇帝位（『後漢書』本紀一上　光武帝紀上）。

(四八) 至（建武）七年五月、詔三公曰、漢當郊堯。其與卿大夫・博士議。時侍御史杜林上疏、以爲、漢起不因緣堯、與殷周異宜、而舊制以高帝配。方軍師在外、且可如元年郊祀故事。上從之（『續漢書』志七　祭祀志上）。

(四九) 後漢が曹魏に滅ぼされる漢魏革命においても、それが堯舜革命に準えられたことについては、渡邉義浩〈二〇〇三〉、本書

第八章を参照。

(五〇)（建武十九年）六月戊申、詔曰、春秋之義、立子以貴。東海王陽皇后之子、宜承大統。皇太子彊崇執謙退、願備藩國。父子之情、重久違之。其以彊爲東海王、立陽爲皇太子、改名莊（『後漢書』本紀一下 光武帝紀下）。

(五一) 後漢初の公羊學が緯書の導入により、積極的に漢の正統化をはかり、巻き返しにつとめていたことは、安居香山〈一九六四〉のほか、間嶋潤一〈一九七七〉を参照。その結果として、何休の解詁の中には、多くの緯書が含まれることになったが、それが春秋義に関する例・災異に関する例・禮制に関する例に大別できることについては、田中麻紗巳〈一九九三〉を参照。

(五二) 田中麻紗巳〈一九九〇〉を参照。ただし、白虎觀會議の四年後の建初八（八三）年に詔勅が下され、穀梁・古文尚書・毛詩とともに左氏傳も才能のある諸生に教授されることになった。田中麻紗巳〈一九九六〉は、それを古文學に好意的であった章帝が賈逵などの要請を容れた結果であると推測している。

(五三) 白虎觀會議の開催された後漢の章帝期に後漢「儒教国家」の成立を求め、それを以て儒教の国教化の完成と考えることは、渡邉義浩《一九九五》のほか、本書序論参照。

(五四) 陽嘉元年春、有司奏、立長秋宮。以乘氏侯（梁）商先帝外戚。春秋之義、娶先大國。梁小貴人、宜配天祚、正位坤極。（順）帝從之。乃於壽安殿立貴人爲皇后（『後漢書』本紀十下 梁皇后紀）。また、公羊學による外戚与政の正当化については、何照清《一九八六》も参照。

(五五) 王者之娶、必先選于大國之女禮儀備所見多。詩云、大邦有子、俔天之妹。文定厥祥、親迎于渭。明王者必娶大國也。春秋傳曰、紀侯來朝。紀子以嫁女于天子、故增爵稱侯（『白虎通』卷十 嫁娶）。

(五六)〔傳〕君子曷爲爲春秋。……〔注〕……孔子仰推天命、俯察時變、卻觀未來、豫解無窮。知漢當繼大亂之后、故作撥亂之法以授之。〔傳〕制春秋之義、以俟後聖。〔注〕待聖漢之王、以爲法（『春秋公羊傳解詁』哀公十四年）。

(五七) 渡邉義浩〈二〇〇五a〉。また、何休の井田制について、内山俊彦〈二〇〇一〉は、衰乱→升平→大平の上昇過程が『春秋』

經中の理念として存し、その大平に具体的内容を与えるものの一つの基礎が、井田制国家である、と指摘する。なお、中嶋隆蔵〈一九六八〉も参照。

第二章　『白虎通』に現れた後漢儒教の固有性

はじめに

本書は、序論で述べたように、後漢「儒教國家」の成立によって、「儒教の国教化」は完成し、その時期は後漢章帝期の白虎觀會議に求められる、という仮説を実証することを目的としている。

白虎觀會議は、章帝の建初四（七九）年、楊終の上奏を契機として（『後漢書』列傳三十八 楊終傳）、魏應が章帝の詔を奉じて經義の疑義を十名あまりの諸儒に論議させ、章帝自らが決裁する形式で行われた。[一] その内容は、班固によってまとめられた『白虎通』より窺い得るが、侯外廬〈一九五六〉は、董仲舒以来の災異説・讖緯説を取り入れた極めて宗教的色彩の濃い儒教によって、皇帝権の神格化と絶対化をはかり、漢の宗教的・思想的統治を永続させることを目指すものであった、としている。定められた經義のうち、君臣・父子・夫婦の関係を確立した三綱説は、以後中国において、長い間強制力を持ち続けた。[二] 日原利国〈一九六七〉は、章帝臨席下で行われた白虎觀會議の結果は、今文公羊學のみを採用して、古文左氏學を悉く退けた。しかし、その論議はあくまで古文學という反措定を通して構成され、論定されたものである。左氏學の進出に対して、公羊學派としては、その地位を維持するためにも、本来の解釈を歪め、時には讖緯説を取り入れて宗教的な変質までを犯し、あるいは『左傳』となんら異ならない主張を捻出して、意識的に国家主義へと傾斜して、支配権力の要請に応えたのである。こうして、公羊學は君主権を絶対化する理論へと自らを脱皮させた。公羊學のかくのごとき歪曲と変容は、体制側の必要とする經書解釈の終焉を意味するものであった、と白虎觀會議を位置づける。体制儒教としての思想内容の完成をここに求めることができよう。

また、池田秀三〈一九九五〉は、後漢の学術・思想に対する『白虎通』の決定的な影響力を指摘しながらも、それが描き出す「白虎通国家」は、現実の国家とは直接には無関係に、あくまで文献操作と想像力によって構築されていること、すなわち徹底的な観念上の産物であること、に第一の特質があり、そのような国家像をはじめて提示したところに『白虎通』の最大の思想史的意義がある、としている。

これに対して、本章は、『白虎通』に現れる後漢儒教の固有性を、宗教性・国制との緊密性・臣下への配慮の三点から論じることにより、『白虎通』がいかなる現実との関わりの中で形成され、またいかに現実を規定していったか、という問題を論ずるものである。

一、宗教性

後漢「儒教國家」における儒教の特徴の第一は、宗教性の強さにある。それを『白虎通』に規定される天子と皇帝という二つの称号および天人相関説より検討しよう。

後漢の君主が「天子」と「皇帝」という二つの称号を有し、それぞれが異なった機能を持つことは周知のとおりである（西嶋定生〈一九七〇〉）。すなわち、天子は、受命者の称号であり、天地の神々への自称である。その地位は祖靈や上帝によって認証される。一方、皇帝は、統治者の称号であり、帝国内部・自己の祖先への祭祀の際に用いられる。その地位は前任者の皇帝もしくは前皇帝の嫡妻の任命による。（三）これら二つの称号について、『白虎通』はいかなる規定を設けているのであろうか。天子については『白虎通』爵に、（四）

天子なる者は、爵稱なり。爵　天子と稱する所以は何ぞや。王者は①天を父とし地を母とし、②天の子爲ればなり。

と規定される。一方、帝については『白虎通』號に、（五）

帝王なる者は何ぞや、號なり。號なる者は、功の表はれなり。功を表はし德を明らかにする所以は、③臣下に號令すればなり。

と規定される。そして、両者が併存することについては『白虎通』號に、（六）

或いは天子と稱し、或いは帝王と稱するは何ぞや。以爲へらく、上に接して天子と稱する者は、爵を以て④天に事ふるを明らかにするなり。下に接して帝王と稱する者は、位號　天下至尊の稱もて、以て③臣下に號令するを明らかにするなり。

とある。両者の違いは、歴然としている。皇帝（ここでは帝王）が、功によってその地位に就き、③「臣下に號令する者」と規定されることに対して、天子は④「天に事ふる」②「天の子」である。前者は人間の努力で成り得るものであるが、後者は人知を超える。『白虎通』では、天を規定して『白虎通』天地に、（七）

天なる者は何ぞや。天の言爲るや鎭なり。高きに居りて下を理め、人の鎭爲ればなり。

としている。ここで規定される「天」は、「下を理め」るものとされる。これは、有人格の宗教的な主宰者としての天であり、無人格の機械的な自然ではない。（八）人間世界の功績や徳によって臣下に号令するものが皇帝であれば、主宰者である「天」の人をおさめる力に依拠するものが天子なのである。天の持つ宗教性に天子が支えられていると言い換えてもよい。

かかる『白虎通』の經義の論拠になったものは、緯書である。帝王と天子との違いを述べる『白虎通』號の典拠は、『太平御覽』巻七十六　皇王部一に、[九]

孝經鉤命決に曰く、「三皇は歩、五帝は驟、三王は馳、五霸は鶩。或いは天子と稱し、或いは帝王と稱す。上に接して天子と稱するは、爵を以て④天に事ふるを明らかにするなり。下に接して帝王と稱するは、以て③臣下に號令するを明らかにするなり」と。

と引用される『孝經鉤命決』である。孝經緯は、緯書の中にあって、春秋緯と並んで重要な地位を占める。緯書においては、孔子が『春秋』と共に最も重んじたものは『孝經』である、とされていたからである。また、孝經緯には、「孝」の内容や仕方を説くものは少なく、天子または卿大夫士が孝を行うと、天下や自然、または家がよく治まる、という効果を説いたものが大勢を占めるという。[一〇] ここでの孝經緯も、同様に考えてよいであろう。

ゆえに①「天を父とし地を母」とする天子は、孝をもって天に仕えなければならない。『北堂書鈔』巻九十　禮儀部十一に、[一一]

白虎通に云ふ、「王者　天を祭る所以は何ぞや。父に事ふるに縁りて以て④天に事ふるなり」と。

とあるように、天を祭る郊祀においても、天と天子とが父と子と同様に孝によって結びついていることが語られる。[一二] こうして孝はすべての德行の根幹となり、帝国の秩序もこれによって保たれるのである。

こうした天と天子との関係は、天人相関説により支えられる。池田知久〈一九九四〉によれば、董仲舒の天人相関説とは、世界のなかに発生するあらゆる存在や運動が、主に有人格の宗教的な神格「天」の主宰性に原因するという表面的な形式のチャンネルを通すことにより、天下・国家における「天子」の倫理性・政治性の善悪に応じて生起すると認めて、実際的な内容としては、「天下」あるいは「天下」に代表される人類全体の主体性・能動性を高唱した思想である、という。

ゆえに天人相関説において、天の下す災異は、天子の倫理性・政治性の悪の程度に応じて、「天」の主宰性を原因として発生する。『白虎通』災變に、(一三)

天に災變有る所以は何ぞや。人君に譴告し、其の行を覺悟せしめ、過を悔ひ德を修め、思慮を深くせしめるを欲する所なり。援神契に曰く、「行に點欠有れば、氣 天に逆《さか》ひ、情感 變出して、以て人を戒むるなり」と。

とある。『白虎通』でも災異は、主宰性を持つ人格神である「天」が、「人君」の行いを譴責するために起こすものである、と規定されている。典拠となっている緯書は、『孝經援神契』である。ここでも孝經緯が「天」の宗教性の論拠となっていることに留意しておきたい。また、『文苑英華』巻五百六十一 賀祥瑞一に、(一四)

援神契に云ふ、「天子 孝なれば、則ち景雲 出游す」と。

とあるように、逆に天子が「孝」であれば、瑞祥が出現する、と『孝經援神契』は述べていたことが分かる。

それでは『白虎通』でも瑞祥は、天子の倫理性・政治性の善の程度に応じて、「天」の主宰性を原因として発生する、と規定されるのであろうか。『白虎通』封禪に、(一五)

天下 太平にして、符瑞の來り至る所以の者は、以爲へらく、王者は天の統理を承け、陰陽を調和す、陰陽 和にして、萬物 序あり、休氣 充塞す、故に符瑞 並びに臻る、皆 德に應じて至る。德 天に至れば、則ち斗極 明らかに、日月 光り、甘露 降る。德 地に至れば、則ち嘉禾 生じ、蓂莢 起ち、秬鬯 出で、太平 感ず。

とある。『白虎通』は、主宰性を持つ人格神である「天」が、天子に下す災異とともに瑞祥をも認めている。文中に表記されてはいないが、後半は災異と同様、『孝經援神契』を典拠としている。(一六) 天人相関説は、『孝經援神契』を中心的な論拠に肯定されている。『白虎通』において、天と天子とを結ぶ理念は孝經緯を典拠とする「孝」なのである（本書第六章も参照）。

以上のように、『白虎通』では、皇帝と並用される天子という称号を、緯書を論拠としながら天に仕える天の子であると規定し、天の持つ宗教性により天子が支えられると理解していた。その具体的な現れが、天人相関説である。主宰者である「天」は、天子の政治・倫理に対して、悪ならば災異を、善ならば瑞祥を示して、天子を支えたのである。天が理と等値され、上帝の意志とは理にほかならない、とされる宋學の特徴と比べたときに（小島毅〈一九九一〉）、後漢儒教の特徴の第一が、宗教性にあることは明らかである。また『白虎通』における天人相関説が、孝經緯を論拠としているように、天と天子を結ぶものは「孝」であった。ゆえに天子は父母に対するときと同じように、孝をもって天に仕えるのである。宗教的な主宰者である天に、天子が孝を尽くして仕えることにより、後漢の天子はその支配の正統性を天の宗教性に支えられていたのである。

二、国制との緊密性

後漢「儒教國家」における儒教の特徴の第二である国家制度と儒教との緊密性を考える方法は、儒教教義に基づく祭祀が、どのように形成され、それが正統化されたか、を検討することが中心となる。儒教教義に基づく祭祀は、王莽が政権を掌握していた平帝の元始四・五（四・五）年を中心とする改革により形成されていく。元始五（五）年の南北郊の成立を頂点とする、王莽により規定された諸儀禮は「元始中の故事」と呼ばれ、後漢の国家祭祀の基本となったとされる（金子修一《二〇〇一》）。

渡辺信一郎〈二〇〇二〉は、「元始中の故事」を中心とする儒教に基づく国制の整備を「中国における古典的国制の成立」と意義づけ、その成立時期を前漢元帝の初元三（前四六）年から後漢明帝の永平二（五九）年までの約百年間に求める。渡辺信一郎がまとめた前漢末・王莽期の国制改革の一覧表を次頁に掲げ、事項の番号に則しながら、『白虎通』における国制の位置づけを考察していこう。

①洛陽遷都について、『白虎通』京師は、[一七]

王者の京師は必ず土中を擇ぶは何ぞや。教道を均しくし、往來を平らかにし、善をして以聞するを易からしめ、惡を爲すをば以聞するを易からしめ、當に懼れ愼しみて、善惡に損すべきを明らかにする所以なり。尚書に曰く、「王 來《つと》めて上帝を紹《たす》け、自ら土中を服《をさ》めよ」と。聖人 天に承けて制作す。尚書に曰く、「公よ、敢へて天の休を敬まずんばあらざれば、宅を相《み》て來《たまは》れ」と。

と述べる。典拠とされている『尚書』は、前者が召誥篇、後者が洛誥篇であるから、「土中」とは、洛邑のことをさす。王莽が洛陽に遷都する試みの中で、「土中たる雒陽の都に即かん（即土之中雒陽之都）」（『漢書』巻九十九中 王莽傳中）と述べた「土中」と同じ場所と考えてよい。『白虎通』は「王者の京師は必ず土中」を選ぶと述べ、「土中」の典拠を經典の『尚書』に求め、後漢が洛陽に首都を置いていることを儒教の教義により正統化しているのである。

②畿內制度とは、西周の東西両都を古制とする制度であり、洛陽を東都とするものである。『白虎通』論遷國に、[一八]

周家は始めて何くにか封ぜられん。后稷は邰《たい》に封ぜらる。公劉は邰を去り邠に之く。詩に曰く、「有邰《いうたい》の家室に即く」と。又 曰く、「篤《あつ》いかな公劉、邠《ひん》に于て其れ觀る」と。周家 五遷するも、其の意は一なり。皆 其の道を成さんと欲するなり。

とある。典拠とされている『詩經』は、前者が大雅 生民、後者が大雅 公劉である。周家は「五遷」したとしながら

〔前漢末・王莽期国制改革一覧〕

事項	提案者	提案年次	復活・確定年次
① 洛陽遷都	翼奉	初平三（前四六）年	光武・建武元（二五）年
② 畿内制度	翼奉	初平三（前四六）年	王莽・始建國四（一二）年
③ 三公設置	何武	綏和元（前八）年	哀帝・元壽二（前一）年
④ 十二州牧設置	何武	綏和元（前八）年	光武・建武十八（四二）年
⑤ 南北郊祀	匡衡	建始元（前三二）年	平帝・元始五（五）年
⑥ 迎氣（五郊）	王莽	元始五（五）年	平帝・元始五（五）年
⑦ 七廟合祀	貢禹	永光四（前四〇）年	平帝・元始五（五）年
⑧ 官稷（社稷）	王莽	元始三（三）年	平帝・元始三（三）年
⑨ 辟雍（明堂・靈臺）	劉向	綏和元（前八）年	平帝・元始四（四）年
⑩ 學官	王莽	元始三（三）年	平帝・元始三（三）年
⑪ 二王後	匡衡・梅福	成帝期	成帝・綏和元（前八）年
⑫ 孔子子孫			平帝・元始元（一）年
⑬ 樂制改革	平當	成帝期	明帝・永平三（六〇）年
⑭ 天下之號（王朝名）	王莽		王莽・居攝三（八）年

も、邰・邠以外の三カ所は掲げられていないが、『帝王世紀』によれば[一九]、周の五遷とは、邰→邠→岐山→程→酆→洛邑への遷都をいう。「五遷」は、すべて「道を成」すために行われた、と述べるのであるから、洛邑以前の西都、および洛邑という畿内制度は、『白虎通』により承認されている。後漢では、首都洛陽の周辺だけではなく、長安の周辺をも含めて司隷校尉部という特別行政地区が設置されており、畿内制度の理念は現実と即応していた。

③三公の設置については、『白虎通』三公九卿に[二〇]、

王者 三公九卿を立つる所以は何ぞや。曰く、「天は至神なりと雖も、必ず日月の光に因る。地は至靈なりと雖も、必ず山川の化有り。聖人は萬人の德有りと雖も、必ず俊賢を須《ま》つ。三公・九卿・二十七大夫・八十一元士、以て天に順ひて其の道を成す」と。

とある。『北堂書鈔』巻五十 設官部一に引く許愼の『五經異議』によれば[二一]、今文『尙書』の夏侯・歐陽が三公・九卿・二十七大夫・八十一元士の説を取る。これに対して、古文の『周禮』は、三公・三孤・六卿説を取り、『白虎通』とは異なる。『白虎通』は官學である今文學系の主張を採用し、後漢の三公九卿制を教義により正統化しているのである。

④十二州牧の設置については、『白虎通』設牧伯に[二二]、

州伯なる者は、何の謂ぞ。伯は、長なり。賢良を選擇して、一州に長たらしむ、故に之を伯と謂ふなり。王制に曰く、「千里の外に方伯を設く。五國 以て屬と爲し、屬に長有り。十國 以て連と爲し、連に率有り。三十國 以て卒と爲し、卒に正有り。二百十國 以て州と爲し、州に伯有り。唐・虞 之を牧と謂ふ者は何ぞや。質を尙べばなり。大夫をして往來して諸侯を牧視せしむ、故に之を牧と謂ふ」と。

とある。今文の『禮記』王制を典拠に、州伯の規定がなされ、それが堯・舜の時には牧と称されていたことが述べら

れる。後漢では、州伯ではなく、州刺史が置かれ、管轄下の民事上の監察権を有していたが、石井仁〈一九九二〉が明らかにするように、後漢末には州に牧伯が置かれ、当該州に対する軍政支配を恒常化した。『白虎通』の規定が、文言の上では現実化したのである。

⑤南北郊祀および⑥迎氣（五郊）については、『白虎通』の当該部分が散逸しており、十分なことは分からない。一で掲げた、王者は天を祭る際に、父に仕えるように天に仕える、という逸文のほか、いくつかの逸文は伝わるが、南北郊祀および迎氣（五郊）について直接言及したものはない。

⑦七廟合祀に関わる部分も散逸しているが、『禮記正義』巻十二　王制の正義に、(一三)

白虎通云く、「周は后稷・文・武を以て、七廟を特にす」と。

とあり、『白虎通』が、周制は天子七廟制であった、と認識していたことを窺い得る。『白虎通』は周制に従うことが多いことから類推すると、天子は七廟である、と規定していた可能性は高い。

⑧官稷（社稷）については、『白虎通』社稷に、(一四)

王者 社稷を有する所以は何ぞや。天下の爲に福を求め功に報いればなり。人は土に非ざれば立たず、穀に非ざれば食はず、土地 廣博にして、偏敬する可からざるなり。五穀 衆多にして、一一にして祭る可からざるなり。故に土を封じて社を立て、土有るを示すなり。稷は、五穀の長、故に稷を立てて之を祭るなり。

とある。社とは何であるか、という問題については多くの議論がある。『春秋左氏傳』は社を「句龍」であるとし、許愼は「土公」であるとし、鄭玄は「地示」であるとする。また、鉄井慶紀〈一九八一〉は、社の起源について自己の宇宙軸説を含めて十四の所説を紹介している。こうした多くの所説の中で、『白虎通』は社を「土」とする説を取る。これは、『太平御覽』に、「孝經説」として引かれる『孝經援神契』を典拠とする考え方で、(一五)社の理解においても、『白虎通』が孝經緯を重視していることを指摘し得るのである。

⑨辟雍については、『白虎通』辟雍に、(二六)

天子　辟雍を立つるは何ぞや。辟雍は禮樂を行ひ、德化を宣ぶる所以なり。辟なる者は、璧なり。璧圓を象り、以て天に法るなり。雍なる者は、之を壅ぐに水を以てし、教化の流行するに象るなり。辟の言たるや積なり。天下の道德を積む。雍の言爲るや壅なり。天下の儀則なり、故に之を辟雍と謂ふなり。王制に曰く、「天子に辟雍と曰ひ、諸侯に泮宮と曰ふ」と。

とある。典拠は今文の『禮記』王制である。また、靈臺・明堂は、『白虎通』辟雍に、(二七)

天子　靈臺有る所以の者は何ぞや。以て天人の心を考へ、陰陽の會を察し、星辰の証験を揆《はか》りて、萬物　福を獲て方無きの元を爲す所以なり。詩に云ふ、「靈臺を經始す」と。天子　明堂を立つる者は、神靈に通じ、天地に感じ、四時を正し、教化を出し、有德を宗とし、有道を重んじ、有能を顯はし、有行を褒むる所以の者なり。明堂は上圓下方、八窗四闥、政を布くの宮、國の陽に在り。

とある。靈臺の典拠は『禮含文嘉』、明堂の典拠は『孝經援神契』を中心とする。(二八)後漢は、光武帝の中元元（五六）年、辟雍・靈臺・明堂の三雍を洛陽に置き、明帝期より頻繁に祭祀を行っていた（金子修一《二〇〇一》）。その三雍のすべては『白虎通』により、存立意義を規定されているのである。

⑩學官についても、『白虎通』辟雍に、(二九)

古者　年十五にして大學に入る所以は何ぞや。以爲へらく、八歲にして毀齒す、始めて識知有り、學に入りて書計を學ぶ。七八十五にして、陰陽　備はる、故に十五にして成童　志明す、大學に入り、經籍を學ぶ。學の言爲るは覺なり。知らざる所を覺悟するを以てなり。故に學びて以て性を治め、慮りて以て情を變ず。故に玉は琢かざれば器と成らず、人は學ばざれば義を知らず。

とあり、学ぶことの意義から定義されている。後漢では太學が置かれ、今文學が官學とされていた(三〇)。學官を立てることも『白虎通』に規定されているのである。

⑪二王の後については、『白虎通』三正(三一)に、

王者　二王の後を存する所以は何ぞや。先王を尊び、天下の三統を通ずる所以なり。天下は一家の有に非ざるを明らかにす、謹敬謙讓の至りなり。故に之を百里に封じ、其の正色を服し、其の禮樂を行ふを得さしめ、永く先祖に事へしむ。

とある。漢にとっての二王の後は、周と殷の子孫ということになり、周の子孫は褒魯侯に、そして殷の子孫として⑫孔子の子孫が褒成侯に封建されている(三二)。ただ『白虎通』には、⑫孔子の子孫の処遇に関わる記載は認められない。

⑬樂制改革については、『白虎通』禮樂(三三)に、

王者に六樂有る者は、公を貴び德を美とすればなり。供養を作す所以なり。謂へらく先王の樂を傾くるは、明法有りて、其の本を正すを示し、己の自ら樂を作る所を興こし、明らかに己を作るなり。

とあり、王者の持つべき六樂について述べるが、陳立《一九九四》が「此の文、訛脱多し」とするように、文意の通じないところがある。

⑭天下之號（王朝名）については、『白虎通』號(三四)に、

夏・殷・周の號有る所以は何ぞや。以爲へらく、王者は受命すれば、必ず天下の美號を立て、以て功を表はし自ら克く明らかにし、姓を易へて子孫の爲に制するなり。夏・殷・周なる者は、天下を有《たも》つの大號なり。百王　天下を同にして、以て相　別かつこと無し。天下の大禮を改制して、號して以て自ら前に別つは、己の功業を表着

する所以なり。必ず號を改むる者は、天命の已に著らかなるを明らかにし、己を天下に顯揚せんと欲する所以なり。己《おの》れ復た先王の號を襲はば、繼體守文の君と以て異なる無きなり。不顯不明なるは、天意に非ざるなり。故に受命の王者は、必ず天下の美號を擇び、己の功業を表著し、當に施を致すべきを明らかにするは是なり。預《あらか》じめ自ら前に克つを表はす所以なり。

とあり、王朝の称号を立てる必要性について述べている。

渡辺信一郎〈二〇〇二〉は、中国における古典的国制、すなわち天下型国家は、天下観念の完成に即応して前漢元帝初元元（前四六）年の翼奉による洛陽遷都の上言にはじまり、後漢明帝永平二（五九）年の典章制度の確立に終わる、ほぼ百十余年にわたる期間に成立した、とする。そして、それを經義により正統化したものが、章帝期の白虎觀會議である。その結果をまとめた『白虎通』には、渡辺が掲げた①～⑭までの要素の大部分が規定されていた。先秦時代と比べた場合、このように国家の制度と儒教とが密接な関係を持つことが、後漢の儒教の特徴である。後漢儒教の固有性の第二である国制と儒教との密接な係わりをここに見ることができる。「儒教の国教化」の完成をこの時期に求める所以である。

三、臣下への配慮

後漢「儒教國家」における儒教の特徴の第三は、儒教が、例えば法家のように君主の一方的な支配を説くのではなく、臣下に対する配慮を大きく持つ点にある。それを『白虎通』に規定される君主に対する諫戒より確認し、さらには『白虎通』が有した現実政治における規定性を検討していこう。

臣下が君主に諫諍することの意義を『白虎通』は、次のように述べる。『白虎通』諫諍に、[二五]

臣　君を諫むるの義有る所以は何ぞや。忠を盡くし誠を納むればなり。論語に曰く、「之を愛して能く勞すること勿からんや。忠にして能く誨ふること勿からんや」と。孝經に曰く、「天子に諍臣七人有れば、無道と雖も其の天下を失はず。諸侯に諍臣五人有れば、無道と雖も其の國を失はず。大夫に諍臣三人有れば、無道と雖も其の家を失はず。士に諍友有れば、則ち身　令名を離れず。父に諍子有れば、則ち身　不義に陥らず」と。

とある。ここでも『孝經』が『論語』と共に掲げられ、天子にとって諫臣がいかに重要であるか、という主張の論拠となっている。『孝經』は「愛敬」を基礎とすることにより、孝悌という家族関係を忠順という君臣関係へと関連させる（渡辺信一郎〈一九八七〉）。君主への諫言もまた、愛敬を基礎に忠順をもって行われるのであろう。それにも拘らず、君主が諫言に従わなければ、臣下のうち諸侯は君臣関係を解消することができる、と『白虎通』は規定する。

『白虎通』諫諍に、[二六]

諸侯の臣　諍ひて從はざれば去ることを得るは何ぞや。尊を屈して卑を申《のば》し、惡君を孤とするを以てなり。……禮の保傅に、「大夫は進み諫し、士は民の語を傳ふ」と。

とある。省略部分には、臣下のうち諸侯が君臣関係を解消する場合の方法が書かれ、諫言を聞き入れなくても君主が禮儀ある対応をした場合には三年を限度に期待をかけるが、そうでない場合には君臣関係を解消できる、と規定されている。また、諫言ができる臣下は大夫までであり、士は「民の語を傳」えるとあるように、直接諫言することはできない、と規定されている。後漢で言えば、比六百石までが大夫にあたる（福井重雅〈一九八〇〉）。

また、君主の悪を記録することも、君主を諫める重要な手段となる。『白虎通』諫諍に、[二七]

王法　史を立て事を記す者は、以て臣下の儀様と爲し、人の法則を取る所なればなり。動かば則ち當に禮に應ずべし。是を以て必ず過を記すの史、膳を徹するの宰有り。禮の玉藻に曰く、「動かば則ち左史 之を書し、言はば則ち右史 之を書す」と。禮の保傅に曰く、「王 度を失はば、則ち史 之を書し、工 之を誦し、三公 進みて之を讀み、宰は夫れ其の膳を徹す」と。是を以て天子は非を爲すを得ず。故に史の義 書せざれば則ち死す、宰 膳を徹せざれば亦た死す。

とあるように、『白虎通』では君主の過ちを史が記録するだけではなく、それを読み聞かせ、宰が食膳を取りさげると規定されている。前者の典拠は『禮記』の玉藻、後者の典拠は『大戴禮記』の保傅である。君主の行動を右史・左史が書きとめた記録を時間的に配列すれば、起居注ができあがる。詳細は不明であるが、白虎觀會議が開かれた章帝期に、馬皇太后は自ら『顯宗起居注』を撰したという記録があり（『後漢書』本紀十上 馬皇后紀）、『隋書』巻三十三 經籍二は、「漢獻帝起居注」を最古の起居注として著録している。

こうして君主がその悪を諫言され、記録に留められることにより、『白虎通』は、君主の一方的な支配を容認しない規定を作りあげたのである。

君主の臣下に対する配慮を認めることができる第二は、白虎觀會議開催時にすでに力を持っていた外戚への対応である。『白虎通』王者不臣に、（三八）

王者 臣とせざる所 三なるは何ぞや。二王の後・妻の父母・夷狄を謂ふなり。

とある。二王の後を尊重するのは、二で掲げたように「先王を尊び、天下の三統」を通じるためである。また、夷狄を臣としない理由は、中国とは俗が異なり、禮儀により化すことができないためである、とこの文言の後に記述されている（本書第四章参照）。いずれも穏当な主張と言えよう。

ところが、妻の父母、つまり外戚を優遇することは、元帝の外戚である王莽に前漢を簒奪された後漢では、あって

はならないはずである。それにも拘らず、『白虎通』王者不臣[三九]に、

妻の父母を臣とせざるは何ぞや。妻なる者は己と一體にして、恭しく宗廟を承け、其の歡心を得んと欲す。上は先祖を承け、下は萬世を繼ぎ、無窮に傳ふ、故に臣とせざるなり。春秋に曰く、「紀の季姜 京師に歸る」と。父母の子に于けるや、王后爲りと雖も、尊を父母に加へず。王者は臣とせざるを知るなり。

とあるように、嫡妻の父母（嫡妻方の外戚）を、王者が「臣とせざる」者と位置づけている。着目すべきは、その理由にある。嫡妻の父母が尊敬される所以は、嫡妻が「己と一體にして、恭しく宗廟を承」ける存在であり、「上は先祖を承け、下は萬世に繼ぎ、無窮に傳ふ」ところにあるとされている。つまり、『白虎通』において嫡妻は、宗廟においても皇帝と一体化し、皇帝とともに、そして皇帝の死後は、宗廟或いは皇帝家を「萬世」に「無窮に傳」える役割を担うが故に、高い位置づけを得ているのである。後漢時代の嫡妻方の外戚が、皇室の断絶時に「定策禁中」し、皇帝の幼時に「臨朝稱制」し得た正統性は、『白虎通』の嫡妻權の規定に求め得るのである（渡邉義浩〈一九九〇〉）。

また、後漢時代の外戚は、その再生産性を特徴として持つ。罪を得た外戚家が、再び外戚の地位に就くのである。具体的事例を掲げよう。順帝の外戚となった梁氏は、かつて章帝の貴人として和帝を生み、罪を着せられて誅殺された梁氏の子孫である。それにも拘らず、『後漢書』本紀十下 梁皇后紀[四〇]に、

陽嘉元年の春、有司 奏すらく、「長秋宮を立てん。以へらく乘氏侯（梁）商は、先帝の外戚なり。春秋の義に、娶るに大國を先にすと。梁小貴人は、宜しく天祚に配し、位を坤極に正すべし」と。（順）帝 之に從ふ。乃ち壽安殿に貴人を立てて皇后と爲す。

とある。ここで、有司が梁皇后立后の正統性として引用しているものは、「娶るに大國を先にす」という「春秋の義」である。『白虎通』卷十 嫁娶[四一]に、

王者の娶るや、必ず先づ大國の女の禮儀備はり見る所多きより選ぶ。詩に云ふ、「大邦子有り、天の妹に俔ふ。文厥の祥を定め、渭に親迎す」と。明王なる者は必ず大國より娶るなり。春秋傳に曰く、「紀侯來朝す。紀子女を天子に嫁がしむるを以て、故に爵を増して侯と稱す」と。

とある。すなわち、梁皇后立后時の有司の『春秋』解釈は、白虎觀會議で決定された理解に従っているのである。『白虎通』に定められた「娶るに大國を先にす」という儒教理念は、後漢時代における外戚の再生産性を支える正統化理論となっている。『白虎通』はこのように、臣下、この場合には外戚への配慮を強く持つと同時に、後漢の現実の政治を規定していたのである。

以上のように『白虎通』は、諫臣の必要性、諫言が聞き入れられなかった際の君臣関係の解除、史官による記録と徹膳などにより、君主に対する臣下の抵抗を保障していた。さらに、章帝期にすでに力をもっていた外戚の与政の正統化を定め、その再生産を許すものであった。『白虎通』が君主の一方的な支配を説くのではなく、臣下に対する配慮を大きく持つことが了解されよう。それとともに、順帝の皇后選出の際に、『白虎通』の規定が典拠とされているように、『白虎通』が後漢の実際の政治過程においても、大きな影響力を有したことが分かる。『白虎通』の規定は机上の空論ではなく、現実の政治に規定された理念となっているのである。『白虎通』の検討から後漢「儒教國家」の特徴を導くことができる所以である。

おわりに

「元始の故事」から始まった「中国における古典的国制」の形成は、それぞれの制度や行事のすべてに儒教の經義による正統化を必要としていた。それは、「元始の故事」が、漢を滅ぼした王莽の制度を根底においているためである。天により支えられた天子が、漢のための經義により、これらの国制を正統化したとき、はじめて「元始の故事」は漢のための国制として安定する。かかる政治的要請の中で開催された白虎觀會議の内容が、現実の国家と無関係であったとは考えられない。むろん『白虎通』は、結論だけを要綱としてまとめた学術書であるから、政治状況が直接反映することは少ないであろうし、むしろ經學的な理想型が掲げられる部分も多いであろう。しかしながら、三で検討した外戚に関わる議論のように、後漢の現実が『白虎通』を規定し、『白虎通』がまた現実の政治を規定した部分もあったのではなかろうか。

『白虎通』に描かれた宗教国家が、砂上の禮教国家ではなく、後漢国家の実態を幾分かの理想を含めて正統化したものであるのならば、章帝期の白虎觀會議に、「儒教の国教化」の完成を求めることができるのである。

《注》

（一）白虎觀會議に出席したことが確実な儒者は、魯恭（魯詩）・賈逵（左氏春秋）・桓郁（歐陽尚書）・丁鴻（歐陽尚書）・成封（?）・淳于恭（老子）・班固（今文學）・楊終（公羊春秋）・趙博（今文學）・廣平王羨（今文學）・魏應（魯詩）・樓望（嚴氏春秋）・李育（公羊春秋）の十三名である。狩野直喜《一九六四》に従って、（　）内に附した専門から分かるように、古文學者は賈逵だけであり、不明な成封と老子の淳于恭を除いて、他はすべて今文學派の儒者であった。狩野直喜が、白虎觀會議を今文學による教義の統一、と理解する所以である。なお、これらの儒者に関しては、金德建〈一九六七〉にも詳細な研究がある。

（二）『白虎通』の三綱説については、田中麻紗巳〈一九七一〉を参照。また、三綱説が持った漢代社会への影響については、季乃礼《二〇〇四》を参照。このほか、『白虎通』の概略については、向晉衛《二〇〇七》があり、その禮制の規定については、周德良《二〇〇七》がある。なお、『白虎通』は、陳立《一九九四》を底本とした。

（三）前皇帝の意志なき場合、前皇帝の嫡妻、後漢の場合には皇太后に、次期皇帝の任命権があったことについては、渡邉義浩〈一九九〇〉を参照。

（四）天子者、爵稱也。爵所以稱天子何。王者①父天母地、爲②天之子也（『白虎通』爵）。なお、『漢書』巻二十五下 郊祀志下に、「平帝の元始五年、大司馬の王莽 奏言すらく、『王者 天に父事す、故に爵 天子と稱す。……』と。（平帝元始五年、大司馬王莽奏言、王者父事天、故爵稱天子。……）」とあり、かかる天子號の理解は、王莽の上奏に依拠することが明記されている。

（五）帝王者何、號也。號者、功之表也。所以表功明德、③號令臣下者也（『白虎通』號）。

（六）或稱天子、或稱帝王何。以爲、接上稱天子者、明以爵④事天也。接下稱帝王者、明位號天下至尊之稱、以③號令臣下也（『白虎通』號）。

（七）天者何也。天之爲言鎭也。居高理下、爲人鎭也（『白虎通』天地）。

（八）天の理解に関しては、池田知久〈一九九四〉を参照。

（九）孝經鉤命決曰、三皇步、五帝驟、三王馳、五霸鶩。〔或稱天子〕、或稱帝王。接上稱天子、明以爵④事天。接下稱帝王、明以③號令臣下（『太平御覽』巻七十六 皇王部一、なお安居香山・中村璋八《一九七三》により、〔 〕を補った）。このほか、天子を爵号とすることは、「周易乾鑿度に云ふ、『孔子曰く、易に君人の五號有り、帝なる者は、天稱なり。王なる者は、美行なり。天子なる者は、爵號なり。大君なる者は、興盛行異なり。大人なる者は、聖明德美なり』と（周易乾鑿度云、孔子曰、易有君人五號、帝者、天稱也。王者、美行也。天子者、爵號也。大君者、興盛行異也。大人者、聖明德美也）」とあり、天子が天を父とし地を母とすることについては、「乾鑿度に云ふ、『天子なる者は、天を繼ぎ物を理め、一統を改め各〻其の宜を得しめ、天を父とし地を母として、以て萬民を養ふ、至尊の號なり』と（乾鑿度云、天子者、繼天理物、改一統各得其宜、父天母地、以養萬民、至尊之號也）」とあって、いずれも緯書が典拠となっていることが分かる。なお、『易緯乾鑿度』は、陳立《一九九四》に引用されたものを安居香山・中村璋八《一九八一》により補訂した。

(一〇) 安居香山・中村璋八《一九七三》。ちなみに、『白虎通』でも『孝經』は重視され、「五經」に続いて重要な經典として説明されている（『白虎通』五經）。

(一一) 白虎通云、王者〔所〕以祭天何。緣（祀）〔事〕父以（祭）〔事〕天也（『北堂書鈔』卷九十 禮儀部十一）。なお、陳立《一九九四》により、（ ）を省き〔 〕を補った。

(一二) 渡辺信一郎〈二〇〇三〉は、天子の正統性を示す「天下爲公」と皇帝の正統性を示す「天下爲家」が、『孝經』聖治章を拠り所に、父と父祖への孝の実践としての南郊祭天儀禮によって止揚される、と述べている。本書第六章も参照。

(一三) 天所以有災變何。所以譴告人君、覺悟其行、欲令悔過修德、深思慮也。援神契曰、行有點欠、氣逆干天、情感變出、以戒人也（『白虎通』災變）。

(一四) 援神契云、天子孝、則景雲出游（『文苑英華』卷五百六十一）。

(一五) 天下太平、符瑞所以來至者、以爲、王者承天統理、調和陰陽、陰陽和、萬物序、休氣充塞、故符瑞並臻、皆應德而至。德至天、則斗極明、日月光、甘露降。德至地、則嘉禾生、蓂莢起、秬鬯出、太平感（『白虎通』封禪）。

(一六)『太平御覽』卷八百七十三に、「孝經援神契に曰く、『王者の德 天に至らば、則ち甘露を降らす……』と。孝經援神契に曰く、『王者の德 地に至らば、則ち華苹をば感ぜしむ』と。……孝經援神契に曰く、『王者の德 地に至らば、則ち嘉禾をば生ぜしむ（孝經援神契曰、王者德至天、則降甘露……。孝經援神契曰、王者德至於地、則華苹感。……孝經援神契曰、王者德至於地、則嘉禾生）」とある。

(一七) 王者京師必擇土中何。所以均教道、平往來、使善易以聞、爲惡易以聞、明當懼愼、損於善惡。尙書曰、王來紹上帝、自服於土中。聖人承天而制作。尙書曰、公、不敢不敬天之休、來相宅（『白虎通』京師）。

(一八) 周家始封于何。后稷封于邰。公劉去邰之邠。詩曰、卽有邰家室。又曰、篤公劉、于邠其觀。周家五遷、其意一也。皆欲成其道也（『白虎通』論遷國）。

（一九）『太平御覽』巻百五十五 郡部一 所引『帝王世紀』に、「周の后稷 始めて邰に封ぜらる、今の扶風 是れなり。公劉 邑を邠に徙すに及ぶ、今の新平漆の東北に邠亭有り、是れなり。故に詩に稱すらく、『篤《あつ》いかな公劉、邠に于て斯《ここ》に館す』と。太王 狄を避けるに至り、漆水に循り梁山を踰へ、邑を岐山の陽に徙す、西北の岐城の舊趾 是れなり。故に詩に稱すらく、『西水の滸に率ひて、岐の下に至る』と。南に周原有り、故に始めて改號して周と曰ふ。王季 程に徙す、故に書の序に曰く、『維れ周の王季の宅 程』と、是れなり。故に孟子 稱すらく、『文王 畢郢に生まる、西夷の人なり』と。文王 受命するに曁び、都を酆に徙す、今の京兆の西に在り、是れなり。故に戎を崇に伐ちて邑を酆に作ると稱す。武王 紂を伐つに及び、洛邑を營み焉に定鼎す、今の洛陽の西南、洛水の北、鼎中觀有り、是れなり（周后稷始封邰、今扶風是也。及公劉徙邑於邠、今新平漆之東北有邠亭、是也。故詩稱、篤公劉、于邠斯館。至太王避狄、循漆水踰梁山、徙邑於岐山之陽、西北岐城舊趾是也。故詩稱、率西水滸、至于岐下。南有周原、故始改號曰周。王季徙程、故書序曰、維周王季宅程、是也。故孟子稱、文王生於畢郢、西夷人也。曁文王受命、徙都於酆、在今京兆之西、是也。故稱伐戎於崇作邑於酆。及武王伐紂、營洛邑而定鼎焉、今洛陽西南、洛水之北、有鼎中觀是也）」とある。

（二〇）王者所以立三公九卿何。曰、天雖至神、必因日月之光。地雖至靈、必有山川之化。聖人雖有萬人之德、必須俊賢。三公・九卿・二十七大夫・八十一元士、以順天成其道（『白虎通』三公九卿）。

（二一）『北堂書鈔』巻五十 設官部二 所引『五經異義』に、「今尚書夏侯・歐陽説に、『天子の三公、一に司徒と曰ひ、二に司馬と曰ひ、三に司空と曰ふ。九卿・二十七大夫・八十一元士。凡そ百二十なり。天に在りては星辰と爲り、地に在りては山川と爲る』と。古周禮説に、『天子 三公を立つに、太師・太傅・太保と曰ひ、官屬無く、王と職を同じくす。故に曰く、「坐して道を論ず、之を三公と謂ふ」と。又 三少を立てて、以て之が副と爲す。曰く、少師・少傅・少保と。是れをば三孤と爲す。冢宰・司徒・宗伯・司馬・司寇・司空、是れをば六卿の屬と爲す。……』と（今尚書夏侯・歐陽説、天子三公、一曰司徒、二曰司馬、三曰司空。九卿・二十七大夫・八十一元士。凡百二十。在天爲星辰、在地爲山川。古周禮説、天子立三公、曰太師・太傅・太保、無官屬、與王同職。故曰、坐而論道、謂之三公。又立三少、以爲之副。曰、少師・少傅・少保。是爲三孤。冢宰・司徒・宗伯・司馬

・司寇・司空、是爲六卿之屬。……）」とある。

(二二) 州伯者、何謂也。伯、長也。選擇賢良、使長一州、故謂之伯也。王制曰、千里之外設方伯。五國以爲屬、屬有長。十國以爲連、連有率。三十國以爲卒、卒有正。二百十國以爲州、州有伯。唐・虞謂之牧者何。尚質。使大夫往來牧視諸侯、故謂之牧（『白虎通』設牧伯）。

(二三) 白虎通云、周以后稷・文・武、特七廟（『禮記正義』卷十二 王制）。

(二四) 王者所以有社稷何。爲天下求福報功。人非土不立、非穀不食、土地廣博、不可徧敬也。五穀衆多、不可一一祭也。故封土立社、示有土也。稷、五穀之長、故立稷而祭之也（『白虎通』社稷）。

(二五)『太平御覽』卷五百三十二 禮儀部十一 社稷に、「孝經說に曰く、『社は土地の主なり。地は廣く盡くは敬する可からず、故に土を封じ社と爲して以て功に報ゆ。稷は五穀の長なり。穀は衆くして遍くは祀る可からず、故に稷神を立て之を祭る』と（孝經說曰、社土地之主也。地廣不可盡敬、故封土爲社以報功。稷五穀之長也。穀衆不可遍祀、故立稷神祭之）」とある。

(二六) 天子立辟雍何。辟雍所以行禮樂、宣德化也。辟者、璧也。象璧圓、以法天也。雍者、壅之以水、象教化流行也。辟之言積也。積天下之道德。雍之爲言壅也。天下之儀則、故謂之辟雍也。王制曰、天子曰辟雍、諸侯曰泮宮（『白虎通』辟雍）。

(二七) 天子所以有靈臺者何。所以以考天人之心、察陰陽之會、揆星辰之証驗、爲萬物獲福無方之元。詩云、經始靈臺。天子立明堂者、所以通神靈、感天地、正四時、出教化、宗有德、重有道、顯有能、褒有行者也。明堂上圓下方、八窗四闥、布政之宮、在國之陽（『白虎通』辟雍）。

(二八)『續漢書』志八 祭祀中に、「禮含文嘉に曰く、『禮に、天子の靈臺は、天人の際・陰陽の會を觀る所以なり。星度の驗を揆り、六氣の端を徵り、神明の變化に應じ、日氣の驗する所を覩、萬物の爲に福を無方の原に獲る』と（禮含文嘉曰、禮、天子靈臺、所以觀天人之際・陰陽之會也。揆星度之驗、徵六氣之端、應神明之變化、覩日氣之所驗、爲萬物獲福於無方之原）」とある。また、『初學記』卷十三 禮部上に、「孝經援神契に、『明堂なる者は、天子 布政の宮にして、上圓下方、八窗四闥、國の陽に在り』と（孝經援神契、明堂者、天子布政之宮、上圓下方、八窗四闥、在國之陽）」とある。

（二九）古者所以年十五入大學何。以爲、八歳毀齒、始有識知、入學學書計。七八十五、陰陽備、故十五成童志明、入大學、學經籍。學之爲言覺也。以覺悟所不知也。故學以治性、慮以變情。故玉不琢不成器、人不學不知義（『白虎通』辟雍）。

（三〇）後漢時代の太學の概略については、張栄芳〈一九九〇〉、黨錮の禁および何休を中心とした学問との関係については、吉川忠夫〈一九七六〉を参照。

（三一）王者所以存二王之後何也。所以尊先王、通天下之三統也。明天下非一家之有、謹敬謙讓之至也。故封之百里、使得服其正色、行其禮樂、永事先祖（『白虎通』三正）。

（三二）中国古代における二王の後の禮遇については、岡安勇〈一九八〇〉を参照。また、衍聖公の発端として褒成侯を論じたものに、楠山春樹〈一九九一〉がある。

（三三）王者有六樂者、貴公美德也。所以作供養。謂傾先王之樂、明有法、示正其本、興己所自作樂、明作己也（『白虎通』禮樂）。

（三四）所以有夏・殷・周號何。以爲、王者受命、必立天下之美號、以表功自克明、易姓爲子孫制也。夏・殷・周者、有天下之大號也。百王同天下、無以相別。改制天下之大禮、號以自別於前、所以表着己之功業也。必改號者、所以明天命已著、欲顯揚己於天下也。已復襲先王之號、與繼體守文之君無以異也。不顯不明、非天意也。故受命王者、必擇天下美號、表著己之功業、明當致施是也。所以預自表克於前也（『白虎通』號）。

（三五）臣所以有諫君之義何。盡忠納誠也。論語曰、愛之能勿勞乎。忠焉能勿誨乎。孝經曰、天子有諍臣七人、雖無道不失其天下。諸侯有諍臣五人、雖無道不失其國。大夫有諍臣三人、雖無道不失其家。士有諍友、則身不離於令名。父有諍子、則身不陷於不義（『白虎通』諫諍）。

（三六）諸侯之臣諍不從得去何。以屈尊申卑、孤惡君也。……禮保傅、大夫進諫、士傳民語（『白虎通』諫諍）。

（三七）王法立史記事者、以爲臣下之儀樣、人之所取法則也。動則當應禮。是以必有記過之史、徹膳之宰。禮玉藻曰、動則左史書之、言則右史書之。禮保傅曰、王失度、則史書之、工誦之、三公進讀之、宰夫徹其膳。是以天子不得爲非。故史之義不書則死、宰不徹膳亦死（『白虎通』諫諍）。

（三八）王者所不臣三何也。謂二王之後・妻之父母・夷狄也（『白虎通』王者不臣）。

（三九）不臣妻父母何。妻者與己一體、恭承宗廟、欲得其歡心。上承先祖、下繼萬世、傳于無窮、故不臣也。春秋曰、紀季姜歸于京師。父母之于子、雖爲王后、尊不加於父母。知王者不臣也（『白虎通』王者不臣）。

（四〇）陽嘉元年春、有司奏、立長秋宮。以乘氏侯（梁）商先帝外戚。春秋之義、娶先大國。梁小貴人宜配天祚、正位坤極。（順）帝從之。乃於壽安殿立貴人爲皇后（『後漢書』本紀十下　梁皇后紀）。

（四一）王者之娶、必先選于大國之女禮儀備所見多。詩云、大邦有子、俔天之妹。文定厥祥、親迎于渭。明王者必娶大國也。春秋傳曰、紀侯來朝。紀子以嫁女于天子、故增爵稱侯（『白虎通』巻十　嫁娶）。なお、大久保隆郎〈一九八五〉は、『白虎通』の中で嫁娶篇の字数が、三二八一字と突出して多いことから、この篇の重要性を主張している。

第三章　後漢における禮と故事

はじめに

後漢に成立した最初の「儒教國家」は、国家の支配体制のすべてを儒教により規定するには至らなかった（一）。周制を理想とする儒教の理念型と、秦・前漢の中央集権国家を継承する後漢国家の現実とには、接合し得ない溝が存在したのである。前漢末に生じた郡國廟の是非をめぐる論争は、「儒教國家」成立以前に存在した大きな隙間の端的な現れと考えてよい。儒教の禮制に基づき郡國廟が廃止されたことは（二）、古代国家が儒教を自己の支配体制の正統化に用いようとする動きの嚆矢であり、後漢「儒教國家」成立への動きを加速させた。なんとなれば、国家祭祀の中心である天帝の祭祀と共に、帝室の祖先を祭る宗廟儀禮は、古代の儒教が国家宗教として存立するために欠くことのできないものだからである。郡國廟の廃止は、宗廟儀禮の儒教化にとって大きな進展となった。一方、天帝の祭祀を儒教の禮制に基づき行うために大きな役割を果たした者は王莽である。王莽が定めた郊天儀禮は、「元始の故事」と呼ばれ、後漢「儒教國家」に継承された。

それでも後漢「儒教國家」は、国家のすべての禮制を儒教により規定していたわけではない。「漢家の故事」を掲げることにより、儒教の經義とは異なる禮制を併存させていたのである。それだけではない。儒教經義に基づき王莽が定めた郊天儀禮もまた「元始の故事」、すなわち故事として継承していた。本章は、後漢における故事の役割を明らかにすることにより、「儒教國家」の初発形態である後漢の儒教、なかんずく禮制のあり方の特徴を考えていくものである。

一、前漢における故事と法制

漢代において行政文書は、規模こそ異なれ、それぞれの官府の書府に納められ、案件ごとに札を付け案巻として保存された（井上亘〈二〇〇五〉）。それらの中でも、故事として残すべき章表・奏議は、尚書に保管された[三]。その内容については、『後漢書』列傳十六 侯霸傳に[四]、

建武四年、光武（侯）霸を徵す。車駕と壽春に會して、尚書令を拜す。時に故典無く、朝廷に又 舊臣少なし。霸は故事に明習し、遺文を收錄して、前世の善政・法度の時に益有る者を條奏し、皆 之を施行す。

とある。後漢初期の春秋穀梁學者である侯霸の収録した故事が、前漢の「善政と法度」であったように、官僚制度上の慣例や国政運用の結果の記録が、故事には多い[五]。国政の運用において、尚書臺に保管される故事を参照することは多く、非嫡出子を立てる故事や、皇帝を廃位する故事を参照した記録が残されている[六]。したがって、故事に習熟することは、官僚にとって重要であった。『漢書』巻八十一 孔光傳に[七]、

（孔）光 高第を以て尚書と爲る。故事・品式を觀、數歲にして漢制及び法令に明習す。上（成帝）甚だ之を信任し、轉じて僕射・尚書令と爲す。……凡そ①樞機を典ること十餘年、②法度を守り故事を修む。上 問ふ所有らば、③經法に據りて心 安ずる所を以てして對へ、苟合を希指せず。……光 久しく尚書を典り、④法令に練し、

號して詳平と稱せらる。

とある。孔光は①樞機（尚書令）にあって国政を運用する際に、②故事と法度を規範とした。むろん儒者であるから、經に基づくこともあったが、それは③法と共に論拠を考え、下問に答えた。孔光がその結果④「法令に練」したように、前漢では經義は、いまだ国政運用の規範とはされていなかった。「儒教國家」は未成立だったのである。

これに対して、『漢書』巻九十三　佞幸　石顯傳に、[八]

宣帝の時　中書官に任ぜられ、（弘）恭は法令・故事に明習す。善く請奏を爲し、能く其の職に稱ふ。

とあり、『漢書』巻六十　杜欽傳に、[九]

（王）鳳は自ら法度を立つる能はず、故事に循ふのみ。

とあるように、前漢において法令と並称されるものは、多く故事であった。前掲のように、成帝の博士となった孔子の十四世孫の儒者である孔光ですら、故事と法令を共に学び、それに基づいて国政に携わっている。前漢における国政運用の規範は、儒教ではなく、故事と法令だったのである。

一方、後漢に至ると、故事と並称されるものは、法令ではなく經典となる。『後漢書』列傳二十四　梁統傳附梁松傳に、[一〇]

（梁）松　經書に博通し、故事に明習す。諸儒と與に明堂・辟雍・郊祀・封禪の禮儀を脩め、常に論議に與《あづか》りて、寵幸せらるること比《たぐひ》莫し。

とあり、後漢の禮制の基礎を定めた梁松が、經書に博通すると共に故事を学んだことが伝えられている。「儒教國家」が形成される後漢と、未成立の前漢とでは、法令と經書の地位が逆転するのである。

具体的な国政の運用事例も挙げておこう。後漢末の太尉である楊秉が宦官の侯覽と具瑗を弾劾したとき、宦官側に立つ尙書は、楊秉の掾屬を召して、①外職である三公が近官である宦官を弾劾できる典拠を、經典と漢制の故事で答えよと詰問している。『後漢書』列傳四十四 楊震傳附楊秉傳(一一)に、

　尙書（楊）秉の掾屬を召對して曰く、「①公府は外職なるに、而るに近官を奏劾す。經典・漢制に故事有るか」と。秉 對へしめて曰く、「②春秋に、『趙鞅は晉陽の甲を以て、君側の惡を逐ふ』と。③傳に曰く、『君の惡《にく》むものを除くには、唯だ力を是れ視《しめ》すのみ』と。④鄧通の懈慢するや、申屠嘉は通を召して詰責し、文帝は從ひて之を請ふ。⑤漢世の故事に、三公の職は統べざる所無し」と。尙書 詰する能はず。

とあるように、尙書の詰問に対して楊秉側が、②『春秋公羊傳』定公十三年の事例(一二)と③『春秋左氏傳』僖公 傳二十四年の言葉(一三)を挙げ、④前漢文帝期の丞相である申屠嘉が寵臣の鄧通を詰責した（『漢書』巻四十二 申屠嘉）という⑤「漢世の故事」を掲げて反論したため、尙書はそれ以上詰問できなかった。楊秉の宦官弾劾という国政の運用は、經典の記述と漢家の故事により、正当化されているのである。

　このような後漢における故事と經典の並用による国政の運用は、前漢における故事と法制の並用によるそれと、鮮やかな違いをみせる。ここにも後漢における「儒教國家」の成立を確認することができる。それとともに、かかる変化の要因を探ることにより、後漢の禮制の特徴を追究していこう。

二、古制の擡頭と「周公の故事」

　後漢における經義の優越は、前漢末から開始された儒教理念に基づく古制による国制の整備の結果である。古典とされた經典は、『禮記』王制篇と『周禮』および緯書が主であり、それによってなされた祭天儀禮を中心とする諸装

置・禮法の成立を、渡辺信一郎〈二〇〇二〉は、中国における「古典的国制」の成立と呼んだ。『漢書』巻七十五　翼奉傳[一四]に、

（翼）奉　以爲へらく、天地を雲陽・汾陰に祭り、及び諸〻の寢廟　親疏を以て迭毀せざるは、皆　費を煩し古制に違へり。……漢家の郊兆・寢廟・祭祀の禮は、多く古に應ぜず。臣奉　誠に亶居して改作するを難しとす。故に陛下　都を遷し本を正すを願ふ。

とある、元帝の初元三（前四六）年の翼奉の上奏がその始まりであり、議論の中心となった郡國廟の廃止は、永光四（前四〇）年に定まった。そののち、何回かの揺れ戻しを経て、平帝の元始五（五）年に最も重要な長安の南北郊祀が確定して、古典的国制は完成したのである。ただし、渡辺信一郎〈二〇〇二〉も指摘するように、この時期の国制整備は、郊祀祭天儀禮など禮制を中心とするものであり、具体的な国政の運用は、なお故事と法令に依拠していた。

こうした前漢末の国政運用の状況を保科季子は、「故事」派と「古制」派の対立として把握する[一五]。保科は、前漢後半期に続けられた儒家禮制の受容は、漢の皇帝を現実世界のただ一人の統治者として権威づける目的をもっていた。しかし、儒家禮制が受容されて「皇帝」の権威は確立されたが、「漢家故事」の権威は低下するという結果を生んだ。儒家禮制が受容されることにより、漢の皇帝は普遍化され、抽象化された「受命天子」へと変質し、皇帝を中心とした儒教的な支配体制の枠組みが成立する。王莽ら「古制」派官僚の完全な勝利は、対立する「漢家故事」派の完全な敗北を意味し、漢家の伝統は否定され、劉氏の支配さえ覆されるという結末をもたらした、とするのである。

かかる保科の分析では、前漢が滅びゆく論理は説明し得ても、なぜそれが王莽により禪讓されるべきであるのか、という必然性は明らかにならない。漢の皇帝が「受命天子」として抽象化されるだけでは、漢の支配を王莽が簒奪してよいという正当性は生まれないからである。そこに持ち出されたものが、「周公の故事」なのであった。『漢書』巻

九十九上 王莽傳上に、[一六]

> 元始元年 正月、（王）莽 太后に白して詔を下し、白雉を以て宗廟に薦む。群臣 因りて太后に奏言し、「（太后）大司馬の莽に委任し、定策して宗廟を安んず。故の大司馬の霍光 宗廟を安んずるの功有りて、封を益すこと三萬戸、其の爵邑を疇《ひと》しくし、蕭相國に比《なぞら》ふ。莽 宜しく光の故事が如くすべし」と。……是に於て群臣乃ち盛んに陳べ、「莽の功德、周・成の白雉の瑞を致し、千載に符を同じくす。聖王の法、臣に大功有らば則ち生に美號有り。故に周公 身在るに及びて號を周に託す。莽 國を定め漢家を安んずるの大功有り。宜しく號を賜ひて安漢公と曰ひ、戸を益し、爵邑を疇しくして、上は古制に應じ、下は行事に準ひて、以て天心に順ふべし」と。

とある。王先謙が『漢書補注』の当該条に、[一七]「行事は猶ほ故事と言ふがごとし。古制とは、周公の故事を謂ふ」と指摘するように、王莽は益州に示唆して白雉を献上させ、それにより、まず「霍光の故事」を賜うよう群臣に上奏させ、さらに周公が生きながら周の國號を冠して周公と呼ばれたのと同じように、安漢公を賜わり、「古制」である「周公の故事」を受けたのである。ここでは、王莽の「古制」は「周公の故事」と一致している。王莽は「周公の故事」を踏まえることにより、「古制」により正統化された国制へと、漢のそれを改革する主体となることができた。そして、それを発条に讖緯思想を利用して、[一八]漢に代わって新を建国する正統性を得たのである。

『漢書』には、「周公の故事」は五例記録される。『漢書』における冠名故事の二十九例中、六例の「武帝の故事」に次ぐ第二位の多さである（好並隆司〈二〇〇一〉）。それらは、いずれも王莽との係わりで使用されており、他者の使用例はない。また、『後漢書』には、「周公の故事」は見えない。さらに、『後漢書』に見える周公は、比較してはならない者として引用されることが多い。[一九]「周公の故事」は、それを利用した王莽が前漢を簒奪したため、後漢においてはタブーとされたのである。[二〇]

「周公の故事」が提案される前に、王莽に示されていた「霍光の故事」は、後漢に継承された。ただしそれは、莽禮の際の「殊禮」としてであり（二二）、生前において霍光に準えることは、周公と同様、危険なことであった。

後漢において故事と經典が国政運用の規範となったのは、前漢末において王莽が儒教の古制に基づく禮制の整備を進めたことに一因があるとされている。しかし、「古制」と「故事」という二極対立のみで王莽を理解することは一面的であろう。この動きの中で、従来の研究では「故事」派に対する「古制」派と位置づけられている王莽自身もまた、「霍光の故事」「周公の故事」に依拠して自らの地位を高めたことに注目すべきである。ここに漢代における故事の重要性を指摘し得るのである。

經義に依拠する古制だけでは、王莽の簒奪を正当化するには無理があった。そこに王莽が故事を利用し、讖緯思想を必要とした理由がある。王莽が利用した故事のうち、後漢は「霍光の故事」を死後に賜与する「殊禮」と位置づけた。「周公の故事」ほどではないが、危険な故事だからである。これらは国政運用の故事としては、継承されなかった。それでは、後漢が經典と並んで国政運用の規範とした故事とは、どのようなもので、それはいかにして形成されたものなのであろうか。後漢の禮制の基本となった王莽の「元始の故事」の受容方法から検討を続けよう。

三、後漢における故事の役割

後漢「儒教國家」の經義を定めた章帝期の白虎觀會議は、古文學の長所を採用しながらも、今文學を官學とした（本書第二章）。それは、王莽が尊重し、前漢の簒奪に利用した古文學を退けるためであった。しかし、王莽が定めた郊天祭祀における禮制の基本は、利用せざるを得なかった。そこでこれは「王莽の故事」とは呼ばず、前漢平帝の元號から「元始の故事」と呼んだ。『續漢書』祭祀志には、天子にとって最も重要な天の祭祀である郊祀のほか、迎氣の儀禮も「元始の故事」により行われたことが明記されている[一一]。王莽の定めた禮制は、前漢平帝の「元始の故事」として後漢に継承されたのである。しかも単に故事のまま継承されたわけではない。

かかる「元始の故事」を中心とする古典的国制は、章帝期の白虎觀會議により經義に取り込まれたのである。危険な故事を「殊禮」として除外する一方で、經義により正統化して後漢の禮制に取り込んだ故事もあるのである。具体的には「元始の故事」を中核に定められた①洛陽遷都・②畿内制度・③三公設置・④十二州牧設置・⑤南北郊祀・⑥迎氣（五郊）・⑦七廟合祀・⑧官稷（社稷）・⑨辟雍（明堂・靈臺）・⑩學官・⑪二王後・⑫孔子子孫・⑬樂制改革・⑭天下之號（王朝名）のほとんどが、白虎觀會議において、經義により正統化された（本書第二章）。こうして、王莽が定めた「元始の故事」は、『白虎通』にまとめられた後漢の禮制に取り込まれ、中国の古典的国制として、大きな影響力を持つに至るのである。

事例を挙げて検証しよう。順帝が寵愛する四人の貴人から誰を皇后に立てるかを悩み、籌策により定めようとしたとき、胡廣は諫めて、『後漢書』列傳三十四　胡廣傳[一二]に、

> （胡廣）上疏し諫めて曰く、「竊かに詔書を見るに、后を立つるは事大なるを以て、謙りて自ら專らにせず、之を籌策に假り、疑を靈神に決せんと欲すと。篇籍の記す所・祖宗の典故、未だ嘗て有らざるなり。……」と。

と述べている。胡廣が反対の論拠とした「篇籍の記す所」とは儒教經典の記述を指し、「祖宗の典故」とは「漢家の故事」を指す。胡廣もまた、故事を經典と並ぶ政策決定の重要な根拠としているのである[一三]。この問題は、結局、『後漢書』本紀十下　梁皇后紀[一四]に、

> 陽嘉元年の春、有司　奏すらく、「長秋宮を立てん。以《おも》ふに乘氏侯の（梁）商は、先帝の外戚なり。春秋の義に、

『娶るには大國を先にす』と。梁小貴人は、宜しく天祚に配し、位を坤極に正すべし」と。(順) 帝 之に從ひ、乃ち壽安殿に於て貴人を立てて皇后と爲す。

とあるように、『春秋公羊傳』の「娶るには大國を先にす」という義例により決着をみた。その經義は、『白虎通』巻十 嫁娶(二五)に、

　王者の娶るや、必ず先づ大國の女の禮儀備はり見る所多きより選ぶ。

とあることに基づく。白虎觀會議で定められた後漢の經義が現實に對して大きな規制力を有していたことを理解できよう。

　しかし、漢のすべての現實が白虎觀會議により經義に基づき規範を定められたわけではない。古文學の長所や「元始の故事」などを取り入れても、秦・前漢の制度を継承している後漢の支配体制を、周制を理想とする經典がすべて正統化することは難しい。そうしたとき、現實と經義の狹間を埋めるものとして故事が利用された。一に掲げ、胡廣も発言するように、「漢家の故事」と經書を並用して、後漢の国政運用の規範としていた所以である。

　そのため、故事は經義よりもフレキシブルで、悪くいえば無原則であった。それだけ經義に比べて、現實に即応していたと言い換えてもよい。一つの事柄について是否の双方に故事があり、都合のよい方が選択される、という使用方法も取られた。さらには「漢家の故事」そのものについても、尊重すべきか否かについては、これを因循すべきであるとの見解(二六)と、因循すべきでないとする見解(二七)とが併存していた。

　後漢の政治史上、大きな問題となった宦官についても、宦官は省內に給事するだけであるとする「建武・永平の故事」を論拠に宦官を抑黜すべきとの主張(二八)がなされるときもあれば、「漢家の故事」では宦官を宮中で使用してきたので廃絶すべきではないと、宦官の擁護に故事を掲げる場合(二九)もあった。

以上の事例は、一つの事柄の両面で故事を論拠としているが、經義に対して故事で対抗する事例、あるいはその逆の事例もある。外戚の梁冀を『詩經』を典拠に周公に準えようとする動きに対して（三〇）、黄瓊は蕭何・霍光の故事を掲げ、梁冀への殊禮を鄧禹の故事と同等に抑えることに成功している（三一）。これは、故事により經義を抑えた事例と言えよう。逆もある。明帝の「永平の故事」では法律を重視する「吏政」を尊重していたが、これに対して陳寵は、『尚書』を典拠に「寛」治を主張している（三二）。また、光武帝の「建武の故事」で定められた大臣奪服の制には、陳忠が『孝經』を論拠に批判している（三三）。

このように故事は、後漢「儒教國家」が定めた經義には必ずしも適合しない現実のさまざまな事例を、判断していくための論拠となっていた。そのため、後漢の国政に携わるものは、經義とともに故事を学ぶ必要があったのである。それでは、後漢の天子にとって最も重要な天の郊祀と祖先の祭祀のうち、後者の儀禮に関わる故事と經義との関係を考えていこう。

後漢の祖先祭祀は、儒教の定める禮制とは異なっていた。明帝が光武帝の原陵に登って墓祭を行い、この上陵の禮を「漢家の故事」として継承してきたからである（三四）。後漢末の蔡邕は、平生から經義と異なるこの「漢家の故事」に疑問を抱いていたが、上陵の禮に参加した時の感慨を次のように述べている。『續漢書』志四 禮儀志上注引謝承『後漢書』に（三五）、

建寧五年　正月、車駕　原陵に上るに、蔡邕　司徒掾爲り、公に從ひて行く。陵に到り、其の儀を見、愾然として同坐の者に謂ひて曰く、「聞くならく、古は墓祭せずと。朝廷に上陵の禮有るも、始め謂へらく、損す可しと。今　其の儀を見、其の本意を察するに、乃ち孝明皇帝の至孝惻隱を知れば、舊に易ふ可からず」と。……邕　太傅の胡廣に見へて曰く、「國家の禮に煩有れども省く可からざる者は、知らず　先帝　心を用ふること周密の此に至

ればなり」と。廣曰く、「然り。子 宜しく之を載して、以て學者に示すべし」と。邕 退きて焉を記す。

とある。「古は墓祭せず」との儒教の經義とは異なっていても、明帝の光武帝を思う孝心の現れである「上陵の禮」は行われるべきである。蔡邕がこの思いを胡廣に報告すると、胡廣はこれを書き留め学者に示すべきだと答えた。「漢家の故事」を經義に優越させているのである。後漢「儒教國家」は、天子にとって最も重要な祖先祭祀を儒教の禮制に合わせていない。「儒教國家」の初発形態として後漢国家の特徴がここにある。そして、これを可能としたものが、故事であった。一方、故事が介在することにより、現実に適応できない禮制も、その存在を許容されるという一面も、後漢「儒教國家」には必要であった。

非現実的な三年喪という禮制が存在し、三年とは二十五ヵ月か二十七ヵ月かという經學上の論争が許容されたのも、理念とは別に「漢家の故事」により喪禮の現実的な運用がされていたためであった[三六]。後漢における喪禮の經義は、『白虎通』により三年喪を二十五ヵ月と定めていた。『白虎通』喪服に[三七]、

三年の喪、何ぞ二十五月なるや。……父は至尊、母は至親なり。故に加隆を爲して、以て孝子の恩を盡すなり。恩愛は至深にして、之に加ふること則ち倍なり。故に再期すること二十五月なり。

とある。とは言っても、天子はもとより官僚が、実際に三年喪に服することは、政務の停滞を招く。現実としては、この禮制は破綻していると言ってよい。このとき、三年喪を短縮する論拠を提供したものが、「文帝の故事」である。『漢書』巻四 文帝紀に[三八]、

遺詔に曰く、「朕 之を聞く、蓋し天下の萬物の萌生せしものに、死有らざるは靡しと。死なる者は天地の理、物の自然にして、奚ぞ甚だ哀れむ可きものや。當今の世、咸 生を嘉みして死を惡み、厚葬して以て業を破り、重服して以て生を傷つくるは、吾 甚だ取らざるなり。……其れ天下の吏民に令す。令 到らば出で臨すること①三

日にして、皆 釋服せよ。婦を取り女を嫁し祀を祠り酒を飲み肉を食らふを禁ずること無かれ。自ら當に喪事に給し服臨すべき者は、皆 踐すること無かれ。經帶は三寸を過ぐること無かれ。車及び兵器を布すること無かれ。民を發し宮殿の中に哭臨せしむこと無かれ。殿中に當に臨すべき者は、皆 旦夕を以て各〻十五たび音を擧げ、禮 畢はらば罷せよ。旦夕の臨する時に非ざれば、禁じて擅に哭するを得ること無からしめよ。以て下せば、②大紅を服すること十五日、小紅を十四日、纖を七日にして、釋服せよ」と。

とある。文帝は本来、斬衰三年（二十五ヵ月間）服すべき喪を、②大紅（大功）の服を十五日間、小紅（小功）の服を十四日間、纖服を七日間の計三十六日間だけ服すればよいと遺詔をし、一般の「吏民」に至っては、①三日で「釋服」せよと命じている。

後漢「儒教國家」は、この「文帝の故事」を典拠として、禮制上の經義である二十五ヵ月の喪禮と現実社会での生活をうまくすり合わせていた。故事は、このように後漢「儒教國家」の經義が現実と合わないところをすり合わせる役割を果たしていたのである。換言すれば、最初の「儒教國家」である後漢の儒教は、その經義に、中でも禮制において、いまだ現実とは乖離した理想論を含む原初的な形態を留めていた。故事の存在は、こうした後漢「儒教國家」の禮制の特徴を明らかにしているのである。

おわりに

儒教を正統性の中核に置く後漢「儒教國家」は、儒教の理想とする理念型と後漢の現実との隙間を「漢家の故事」により埋めようとした。そこに中国史上最初の「儒教國家」として成立した後漢の禮制の特徴がある。いまだ現実への適応に欠ける部分が多く見られるのである。

後漢「儒教國家」の崩壊後、三國を経て、「儒教國家」の再編を目指す西晉に生きた杜預は諒闇心喪の制により「文帝の故事」を經義に組み込んだ（渡邉義浩〈二〇〇五d〉）。儒教は、「儒教國家」の再編のたびに故事を吸収して時代の変化に対応しているのである。むろん、それによってすべての現実に対応できたわけではない。故事は集成され、規定化されて胡廣の『漢制度』、蔡邕の『獨斷』、應劭の『漢官禮儀故事』といった書籍にもまとめられた(三九)。やがて、故事の一部は、西晉の法として律・令と並称され、格の源流ともなっていくのである(四〇)。

《注》

（一）これに対して、再編された西晉「儒教国家」が、儒教に基づく国家支配の三本の柱である封建・井田・学校に関して言えば、王の封建は『春秋左氏傳』僖公 傳十一年に、異姓への五等爵の封建は『禮記』王制に、占田・課田制も『禮記』王制に、国子学の設置は『禮記』學記に、その正統性の論拠を置いていたことについては、渡邉義浩〈二〇〇八c〉を参照。

（二）郡國廟およびその廃止については、守屋美都雄〈一九三八〉が基本的理解を提供する。その思想史的意義については、津田左右吉〈一九五〇〉、板野長八〈一九七二〉を、歴史的な意義については、金子修一〈一九八二〉のち〈二〇〇六〉を参照。ほかに、北村良和〈一九八一〉もある。

（三）故事が尚書に保管されたことについては、『資治通鑑』巻五十一 漢紀四十三 順帝陽嘉二年條の胡三省注に、「漢の故事は、皆 尚書 之を主る（漢故事、皆尚書主之）」と指摘されている。章表・奏議が尚書で故事とされたことは、『後漢書』の左雄傳に、「（左）雄 納言を掌りてより、匡肅する所多し。章表・奏議有る毎に、臺閣は以て故事と爲す（自（左）雄掌納言、多所匡肅。毎有章表奏議、臺閣以爲故事）」（『後漢書』列傳五十一 左雄傳）とあり、『後漢書』の鄭弘傳に、「（尚書令の鄭）弘の前後陳ぶる所にして王政に補益有る者は、皆 之を南宮に著して、以て故事と爲す（（尚書令鄭）弘前後所陳有補益王政者、皆著之南宮、以爲故事）」（『後漢書』列傳二十三 鄭弘傳）とある。それが皇帝により参照されたことは、『後漢書』の楊賜傳に、「後に（靈）帝 南宮に徙り、故事を閲錄す。（楊）賜の上りし所の張角の奏及び前に侍講せしの注籍を得、乃ち感悟し、詔を下して賜を臨晉侯・邑千五百戶に封ず（後（靈）帝徙南宮、閲錄故事。得賜所上張角奏及前侍講注籍、乃感悟、下詔封賜臨晉侯・邑千五百戶）」（『後漢書』列傳四十四 楊震傳附楊賜傳）とある。

（四）建武四年、光武徵（侯）霸。與車駕會壽春、拜尚書令。時無故典、朝廷又少舊臣。霸明習故事、收錄遺文、條奏前世善政・法度有益於時者、皆施行之（『後漢書』列傳十六 侯霸傳）。

（五）前漢の故事については、好並隆司〈二〇〇一〉がある。好並は、前漢の故事は、武帝期の内朝に由来して展開する政策を指す場合が比較的多く、それを専制的政治体制を希求する官僚が依るべき規範として利用し、これに反対する官人が儒家的色彩の濃い古制を以て批判した、とする。また、故事を広く捉え、「如故事」を「便宜從事」と同様の日常行政の一環として考察した邢義田〈一九八六〉も参照。

（六）非嫡出子を立てる故事については、「（元帝）數〻尚書に問ふに、景帝の時 膠東王を立てしの故事を以てす（（元帝）數問尚書、以景帝時立膠東王故事）」（『漢書』卷八十二 史丹傳）とあり、皇帝を廢位する故事については、「（宮人）因りて（鄧）悝・（鄧）弘・（鄧）閶は、先に尚書の鄧訪より廢帝の故事を取り、平原王の得を立つを謀ると誣告す（（宮人）因誣告（鄧）悝・（鄧）弘・（鄧）閶、先從尚書鄧訪取廢帝故事、謀立平原王得）」（『後漢書』列傳六 鄧禹傳附鄧騭傳）とある。

（七）（孔）光以高第爲尚書。觀故事・品式、數歲明習漢制及法令。上（成帝）甚信任之、轉爲僕射・尚書令。……凡典①樞機十餘年、②守法度修故事。上有所問、③據經法以心所安而對、不希指苟合。……久典尚書、④練法令、號稱詳平（『漢書』卷八十一 孔光傳）。

（八）宣帝時任中書官、（弘）恭明習法令・故事。善爲請奏、能稱其職（『漢書』卷九十三 佞幸 石顯傳）。

（九）（王）鳳不能自立法度、循故事而已（『漢書』卷六十 杜欽傳）。ちなみに、故事に基づいて政治を行うことは「比」と呼ぶ。

『禮記正義』巻十三　王制の注疏に、「已に故事を行ふを、比と曰ふ。……當に必ず舊法の輕重の例を察按して、以て事を成すべし（已行故事、曰比。……當必察按舊法輕重之例、以成於事）」とある。

（一〇）（梁）松博通經書、明習故事。與諸儒脩明堂・辟雍・郊祀・封禪禮儀、常與論議、寵幸莫比（『後漢書』列傳二十四　梁統傳附梁松傳）。

（一一）尚書召對（楊）秉掾屬曰、①公府外職、而奏劾近官。經典・漢制有故事乎。秉使對曰、②春秋、趙鞅以晉陽之甲、逐君側之惡。③傳曰、除君之惡、唯力是視。④鄧通懈慢、申屠嘉召通詰責、文帝從而請之。⑤漢世故事、三公之職無所不統。尚書不能詰（『後漢書』列傳四十四　楊震傳附楊秉傳）。

（一二）『春秋公羊傳』定公十三年に、「晉の趙鞅 晉陽の甲を取りて、以て荀寅と士吉射を逐ふ。荀寅と士吉射なる者は、曷爲る者ぞ。君側の惡人なり（晉趙鞅取晉陽之甲、以逐荀寅與士吉射。荀寅與士吉射者、曷爲者也。君側之惡人也）」とある。

（一三）『春秋左氏傳』僖公 傳二十四年に、「對へて曰く、『臣 謂へらく、君の入るや、其れ之を知ると。若し猶ほ未だしきならば、又 將に難に及ばんとす。君命に二無きは、古の制なり。君の惡むものを除くには、唯だ力を是れ視すのみ』と（對曰、臣謂、君之入也、其知之矣。若猶未也、又將及難。君命無二、古之制也。除君之惡、唯力是視）」とある。

（一四）（翼）奉以爲、祭天地於雲陽・汾陰、及諸寢廟不以親疏迭毀、皆煩費違古制。……漢家郊兆・寢廟・祭祀之禮、多不應古。臣奉誠難亶居而改作。故願陛下遷都正本（『漢書』巻七十五　翼奉傳）。

（一五）保科季子〈一九九八〉。なお好並隆司〈二〇〇一〉は、保科論文を注記しないが、同様の把握をしている。

（一六）元始元年正月、（王）莽白太后下詔、以白雉薦宗廟。群臣因奏言太后、（太后）委任大司馬莽、定策安宗廟。故大司馬霍光有安宗廟之功、益封三萬戶、疇其爵邑、比蕭相國。莽宜如光故事。……於是群臣乃盛陳、莽功德、致周・成白雉之瑞、千載同符。聖王之法、臣有大功則生有美號。故周公及身在而託號於周。莽有定國安漢家之大功。宜賜號曰安漢公、益戶、疇爵邑、上應古制、下準行事、以順天心（『漢書』巻九十九上　王莽傳上）。

（一七）先謙曰、行事猶言故事。古制、謂周公故事（王先謙『漢書補注』巻九十九上　王莽傳上）。

(一八) 王莽による讖緯思想の利用については、安居香山〈一九六三〉に詳細な具体的事例の検証があり、板野長八〈一九七五〉はその意義を論じている。また、保科季子〈二〇〇五〉も参照。

(一九) 後漢の外戚のなかで最も専横を極めた梁冀に諂う宰宣は、梁冀を周公に準えたが、「周公の故事」を賜うべしとは言えず、妻を封ずるべしとの主張に止まっている。「弘農の人 宰宣、素より性 佞邪なり。媚を冀に取らんと欲し、乃ち上言すらく、『大將軍は周公の功有り。今 既に諸子を封ぜたれば、則ち其の妻をば宜しく邑君と爲すべし』と(弘農人宰宣、素性佞邪。欲取媚於冀、乃上言、大將軍有周公之功。今既封諸子、則其妻宜爲邑君)」(『後漢書』列傳二十四 梁統傳附梁冀傳)。

(二〇) 後漢を簒奪する準備を整えた曹操は、「短歌行 其の一」で周公の故事を歌うなど、一時自らを周公に準えた時期があった。のち、曹操は周の文公に自らを準え、息子の曹丕のときに漢を禪讓させた。曹操が「魏武輔漢の故事」と呼ばれる禪讓マニュアルを作り上げたことは、石井仁《二〇〇〇》を参照。

(二一) 「霍光の故事」など、漢から六朝にかけての殊禮と故事との関係については、石井仁〈二〇〇一〉を参照。

(二二) 『續漢書』志七 祭祀上 郊に、「二年正月、初めて郊兆を雒陽城の南七里に制し、鄗に依る。元始中の故事を采る(二年正月、初制郊兆於雒陽城南七里、依鄗。采元始中故事)」とあり、志八 祭祀中 迎氣に、「時氣を五郊の兆に迎ふ。永平中より禮讖及び月令に五郊迎氣の服色有るを以て、因りて元始中の故事を采り、五郊を雒陽の四方に兆す(迎時氣、五郊之兆。自永平中、以禮讖及月令有五郊迎氣服色、因采元始中故事、兆五郊于雒陽四方)」とある。

(二三) (胡廣) 上疏諫曰、竊見詔書、以立后事大、謙不自專、欲假之籌策、決疑靈神。篇籍所記・祖宗典故、未嘗有也(『後漢書』列傳三十四 胡廣傳)。

(二三) 「漢家の故事」を重んじた胡廣は、やがてそれを『漢制度』にまとめ、王隆が撰した『漢官』に解詁を附した。また、胡廣から故事の知識を伝授された蔡邕が『獨斷』を著したことは、福井重雅〈一九八三〉を参照。

(二四) 陽嘉元年春、有司奏、立長秋宮。以乘氏侯商、先帝外戚。春秋之義、娶先大國。梁小貴人、宜配天祚、正位坤極。帝從之、乃於壽安殿立貴人爲皇后(『後漢書』本紀十下 梁皇后紀)。

（二五）王者之娶、必先選於大國之女禮儀備所見多（『白虎通』巻十 嫁娶）。

（二六）「祖宗の故事」を因循すべきとの見解は、「明年、大いに郊祀の制を議す。多くのもの以為へらく、周は后稷を郊したれば、漢は当に堯を祀るべしと。詔して復た公卿の議に下すに、議者も僉 同じく、帝も亦た之を然りとす。林 独り以為へらく、周室の興ること、祚は后稷に由るも、漢の業は特《ひと》り起り、功は堯に縁らず。祖宗の故事は、宜しく因循すべき所なりと。定めて林の議に従ふ（明年、大議郊祀制、多以為周郊后稷、漢当祀堯。詔復下公卿議、議者僉同、帝亦然之。林独以為周室之興、祚由后稷、漢業特起、功不縁堯。祖宗故事、所宜因循。定従林議）」（『後漢書』列傳十七 杜林傳）とある。

（二七）故事に因循することなく新たなる禮樂を立てよとの章帝の詔は、「（章帝 詔を下して曰く）漢は秦の餘りに遭ひ、禮は壊れ樂は崩るるも、且《しばら》く故事に因循し、未だ觀省す可からず。其の説を知る者有らば、各〻能くする所を盡くせと（章帝下詔曰）漢遭秦餘、禮壊樂崩、且因循故事、未可觀省、有知其説者、各盡所能）」（『後漢書』列傳二十五 曹褒傳）とある。

（二八）宦官を抑黜すべきとの主張は、「（竇）武 乃ち太后に白《まう》して曰く、『故事に、黄門・常侍は但だ當に省内に給事し、門戸を典り、近署の財物を主るべきのみ。今 乃ち政事に與からしめて權の重きに任じ、子弟は布列して、專ら貪暴を爲す。天下の匈匈たるは、正に此の故を以てなり。宜しく悉く誅廢して、以て朝廷を清むべし』と（（竇）武乃白太后曰、故事、黄門・常侍但當給事省内、典門戸、主近署財物耳。今乃使與政事而任權重、子弟布列、專爲貪暴。天下匈匈、正以此故。宜悉誅廢、以清朝廷）」（『後漢書』列傳五十九 竇武傳）とある。

（二九）宦官を廢絶すべきではないとする主張は、「（何）太后 聽かずして曰く、中官の禁省を統領すること、古より今に及ぶ。漢家の故事、廢す可からざるなり（（何）太后不聽曰、中官統領禁省、自古及今、漢家故事、不可廢也）」（『後漢書』列傳五十九 何進傳）とある。

（三〇）梁冀を周公に比す動きは、「元嘉元年、（黄瓊）司空に遷る。桓帝 大將軍の梁冀を褒崇せんと欲し、中朝の二千石より以上をして其の禮を會議せしむ。特進の胡廣・太常の羊溥・司隷校尉の祝恬・太中大夫の邊韶ら、咸 冀の勳德を稱へ、其の制度賚賞は、以て宜しく周公に比し、之に山川・土田・附庸を錫ふべしとす（元嘉元年、（黄瓊）遷司空。桓帝欲褒崇大將軍梁

冀、使中朝二千石以上會議其禮。特進胡廣・太常羊溥・司隷校尉祝恬、太中大夫邊韶等、咸稱冀之勳德、其制度賚賞、以宜比周公、錫之山川・土田・附庸）」（『後漢書』列傳五十一　黄瓊傳）とある。

（三一）梁冀を周公に比す動きを故事により止めたことは、「瓊 獨り建議して曰く、『冀 前に親迎の勞を以て、邑を増すこと三千、又 其の子の胤も亦た封賞を加へらる。昔 周公は成王を輔相し、禮を制し樂を作り、化は太平を致す。是を以て大いに土宇を啓き、地を開くこと七百。今 諸侯は戸邑を以て制と爲し、里數を以て限と爲さず。蕭何は高祖を泗水に識り、霍光は傾危を定めて以て國を興し、皆 戸を益し封を増して、以て其の功を顯す。冀は鄧禹に比して、合はせて四縣を食ましむ可く、賞賜の差は、霍光に同じくし、天下をして賞は必ず功に當たり、爵は德に越へざるを知らしめん』と。朝廷 之に從ふ（瓊獨建議曰、冀前以親迎之勞、增邑三千、又其子胤亦加封賞。昔周公輔相成王、制禮作樂、化致太平。是以大啓土宇、開地七百。今諸侯以戸邑爲制、不以里數爲限。蕭何識高祖於泗水、霍光定傾危以興國、皆益戸增封、以顯其功。冀可比鄧禹、合食四縣、賞賜之差、同於霍光、使天下知賞必當功、爵不越德。朝廷從之）」（『後漢書』列傳五十一　黄瓊傳）とある。

（三二）「永平の故事」に對して「寛」治を主張したことは、「三たび遷りて、肅宗の初に、尙書と爲る。是の時 永平の故事を承け、吏政は嚴切を尙び、尙書の事を決すること率ね重きに近し。寵 以《おも》へらく、帝 新たに卽位したれば、宜しく前世の苛俗を改むべしと。乃ち上疏して曰く、『臣 聞くならく、先王の政、賞は僭ならず、刑は濫ならず、其の已むことを得ざらん與《より》は、寧ろ僭なるとも濫ならずと。故に唐堯は典を著し、『眚災は肆赦す』と。周公は戒を作り、『庶〻の獄を誤ること勿かれ』と。伯夷の典に、『惟れ五刑を敬みて、以て三德を成せ』と。……宜しく先王の道を隆んにし、煩苛の法を蕩滌し、箠楚を輕くし薄くして以て群生を濟ひ、至德を全くし廣くして以て天の心を奉ずべし（陳寵）三遷、肅宗初、爲尙書。是時承永平故事、吏政尙嚴切、尙書決事率近於重。寵以帝新卽位、宜改前世苛俗。乃上疏曰、臣聞先王之政、賞不僭、刑不濫、與其不得已、寧僭不濫。故唐堯著典、眚災肆赦。周公作戒、勿誤庶獄。伯夷之典、惟敬五刑、以成三德。……宜隆先王之道、蕩滌煩苛之法、輕薄箠楚以濟群生、全廣至德以奉天心）」（『後漢書』列傳三十六　陳寵傳）とある。また、「寛」治については、渡邉義浩〈二〇〇一b〉を參照。

（三三）大臣奪服の制を『孝經』を論拠に批判したことは、「元初三年に詔有りて、大臣 三年の喪を行ふことを得、服 闋けて職に還れと。忠 此に因りて上言するに、『孝宣皇帝の舊令に、人の軍屯に從ふ及び縣官に給事する者は、大父母 死して未だ三月に滿たざれば、皆 傜することを勿く、葬送することを得しむと。此の制に依らんことを請ふ』と。太后 之に從ふ。建光中に至りて、尙書令の祝諷・尙書の孟布ら奏して以爲《いへ》らく、『孝文皇帝は約禮の制を定め、光武皇帝は告寧の典を絕ち、則を萬世に貽す。誠に改む可からず。宜しく建武の故事に復すべし』と。忠 上疏して曰く、『臣 之を孝經に聞くに、親を愛するに始まり、哀戚に終はると。上は天子より、下は庶人に至るまで、尊卑貴賤、其の義は一なり。……』と。宦豎 之を便とせざれば、竟に忠の奏を寢めて諷・布の議に從ひ、遂に令に著す（元初三年有詔、大臣得行三年喪、服闋還職。（陳）忠因此上言、孝宣皇帝舊令、人從軍屯及給事縣官者、大父母死未滿三月、皆勿傜、令得葬送。請依此制。太后從之。至建光中、尙書令祝諷・尙書孟布等奏、以爲、孝文皇帝定約禮之制、光武皇帝絕告寧之典、貽則萬世、誠不可改。宜復建武故事。忠上疏曰、臣聞之孝經、始於愛親、終於哀戚。上自天子、下至庶人、尊卑貴賤、其義一也……。宦豎不便之、竟寢忠奏而從諷・布議、遂著于令）」（『後漢書』列傳三十六 陳寵傳附陳忠傳）とある。また、大臣奪服の制については、藤川正数〈一九八五〉を參照。

（三四）明帝の上陵の禮を中心する禮制改革については、藤田忠〈一九九三〉を參照。

（三五）建寧五年正月、車駕上原陵、蔡邕爲司徒掾、從公行。到陵、見其儀、愾然謂同坐者曰、聞、古不墓祭。朝廷有上陵之禮、始謂、可損。今見其儀、察其本意、乃知孝明皇帝至孝惻隱、不可易舊。……邕見太傅胡廣曰、國家禮有煩而不可省者、不知先帝用心周密之至於此也。廣曰、然。子宜載之、以示學者。邕退而記焉（『續漢書』志四 禮儀志上注引謝承『後漢書』）。

（三六）もちろん、經學においても、禮に合致しない事態の承認が問題とされており、『春秋繁露』では「經」に対する「變」が、『春秋公羊傳』では、「經」に対する「權」が、『春秋穀梁傳』では、「經」に対する「變之正」が說かれている。堀池信夫〈二〇〇七〉・吉田篤志〈一九九三〉參照。

（三七）三年之喪、何二十五月。……父至尊、母至親。故爲加隆、以盡孝子之恩。恩愛至深、加之則倍。故再期二十五月也（『白虎通』喪服）。

（三八）遺詔曰、朕聞之、蓋天下萬物之萌生、靡不有死。死者天地之理、物之自然、奚可甚哀。當今之世、咸嘉生而惡死、厚葬以破業、重服以傷生、吾甚不取。……其令天下吏民。令到出臨三日、皆釋服。無禁取婦嫁女祠祀飲酒食肉。自當給喪事服臨者、皆無踐。経帶無過三寸。無布車及兵器。無發民哭臨宮殿中。殿中當臨者、皆以旦夕各十五擧音、禮畢罷。非旦夕臨時、禁無得擅哭。以下、服大紅十五日、小紅十四日、纖七日、釋服（『漢書』巻四　文帝紀）。

(三九) 司馬彪の『續漢書』の志が、胡廣の『漢制度』、蔡邕の『獨斷』、應劭の『漢官禮儀故事』などの延長上に、「漢家の故事」をまとめたものであることについては、渡邉義浩〈二〇〇六a〉を参照。

(四〇) 故事を唐代の格の源流と考えるのは、『大唐六典』である（巻六　刑部郎中員外郎注）。守屋美都雄〈一九五〇〉を参照。

第四章　兩漢における華夷思想の展開

はじめに

華夷思想は、中国皇帝が直接支配できない地域を中国の世界観の中に取り込むために行われた思想的営為より生まれた。華夷思想において、中華と夷狄の別は、道義の有無、習俗や制度の相違といった文化的な概念により規定される。禮・德の有無によって中華と夷狄を区別するのである。もちろん、『春秋左氏傳』のように、夷狄を禽獸や豺狼と見なす差別的な考え方もある。[一] しかし、後世に受け継がれる華夷の別は、種族により華と夷を人と禽獸とに分ける左氏傳の理念ではなく、華と夷の別は文化的な優劣に限られるとする春秋公羊學派のそれであった。[二]

これまで、華夷思想の研究は、春秋三傳を等し並みに、あるいは広く儒教の華夷思想全般を追求するものが多かった。[三] しかし、公羊傳と穀梁傳とでは華夷思想は大きく異なり、また同じ公羊學派でも、公羊傳そのものと白虎觀會議で唱えられた公羊説と何休の華夷思想とでは、それぞれ違いがある。かかる華夷思想の展開は、それぞれの時期における国政の状況、とりわけ国家の存亡とも関係する夷狄への対応に規定されるものであろう。本章は、漢代における華夷思想の展開、およびそれをもたらした歴史的背景について論ずるものである。

一、公羊傳と穀梁傳

中国における様々な夷狄に対する主張をまとめ、理論的な完成体を作り出す最初の試みは『春秋公羊傳』で行われる。[四] 公羊傳では、華と夷とを分かつ基準は、文化的な優劣に置かれた。したがって、夷狄が華夏の徳化を受け入れ、「進」むことができれば、その差別は撤廃される。夷狄から中華へと移り得るのである。はじめ「荊人」と州名で呼ばれていた楚は、やがて「楚人」と国名で呼ばれ、遂には「楚子」と子爵で呼ばれる。何休に拠れば、「夷狄 進みて爵に至る（夷狄進至於爵）」（『春秋公羊伝注疏』巻一 隱公元年）ようになるのである。[五]

一方でまた、公羊傳の持つ強度の勧戒主義は、中華を夷狄へと突き落とす。「華夏 貶められて夷狄と爲る」という相互性も持つのである。[六] そのうえで、公羊傳の華夷思想の特徴となっているものが、熾烈な攘夷思想である。楚を破った齊の桓公の覇業を公羊傳は「王者の事（王者之事）」（『春秋公羊傳』僖公四年）と称揚する。[七]

かかる華夷思想を持つ公羊傳は、胡毋生の最終的な整理を経て、景帝のときに出現した。[八] 景帝期までの前漢において、国政上の大きな問題は、強大な諸侯王の存在と匈奴の侵攻とにあった。公羊傳が、強烈な攘夷思想を主張した背景には、景帝期までの匈奴との屈辱的な外交関係があったのである（本書第一章）。

武帝期になると、衞青・霍去病が匈奴を破り、これまでの屈辱的な対外関係に変化をもたらした。『漢書』巻九十四上 匈奴傳上に、[九]

（武帝）乃ち詔を下して曰く、「高皇帝は朕に平城の憂を遺し、高后は時に單于の書の悖逆なるに絶《た》ふ。昔 齊の襄公 九世の讎を復《むく》い、春秋 之を大《たふた》ぶ」と。

とある詔には、武帝の匈奴と戦うための正当性が語られる。これは、『春秋公羊傳』莊公四年に、「九世 猶ほ以て讎を復ゆ可きか。百世と雖も可なり（九世猶可以復讎乎。雖百世可也）」とある、春秋の義を典拠とする。公羊傳は、齊の襄公が紀を滅ぼしたことを九世前の齊侯のために仇を報いたものであると肯定し、百世の仇であっても復讐すべし、とするのである。穀梁傳・左氏傳の同条は、かかる解釈を行わない。武帝の詔では、公羊傳に見られる復讐の肯定が、高祖劉邦の時からの匈奴の侵攻に対する復讐を正当化している。公羊傳の激しい攘夷思想は、夷狄である匈奴への復讐を正当化するために用いられた。こうして激しい攘夷思想と復讐の是認という特徴を持つ公羊傳は、匈奴の侵攻に苦しむ前漢初期の国際関係の現実を背景に、武帝の詔の典拠となったのである。

公羊傳の復讐を是とする攘夷思想は、漢と匈奴との厳しい対立関係に適合していた。しかし、国際関係の変化は、かかる華夷思想を現実への桎梏と化していく。宣帝親政期に、対匈奴問題は和親へと向かうのである。甘露三（前五二）年、呼韓邪單于は自ら漢に来朝し、正月朝賀に参列する[一〇]。これに先立ち、宣帝は呼韓邪單于への対応を集議に附していた。『漢書』巻七十八 蕭望之傳に[一一]、

> 初め、匈奴の呼韓邪單于 來朝するや、公卿に詔して其の儀を議せしむ。丞相の（黃）霸・御史大夫の（于）定國議して曰く、「聖王の制は、德を施し禮を行ふに、①京師を先にして諸夏を後にし、諸夏を先にして夷狄を後にす。詩に云ふ、『禮に率《したが》ひて越へず、遂に視て既に發す、相土烈烈として、海外截《せつ》たること有り』と。陛下の聖德は、天地に充塞し、四表に光被し、匈奴の單于は、風に鄉《むか》ひ化を慕ひ、珍を奉じて朝賀す。古より未だ之れ有らざるなり。其れ禮儀は宜しく諸侯王の如くし、位次は下に在らしめよ」と。（蕭）望之、以爲へらく、「單于は正朔の加ふる所に非ず、故に敵國と稱す。宜しく待するに②不臣の禮を以てし、位は諸侯王の上に在るべし。外夷は稽首して藩と稱し、中國は讓りて不臣とするは、此れ則ち羈縻の誼、謙亨の福なり。書に曰く、『戎狄は荒服なり』と。其の來服するは、荒忽にして亡常なるを言ふ。如し匈奴の後嗣をして、卒に鳥竄・鼠伏する有り

て、朝享を闕かしむも、畔臣と爲さず。信讓は蠻貉に行はれ、福祚は亡窮に流るるは、萬世の長策なり」と。天子之を采り、詔を下して曰く、「蓋し聞くならく、五帝・三王は、教化の施さざる所には、及ぶに政を以てせずと。今匈奴の單于北藩と稱し、正朔に朝すも、朕の不逮は、德もて弘覆する能はず。其れ③客禮を以て之を待ち、單于をして位は諸侯王の上に在り、贊謁して臣と稱するも名いはしめず」と。

とある。匈奴の單于の位を諸侯王の下にすべしとする①丞相の黄霸と御史大夫の于定國の議は、公羊傳を典拠としている。『春秋公羊傳』成公十五年[一二]に、

春秋は其の國を內として諸夏を外とし、諸夏を內として夷狄を外とす。

とある。中華と夷狄を峻別する公羊傳の攘夷思想に基づいて、匈奴の單于を諸侯王の下に置き、臣従させようというのである。黄霸と于定國は、武帝期までの現実を正当化していた公羊傳に基づいて、宣帝期の新たな国際情勢に対応しようとした。しかし、匈奴の單于を諸侯王の下に位置づける待遇では、匈奴と漢との関係を和親に向かわせることは難しい。

宣帝に先立つ昭帝の時には、鹽鐵會議が行われていた。武帝期の政策を継承しようとする御史が武力による匈奴の討伐を不可欠とすることに対して、賢良・文學は仁德による和親ないしは懐柔を主張した[一三]。そうした儒家の主張の流れを汲みながら、蕭望之は、②匈奴の單于に不臣の禮を加え、位を諸侯王の上に置くべきことを議したのである[一四]。宣帝は、甘露三（前五一）年正月、蕭望之の議を是とし、③客禮によって單于を待遇し[一五]、位を諸侯王の上に置いた。こうして漢は匈奴と和親関係を結び得たのである。

宣帝が結んだ匈奴との和親は、公羊傳の持つ強烈な攘夷思想と復讐の是認により正当化し得るものではなかった。これに対して、宣帝期に出現した『春秋穀梁傳』は、夷狄との新たな関係を主張する。『春秋穀梁傳』哀公十三年

（一六）に、

> 黄池の會に、①呉子 進めるかな、遂に子という。②呉は夷狄の國、祝髮文身なるも、魯の禮に因り晉の權に因りて、冠端して襲せんと請ひ、其れ成周に藉して、以て天王を尊ばんと欲す、①呉 進めり。呉は東方の大國なり、累累として小國を致して、以て諸侯を會して、以て中國に合す。呉 能く之を爲さば、則ち臣ならざらんや、①呉 進めり。王は尊稱なり、子は卑稱なり。尊稱を辭して卑稱に居りて、以て諸侯を會して、以て天王を尊ぶ。呉王の夫差曰く、「好き冠を」と。孔子曰く、「③大なるかな、夫差は未だ能く冠を言はざるも冠を欲す」と。

とあり、穀梁傳は、②夷狄である呉子が、魯公および晉侯と黄池に會盟したことを高く評価する。經文に「呉子」と記されているのは、呉が王の自称を辞し子と称したためで、東方の大国として諸侯を會盟し、周王を尊んだことを褒めるためである。夫差が「好き冠を」と求めたことを、孔子は、③冠の名も言えないのに、冠を欲したと称賛した、とするのである。傳文中には、呉が夷狄より①進んだことが三たび書され、孔子の口を借りて「大なるかな」と夫差が絶賛されている。山田琢〈一九五八b〉に依れば、この夫差論は、続く哀公十四年の穀梁傳が麒麟を孔子のために出現したと解釈する理由となっており、孔子の理想が夷狄も進んで中国の禮に合致した華夷混一の世界の実現に在ることを示したものである、という。首肯すべき見解である。穀梁傳は、孔子の華夷混一の理想が成就した証として麒麟が孔子のために出現したと説いて、中華と夷狄が共存する正当性を示したのである。

これに対して、公羊傳の哀公十三年は、黄池の會で呉が盟主の座についたことを「呉 會を主どるなり（・主會也）」と述べ、事実としては記しながらも、理念としては、「夷狄の中國に主たるを與《ゆる》さざるなり（不與夷狄之主中國也）」として、その覇權を否定している。これでは、北方民族王朝の成立はおろか、異民族との共存も難しい。穀梁傳は、こうした公羊傳の限界を超えて、華夷混一の理想社会の実現を説いていたのである。

そこで宣帝は、單于来朝の四ヵ月後の甘露三（前五一）年五月、蕭望之を司会役に石渠閣會議を主宰した。新たな匈奴対策の依拠すべき經典を公認するためである（本書第一章）。石渠閣會議は、何よりも公羊傳に対する穀梁傳の顕彰を目的としていた。會議の結果は「多く穀梁に從」い、宣帝の意向どおりとなった（『漢書』巻八十八　儒林　瑕丘江公傳）。宣帝は、匈奴の降伏という新たな国際情勢に対応するため、華夷混一の理想社会の実現を説く穀梁傳を公認し、自らの外交政策を正当化した。ここに漢の華夷思想は、公羊傳の厳しい攘夷思想から穀梁傳の華夷混一へと大きく展開したのである。

こうして漢の保護を受けた呼韓邪單于は、対立していた郅支單于を圧倒した。康居に逃れた郅支單于は、漢の西域都護の甘延壽に殺される。匈奴を統一した呼韓邪單于は、漢との和親を改めて締結し、竟寧元（前三三）年、入朝して漢の婿になることを願い出た。元帝は、後宮から選んだ王牆（王昭君）を單于のもとに送り、漢と匈奴とは「一家」と称されるに至ったのである（一七）。

公羊傳は、強烈な攘夷思想を主張していた。その背景には、景帝期までの屈辱的な匈奴との外交関係があった。武帝期の対匈奴戦争は、公羊傳の攘夷思想により、正当化されたのである。これに対して、穀梁傳は、華夷混一の理想社会を説き、宣帝が呼韓邪單于に与えた「稱臣不名」の殊禮を正当化した。穀梁傳が石渠閣會議で公認されることにより、漢と匈奴との関係はこれ以降、おおむね順調に推移していくのである。

二、稱臣と不臣

宣帝以来の匈奴との和親関係を破壊した者は、王莽である。平帝の元始年間（一～五年）、西域の車師後王の姑句が戊己校尉の徐普に追われて匈奴に亡命し、去胡來王の唐兜が西域都護の但欽に見捨てられて匈奴に亡命すると、匈奴の烏珠留若鞮單于は、これを漢に報告した。王莽は、西域が中国に內屬しているとして、二人の王を受け入れてはならないと伝えた。單于は、宣帝・元帝とは、長城以南は中国皇帝の所領、以北は匈奴の所領であるとの約束をしていると反論したが、王莽は態度を硬化させ、單于の命乞いにもかかわらず、二人の王を送致させて処刑した（一八）。これを機に両国の関係は悪化する。

始建國元（九）年、王莽は五威將の王駿・五威率の甄阜らを派遣して、漢に代わって天命を受けたことを單于に知らせ、大量の金帛を賜与すると共に單于の璽綬を改めた。漢が贈っていた璽の文は「匈奴單于璽」であったが、王莽が変更した文は「新匈奴單于章」と、匈奴の前に「新」を附し、「璽」を「章」に改めるものであった。「璽」と「印」の中間に位置づけられる「章」は、漢に服屬した周辺異民族の首長に与えられるものであり、匈奴の前に附せられた「新」は、匈奴が新の臣下であることを示す（一九）。王莽が漢の結んでいた外交関係を一新して、夷狄を下に置く政策を展開した理由は、『漢書』卷九十九中 王莽傳中に（二〇）、

> 又 曰く、「①天に二日無く、土に二王無きは、百王不易の道なり。漢氏の諸侯 或いは王と稱し、四夷も亦た之の如きに至るは、古典に違ひ、②一統に繆《もと》る。其れ諸侯王の號は皆 公と稱し、及び四夷の僭號して王と稱する者は皆 更めて侯と爲すを定めん」と。

とある、王莽即位時の詔に語られる。ここでの王莽の世界観は、『禮記』と『春秋公羊傳』に基づき構築されている。①『禮記』曾子問に（二一）、「孔子曰く、『①天に二日無く、土に二王無し』と」とあり、②『春秋公羊傳』隱公元年に（二二）、「何ぞ王の正月を言ふや。②一統を大《たふと》べばなり」とあるように、王莽の外交政策は、今文系の經典を典拠としているのである（二三）。初めて華夷思想を体系化した公羊傳の規制力の強さを見ることができよう。しかし、公羊傳の厳し

い攘夷思想に基づき、單于を「稱臣」させることでは、匈奴と安定的な外交関係を結ぶことはできなかった。翌始建國二（一〇）年より、匈奴は中国に侵攻を繰り返し、王莽政権の崩壊を促す赤眉の乱を導く社会不安を醸成することになるのである。

新に代わって後漢が建国された後にも、匈奴の侵攻は続いた。しかし、建武二十四（四八）年、薁鞬日逐王比は、祖父の呼韓邪單于の称号を継いだことを漢の五原塞に伝え、翌建武二十五（四九）年には、『後漢書』列傳七十九 南匈奴傳に、（二四）

南單于 復た使を遣はして闕に詣らしめ、藩を奉じて①臣と稱し、國の珍寶を獻じ、使者の監護を求め、侍子を遣はし、②舊約を修む。

とあるように、①「稱臣」して②舊約を修めることを求めた。舊約とは、ここでは宣帝の故事を指す。南單于は、祖父の呼韓邪單于の時と同様、客禮で遇される「稱臣不名」の対応を期待したと考えてよい。

光武帝は、この申し出を集議に附したが、群臣は「議者 皆 以爲へらく、天下 初めて定まり、中國 空虛たり。夷狄の情は僞にして知り難く、許す可からず」と述べて、南單于の申し出を拒否すべしとした（『後漢書』列傳七十九 南匈奴傳）。幷州の北方に拠り、匈奴と結んで抵抗していた盧芳は、すでに建武十八（四二）年、匈奴に亡命していたが、上谷・代郡・雁門・定襄・雲中・五原・朔方・北地の八郡を放棄するほど、匈奴の侵略を受け続けていた後漢では、匈奴との和親に消極的な群臣が多かったのである（二五）。これに対して、『後漢書』列傳九 耿弇傳附耿國傳に（二六）、

國 獨り曰く、「臣 以爲へらく、宜しく孝宣の故事の如く之を受くべし」と。……帝 其の議に從ひ、遂に比を立てて南單于と爲す。

とあるように、ひとり耿國だけが宣帝の故事にならって南單于の申し出を受けることを主張し、光武帝はこれに従っ

た。その結果、『後漢書』列傳七十九 南匈奴傳（二七）に、

（建武）二十六年、中郎將の段郴・副校尉の王郁を遣はし、南單于に使ひし其の庭を立てしむ。五原の西部塞を去ること八十里なり。單于 乃ち延《まね》きて使者を迎ふ。使者曰く、「單于 當に①伏拜して詔を受くべし」と。單于 顧望すること頃《しばらく》有りて、乃ち伏して②臣と稱す。拜し訖はりて、譯をして使者に曉さしめて曰く、「單于 新たに立ち、誠に左右に慙づ。願はくは使者 衆中にて相 屈折せしむること無かれ」と。骨都侯ら見て、皆 泣《なみだ》下る。郴ら反命するや、詔して乃ち南單于の入りて雲中に居るを聽す。

とあるように、使者として中郎將の段郴が派遣された。しかし、段郴は、南單于に対して、①「伏拜して詔を受」けるよう要求する。南單于に臣禮を取らせようとしたのである。南單于は少したためらったのち、やむなく②「臣と稱し」て光武帝の詔を受けたが、これは明らかに宣帝の故事とは異なる。好並隆司〈二〇〇二〉は、宣帝の故事は耿國の議の単なる権威付けとして作用しているだけで、本来、内包されていた宣帝の故事の中の華夷平等の意味合いが全く理解されていない、とする。思想史的に言えば、宣帝期に公認された穀梁傳が顧みられることなく（二八）、公羊傳の夷狄観が表出した結果、と理解し得る。公羊傳の規制力の強さをここに見ることができよう。

しかし、王莽期と同様、單于を臣従させる国際関係が安定することは無かった。光武帝期・明帝期を通じて、後漢は匈奴の侵攻に苦しみ続ける。そうした政治状況の中で行われた、夷狄の侵入を防ぐための思想的営為は、白虎觀會議の結果をまとめた『白虎通』に残されている。『白虎通』王者不臣に（二九）、

王者の臣とせざる所の者は三、何ぞや。二王の後、妻の父母、夷狄を謂ふなり。……①夷狄なる者は、中國と域を絶ち俗を異にし、中和の氣の生ずる所に非ず、禮義の能く化する所に非ず、故に臣とせざるなり。②春秋傳に曰く、「夷狄 相 誘《いざ》なはば、君子 疾《にく》まず」と。尚書大傳に曰く、「正朔の加へざる所、即ち君子の臣とせざる所

なり」と。

とある。引用される②春秋傳は、『春秋公羊傳』昭公十六年であるが、公羊傳は夷狄を「不臣」とする主要な理由とはなっていない。夷狄を「不臣」とする主要な理由である①に最も近い内容を持つものは、緯書の『孝經鉤命決』である。『禮記注疏』巻三十六 學記疏[三〇]に、

> 又 鉤命決を按ずるに云ふ、「天子の常に臣とせざる所の者は三、唯だ二王の後、妻の父母、夷狄の君のみ。……夷狄の君を臣とせざる者は、③此れ政教の加へざる所、謙りて臣とせざるなり。諸侯に此の禮無し」と。

とあり、『白虎通』の王者不臣の条そのものが、『孝經鉤命決』に大きく依拠していることが分かる。後漢の儒教を現実に適応させてきた緯書は、華夷思想においても、夷狄を「不臣」と位置づけることにより、「稱臣」させると侵攻する匈奴の問題を解決する論拠を提供しているのである。

ただし、『白虎通』の夷狄の規定は、③「政教の加へざる所」であるという『孝經鉤命決』の規定よりも、さらに踏み込んで、夷狄の生まれを①「中和の氣の生ずる所に非ず」としている。こうした生まれが異なるとする夷狄観は、左氏傳のそれである。『春秋左氏傳』襄公 傳四年に、「戎は禽獸なり」とあり、閔公 傳元年に、「戎狄は豺狼にして厭かしむ可からず」とあるように、左氏傳は夷狄を生まれにより差別する。『白虎通』は、『春秋公羊傳』昭公十六年を引用することで、その夷狄観が公羊傳に基づくように見せながら、夷狄を生まれで差別する左氏傳の内容を導入することにより、「稱臣」させると侵攻する匈奴を「不臣」として、匈奴の侵攻に苦しむ後漢の政治的要請に応えたのである[三一]。しかし、それは華夷混一の社会の実現を目指す穀梁傳が正当化する宣帝期の「不臣」ではなく、夷狄との融和を拒否する攘夷思想を持つ公羊傳の夷狄観を、夷狄を禽獸視する左氏傳の夷狄観で強化するものであった。

『白虎通』をまとめた班固が著した『漢書』巻九十四 匈奴傳の贊[三二]は、

是を以て①春秋は諸夏を内として夷狄を外にす。夷狄の人は、貪りて利を好み、被髪左衽にして、②人面獸心なり。其の中國と章服を殊にし、習俗を異にし、飲食同じからず、言語通ぜず、北垂の寒露の野に辟居し、草を逐ひ畜に隨ひ、射獵をば生《なりはひ》と爲し、隔てるに山谷を以てし、雍するに沙幕を以てし、天地の外内を絶つる所以なり。是の故に②聖王は禽獸もて之を畜ひ、③與に約誓せず、就きて攻伐せず。之と約さば則ち賂を費すも欺かれ、之を攻むれば則ち師を勞すも寇を招く。其の地は耕して食ふ可からず、其の民は臣として畜ふ可からず。是を以て外にして内にせず、疏《うと》んじて戚《ちかづ》けず、④政教は其の人に及ぼさず、正朔は其の國に加へず。來たれば則ち懲めて之を御し、去れば則ち備へて之を守る。⑤其の義を慕ひて貢獻すれば、則ち之に接するに禮讓を以てし、羈靡して絶たず、曲《よこしま》をして彼に在らしむるは、蓋し聖王の蠻夷を制御するの常道なり。

とあり、①『春秋公羊傳』の成公十五年を引用しながら、②夷狄は禽獸であるという左氏傳の夷狄観を表明する。ここでも夷狄観は左氏傳に依拠している。そのうえで、③盟約を結んだり攻撃を加えたりせず、④中国の政治や教化を及ぼさず外交関係も結ばないようにするとして、夷狄との関係を絶つことを主張する。そして、⑤夷狄から貢献された場合にも羈靡するに止めることが、聖王の夷狄統御術であったと述べるのである。かかる班固の夷狄観は、公羊傳を引用しながら、夷狄を禽獸と捉え、文化を及ぼすべきではないとする左氏傳の夷狄観を全面的に展開する点において、『白虎通』と同質であると言えよう。

和帝の永元元（八九）年、竇憲が北匈奴を破り、異民族の内属が進むという政治状況にありながらも、[三三]後漢では、『白虎通』の影響の下、夷狄を禽獸視する議論が盛んであった。[三四]しかし、度遼將軍に代表される異民族統御官が、有事に出撃する際には、度遼將軍固有の営兵とともに異民族部隊も率いるため、[三五]漢人と夷狄とを生まれにより差別する夷狄観は克服される必要があった。

順帝の永和元（一三六）年、武陵太守は、服属した蠻夷の租税を漢人と同額にすべきであると上書し、議者はこれを可とした。しかし、『後漢書』列傳七十六 南蠻傳[三六]に、

尚書令の虞詡 獨り奏して曰く、「古より聖王は異俗を臣とせず。德の及ぼす能はず、威の加ふる能はざるに非ず。①其の獸心貪婪にして、率《したが》ふるに禮を以てし難きを知ればなり。是の故に羈縻して之を綏撫し、附《なつ》けば則ち受けて逆はず、叛けば則ち棄てて追はず。②先帝の舊典、貢稅の多少、由りて來たる所久し。今 猥りに之を增せば、必ず怨み叛くこと有らん。其の得る所を計るに、費やす所を償はず、必ず後悔すること有らん」と。

とあるように、尚書令の虞詡は、①『白虎通』と同質の夷狄観を論拠にひとり反対している。結果は、虞詡の反対を無視して増税を強行した順帝に対して、南蠻が反乱を起こす。反乱は、その夷狄観に対するものではなく課税強化に対するものであったが、ここでは、虞詡以外の議者が、②蠻夷との「舊典」を破って、夷狄に漢人と等し並みな課税を行おうとした事実に注目したい。夷狄の內屬が進む一方で、かれらに漢人と同額の租税を課す必要があるほど、後漢の財政は逼迫していたのである。

靈帝の中平二（一八五）年には、邊章・韓遂の乱に際して、鮮卑の騎兵を募ってこれを平定しようとする議が起こり、應劭が駁論を展開している。『後漢書』列傳三十八 應劭傳[三七]に、

（應）劭 之を駁して曰く、「鮮卑 隔たりて漢北に在り、犬羊をば羣と爲し、君長の帥、廬落の居無く、而して天性 貪暴にして、信義に拘せず。故に數〻障塞を犯し、且つ寧き歲無し。唯だ互市に至りて、乃ち來りて靡服す。①苟めに中國の珍貨を欲するのみにして、威を畏れ德に懷くが爲に非ず。計 獲られ事 足れば、踵を旋して害を爲す。是を以て②朝家の外にして內にせざるは、蓋し此れが爲なり。……臣愚 以爲へらく、③隴西の羌胡の善を守りて叛かざる者を募り、其の精勇を揀《えら》びて、其の牢賞を多くす可し。……」と。是に於て百官に詔して大

いに朝堂に會せしむるに、皆劭の議に從ふ。

とあるように、應劭の鮮卑に対する認識は、『白虎通』の夷狄観と同質である。①中国の権威や徳を無視し、ただ利を求めて中国と交わるだけの鮮卑は、後漢の内側に受け入れるべきではない。②『春秋公羊傳』の成公十五年を典拠とすることは、前掲した班固と同じである。しかし、注目すべきは、③「隴西の羌胡」に対する應劭の認識である。たとえ夷狄であっても、「善を守りて叛かざる者」であれば、その精鋭を漢の軍隊の中に入れるべしとするのである。これは、公羊傳に本来含まれながら、『白虎通』では失われていた、夷狄が華夏の德化を受け入れ、「進」むことができれば、その差別は撤廃される、という夷狄観の表出である。夷狄を禽獣と見なす夷狄観を残存させながらも、漢人との一体化を目指さなければならない、後漢の経済的・軍事的逼迫度が、前年からの黄巾の乱により一層高まっていることを理解できよう。

後漢国家の統治の弛緩と羌族の侵攻や国内の反乱は、異民族軍を別組織として率いるのではなく、胡漢融合の軍を編成する必要性を高めていた。左氏傳の影響の中で組み上げられた『白虎通』の公羊學説の夷狄観は限界を迎えていた。異民族の軍への編入を正当化し得る、あるいはせめて夷狄を容認し得る、理念の創出が求められていたのである。何休の『春秋公羊經傳解詁』の夷狄観は、かかる時代の要請に応えたものである。

三、何休の夷狄観

夷狄との共存をめざす発想が、後漢に皆無であったわけではない。明帝の時、西羌の一部族が他の部族からの圧迫を逃れて後漢を頼って移住してきたが、しばしば法を犯したので、臨羌長は七十名あまりを誅殺した。明帝は、詔を出して、その保護を命じている。『後漢書』列傳七十七 西羌傳（三八）に、顯宗 之を憐み、乃ち詔を下して曰く、「昔 桓公は戎を伐ちて仁惠無く、故に春秋は貶めて齊人と曰ふ。今 國家は德無く、恩は遠きに及ばず。羸弱に何の辜かありて、而して當に命を幷はすべし。……所在に醫藥を致して養視し、其の種人を招かしめよ。若し故地に歸らんと欲する者は、厚く遣りて之を送れ。其の小種 若し手を束ねて自ら詣り、功を效さんと欲する者は、皆 其の罪を除け。若し逆謀有りて吏の捕ふる所と爲り、而して獄狀 未だ斷ぜざれば、悉く以て功有る者に賜へ」と。

とある。ここで明帝が羌族の保護のために典拠とした經典は、『春秋公羊傳』莊公三十年の条である。公羊傳の中には、強烈な攘夷思想を述べる部分のほか、夷狄との共存を組み立て得る部分もあったのである。『春秋公羊經傳解詁』莊公三十年（三九）に、

〔經〕齊人 山戎を伐つ。

〔傳〕此れ齊侯なり。其の人と稱するは何ぞ。貶せるなり。曷爲《なん》すれぞ貶せる。子司馬子曰く、「蓋し之に操《せま》るに以て已《はなは》だ蹙《はげ》しきを爲せばなり」と。此れ蓋し戰ふなり。何を以てか戰と言はず。春秋は敵する者は戰と言ふ。桓公の戎狄に與《お》けるや、之を驅るのみ。

〔注〕時に桓公の力、但だ之を驅逐するも可なるのみ。戎も亦た天地の生む所なるに、而るに乃ち之を迫殺すること甚だ痛《はげ》し。故に戰を去りて貶しめて其の事を見はす。不仁なるを惡《にく》めばなり。

とあるように、後漢末に『春秋公羊經傳解詁』を著し、公羊學派の夷狄観を『白虎通』のそれから大きく展開させた何休は、明帝が西羌の優遇の典拠とした『春秋公羊傳』莊公三十年の經傳に注を附して、戎もまた漢人と同じように、「天地の生む所」であるから、これを甚だしく殺すことは不仁であると述べている。『春秋穀梁傳』の同条は、經

が齊人と書すのは、齊侯という名称を「山戎」に使うことを惜しむからであるとし、『春秋左氏傳』は同条に傳を附さない。「山戎」という夷狄もまた、漢人と同様「天地の生む所」であるという何休の主張が、左氏傳や穀梁傳の影響下にないことが分かる。何休の夷狄観の背景には、明帝の優詔があったと考えてよい。[四〇]

こうした何休の夷狄観の全体像は、『春秋公羊傳』原目疏所引「文謚例」において、何休が『春秋』の義例として掲げる「三科九旨」説と共に語られる。[四一]『春秋公羊傳注疏』巻一　隱公に、[四二]

　周を新とし、宋を故とし、春秋を以て新王に當つ、此れ一科三旨なり。

とある第一科「存三統」は、三統説の継承かつ修正であるが、その中心となる問題は、孔子がそのために『春秋』を著した「新王」とは何か、にある。『春秋公羊經傳解詁』哀公十四年に、[四三]

　〔注〕①夫子　素より圖録を案じ、庶聖の劉季　當に周に代はるべきを知る。薪采者の麟を獲るを見、其の爲に出でしことを知る。何となれば、麟とは木精、薪采とは庶人　火を燃やすの意、此れ赤帝　將に周に代はり其の位に居らんとし、故に麟　薪采者の執ふる所と爲る。西に狩して之を獲るとは、東方より西に王たるなり。東は卯、西は金の象なり。獲と言ふとは、兵戈の文なり。漢の姓は卯金刀、兵を以て天下を得るを言ふ。

と注をつけ、同じく『春秋公羊經傳解詁』哀公十四年に、[四四]

　〔注〕孔子　①仰ぎて天命を推し、俯して時變を察し、却《あふ》ぎて未來を觀、豫め無窮を解し、漢の當に大亂の后を繼ぐべきを知り、②故に撥亂の法を作りて、以て之に授く。

と注をつけるように、何休は、孔子が『春秋』によって提起した「新王」とは漢であり、①孔子は漢の出現を予知して、漢のために『春秋』を著したとする。②孔子が漢のための「撥亂の法」として授けた『春秋』の真意を明らかにすること、それが何休の經學の目的であった。

「三科九旨」説の第二科「張三世」と第三科「異外內」とは、不可分の関係にある。『春秋公羊傳注疏』巻一　隱公に、[四五]

又云ふ、「見る所辭を異にし、聞く所辭を異にし、傳へ聞く所辭を異にす」と、二科六旨なり。又、其の國を內にして諸夏を外にし、諸夏を內にして夷狄を外にす、是れ三科九旨なり。

とある。なお、「異外內」の末尾には、「夷狄進みて爵に至る」（『春秋公羊經傳解詁』隱公元年、何注）の一条が加わるとされ（小島祐馬〈一九二〇〉）、「張三世」と「異外內」は密接に関係して、『春秋』經に記される実際の時代からは独立して、孔子が予知していた周から漢に至るまでの過程を提示したものとされる（內山俊彦〈二〇〇一〉）。具体的には、この三つの段階を何休は、『春秋公羊經傳解詁』隱公元年に、[四六]

〔傳〕見る所辭を異にし、聞く所辭を異にし、傳へ聞く所辭を異にす。

〔注〕見る所とは、昭・定・哀を謂ひ、己と父との時の事なり。聞く所とは、文・宣・成・襄を謂ひ、王父の時の事なり。傳へ聞く所とは、隱・桓・莊・閔・僖を謂ひ、高祖・曾祖の時の事なり。……①傳へ聞く所の世に於ては、治は①衰亂の中に起こるを見はし、心を用ふること尙ほ麤觕なり、故に①其の國を內にして諸夏を外にす。……②聞く所の世に於ては、治は②升平に見はれ、②諸夏を內にして夷狄を外にす。……③見る所の世に至りては、治は③大平に著はれ、③夷狄進みて爵に至り、天下の遠近・小大は一の若し。

と述べ、①衰亂（所傳）の世では、自国以外は華夏の諸国といえども外にするが、②升平（所聞）の世では、夷狄は外にしても華夏諸国には自他の区別を設けない。そして、③大平（所見）の世では、夷狄は進んで爵に至り、華夏と夷狄の区別も消滅して、天下はすべて一同に帰するというのである。[四七]內山俊彦は、①衰亂の世を周の衰滅の時代（孔子以後の春秋末・戰國・秦）、③大平の世をいわゆる「新王」としての漢朝にあたると比定する。[四八]しかし、何休が生きた後漢の現実は、「大平」とは程遠い有り様にあった。宦官の専横により国政は紊乱し、それを批判した李膺たちは、延熹九（一六六）年、黨人として禁錮された。第一次黨錮の禁である。何休が黨人の領袖である陳蕃の辟召を受け、現実政治の改革を目指したのは、桓帝の崩御を機に建寧元（一六八）年、外戚の竇武が陳蕃を太傅に抜擢したためであった。ところが、竇武と陳蕃が宦官の誅滅に失敗すると、翌建寧二（一六九）年、何休は第二次黨錮の禁に連坐した。(四九)『春秋公羊經傳解詁』は、こののち黨錮を解かれる光和二（一七九）年までの間に著されたものとされる（『後漢書』列傳六十九下　儒林　何休傳）。

かかる政治的な背景を持つ何休の『春秋公羊經傳解詁』には、現実の政治の反映が見られる。中嶋隆蔵〈一九六八〉は、陳蕃による延熹年間（一五八～一六七年）の上疏にみえる後漢への批判は、『春秋公羊經傳解詁』にその是正策が述べられているとし、吉川忠夫〈一九七六〉は、『春秋公羊經傳解詁』が宦官の寵用を戒め、賢者の選用を説くのは、清流士人の認識に近いと指摘する。

「三科九旨」説の第一科「存三統」で何休が、『春秋』を漢のための「撥亂の法」と位置づける以上、『春秋』には、周の滅亡から漢の天下統一に至るまでの「撥亂の法」が模式的に包含されねばならぬ、と内山俊彦〈二〇〇一〉はいう。果たして「撥亂の法」の適応は、漢の天下統一までに限られるものなのであろうか。何休は『春秋公羊經傳解詁』宣公十五年で「井田制」を詳述し、(四九)「民力を均しくし、國家を彊く」するための経済政策を提言している。かかる何休の現実政治への問題関心の高さから考えると、「大平」になると実現するとされている「夷狄 進みて爵に至る」という夷狄観は、一方で「大平」を実現するための政策としても主張されている、と理解できよう。

こうした何休注の夷狄との共存を目指す発想は、經學的には穀梁傳の影響の中から説明される。(五〇)『穀梁廢疾』を著し、公羊の優位を主張した何休であるが、經典解釈に現れた夷狄観には穀梁傳の影響を色濃くみることができるのである。それと共に、何休が夷狄を「進」ませる場合、夷狄が中国のために軍事力を提供することを高く評価する背景として、陳蕃の異民族への政策があったことに注目したい。『後漢書』列傳五十六 陳蕃傳（五一）に、

時に零陵・桂陽の山賊 害を爲し、公卿 議して遣はして之を討たしめんとす。又 詔して州郡に下し、一切 皆孝廉・茂才を擧ぐるを得しむ。蕃 上疏して之を駮して曰く、「昔 高祖の創業するや、萬邦は肩を息ませ、百姓を撫養し、之を赤子に同じくす。今 二郡の民も、亦た陛下の赤子なり。赤子をして害を爲さしむるを致すは、豈に所在 貪虐にして、其れをして然せしむるには非ずや。宜しく嚴しく三府に勅し、牧・守・令・長を隱覈せしむべし。其の政に在りて和を失ひ、百姓を侵暴する者有らば、即ち便ちに擧奏し、更めて清賢奉公の人にして、能く法令を班宣するに情は愛惠に在る者を選ばば、王師を勞はさずして、而して羣賊は弭息す可し。又 三署の郎吏は二千餘人、三府の掾屬は限を過ぐるも未だ除せられず。但だ當に善を擇びて之に授け、惡を掄《えら》びて之を去るべし。豈に一切の詔を煩はせて、以て請屬の路を長ぜしめんや」と。

とあるように、陳蕃は夷狄（山賊）もまた「陛下の赤子」であるとして、その討伐に反対している。かかる陳蕃の夷狄認識は、夷狄もまた「天地の生む所」であるとする何休の夷狄認識と相通じる。陳蕃の場合には、さらに進んで、「陛下の赤子」すなわち、夷狄も中国を構成する一要素と認識しているのである。何休には、經典解釈の整合性を保つ必要があった。ゆえに、陳蕃ほどに強く夷狄を「陛下の赤子」と位置づけることはできなかった。「大平」の世に至れば、「夷狄 進みて爵に至る」と述べ、夷狄を爵に進ませれば「大平」が至ることを推論させることが、強い攘夷思想を含む公羊傳の經典解釈としては限界であったのだろう。

「夷狄 進みて爵に至る」ことによりもたらされる何休の「大平」は、小倉芳彦〈一九六六〉が述べるような、華夷・内外の差別を消滅させて、天下に君臨する漢王朝を絶対化する精緻な「観念図式」などではない。後漢末における

C529604256670

日販 3 122-01 3

D91-50 客注

187280 17
アメリカ
ABC
2C07

客注

東洋思想 客注専用短冊

冊数 1冊

後漢における「儒教國家」の成立

汲古書院

渡辺義浩

B10231115578B

ISBN978-4-7629-2865-9 C3022 ¥8000E

1872803000170

9784762928659

本体 8000円

受注No.115578
受注日25年10月23日

2001134

*

国家統治の弛緩と軍隊の弱体化に鑑み、孔子が成立を予知した「聖漢」を立て直していくための軍事的な基盤を、中国を慕う異民族の軍隊への加入に求めるために行われた現実への提言であった。[五三] 統治政策としての賢人を得るための選挙制度の改革、経済政策としての民の貧富の差を無くし国家を豊かにするための井田制と並ぶ、軍事力を立て直すための異民族の軍隊への編入を容易にするための理念として「夷狄　進みて爵に至る」ことによる「大平」の実現を何休は主張しているのである。

何休の三科九旨説の一部とされる「夷狄　進みて爵に至る」は、思想史的には穀梁傳の影響の中から、政治的には陳蕃ら黨人の主張の中から出現した。そこでは、公羊傳本来の攘夷思想は払拭され、中華と夷狄を文化的な優劣の差にすることが可能とされている。後世に受け継がれる公羊傳の華夷思想は、ここに成立したのである。ただし、何休の注には、穀梁傳のような華夷の一体化を説く態度はあまり目立たない。あくまでも漢人と別物である夷狄が進んで爵に至ることにより、漢人と夷狄が混在することを容認するに止まる。五胡十六國から北朝にかけて進む胡漢融合の背景となった理念をさらに追求する必要のある所以である。

おわりに

両漢における華夷思想は、『春秋公羊傳』を中心としながら、武帝期における夷狄を敵視する思想から、夷狄との混在を容認する何休の思想へと大きく展開した。かかる華夷思想の展開の背景には、侵攻する一方であった夷狄が、漢に内屬し、その軍事力が重視されるという現実政治が存在した。かかる胡漢の混在は、曹操による匈奴の分割と定住を機に進展し、魏晉南北朝期における胡漢融合へと進んでいく。それに対して、華夷思想はいかなる展開を見せるのであろうか。後漢の明帝期に伝来しながら、長らく勢力を拡大し得なかった夷狄伝来の佛教は、何休の華夷思想が現れた後漢末より、徐々に広まりをみせている。その一方で、西晉では、華夷の峻別を主張する徙戎論も著される（渡邉義浩〈二〇〇九〉）。やがて、徙戎論で限界を露呈した儒教の華夷思想に代わって、佛教のそれが存在感を増していくのである。

《注》

（一）『春秋左氏傳』の華夷思想について、小倉芳彦〈一九六五b〉は、左氏傳には、春秋時代の史実を比較的忠実に伝えている部分と、それをもとにして戰國中期以降に説話文学にされた部分とがあり、後者に儒家独特の華夷差別観念が濃厚に附加されている、とする。

（二）公羊學派が拠り所とする『春秋公羊傳』そのものが持つ華夷思想について、高津純也〈二〇〇〇〉は、「中國」という尊称を保持している国は、周・宋・魯・齊に過ぎないことを指摘し、公羊傳を「中國」対「夷狄」の二元論で語ることは誤りである、と主張する。『春秋公羊傳』そのものの華夷思想については、横畑茂明〈一九九五〉も参照。

（三）小倉芳彦〈一九六六〉は、儒教の華夷思想全般を追求する総合的研究の典型である。このほか、山田統〈一九四九〉、安倍建夫〈一九五六〉、越智重明〈一九九二〉、邢義田〈一九八一〉においても、「天下」の概念との関わりの中から、華夷思想全般が追求されている。

（四）『春秋公羊傳』において、最初にまとまった華夷思想が形成されることについては、日原利国《一九七六》の「六　特異な夷狄論」、および日原利国〈一九八四〉を参照。

（五）『春秋公羊傳』における夷狄が「進」むという思想の展開については、田中麻紗巳〈一九八二〉を参照。

（六）日原利国《一九七六》。日原は、『春秋公羊傳』が夷狄に対して排他的で攻撃的である理由を、華夏諸国に対して、侮蔑すべき夷狄への貶降を鳴らすことによって、その悖倫を規正し、争乱を阻止しようとする意図に求める。未だ成立していない災異思想に代わって夷狄を置き、華夏の秩序確立の急務を痛感させようとした、とするのである。

（七）『春秋公羊傳』のみならず、公羊傳に注をつけた何休もまた、桓公の功德のうち「楚を服するより大なるは莫し」（『春秋公羊經傳解詁』僖公四年注）と述べ、桓公の攘夷を高く評価する。なお、何休が辟召を受けた陳蕃と桓公の覇業との関係については、南部英彦〈二〇〇三〉を参照。

（八）野間文史《二〇〇一》は、胡毋生により最終的な整理が行われた景帝期に、公羊傳の最も特徴的な部分も作成され、それは、①大夫の遂事を禁ずる一方で、それが許される例外として、經に対する權・文に対する實を主張する。②夷狄は、その存在を認めないほどの激しい攘夷思想を持つ。③君臣の義を絶対視するとともに、親親の道との両全を期待する。④行為の結果よりも、行為をしようとする意志を重視する動機主義をとる。⑤讓國を賛美する。⑥復讐を是認する。⑦災異に天意を読み取る、の七点にまとめられる、としている。

（九）（武帝）乃下詔曰、高皇帝遺朕平城之憂、高后時單于書絶悖逆。昔齊襄公復九世之讎、春秋大之（『漢書』卷九十四上 匈奴傳上）。

（一〇）『漢書』卷九十四上 匈奴傳上。内田吟風《一九七五》。以下、前漢時代の匈奴の動向については、これらに拠る。なお、岡安勇〈一九九〇〉は、呼韓邪單于がすでに正月の朝賀への使者の派遣あるいは漢へ質を入侍させる際に、「臣と稱し」ていた、とする。

（一一）初、匈奴呼韓邪單于來朝、詔公卿議其儀。丞相（黄）霸・御史大夫（于）定國議曰、聖王之制、施德行禮、①先京師而後諸夏、先諸夏而後夷狄。詩云、率禮不越、遂視既發、相土烈烈、海外有截。陛下聖德、充塞天地、光被四表、匈奴單于、鄉風慕化、奉珍朝賀。自古未之有也。其禮儀宜如諸侯王、位次在下。（蕭）望之、以爲、單于非正朔所加、故稱敵國。宜待②以不臣之禮、位在諸侯王上。外夷稽首稱藩、中國讓而不臣、此則羈縻之誼、謙亨之福也。書曰、戎狄荒服。言其來服、荒忽亡常。如使匈奴後嗣、卒有鳥竄・鼠伏、闕於朝享、不爲畔臣。信讓行乎蠻貉、福祚流于亡窮、萬世之長策也。天子采之、下詔曰、蓋聞、五帝・三王、教化所不施、不及以政。今匈奴單于稱北藩、朝正朔、朕之不逮、徳不能弘覆。其③以客禮待之、令單于位在諸侯王上、贊謁稱臣而不名（『漢書』巻七十八　蕭望之傳）。

（一二）春秋內其國而外諸夏、內諸夏而外夷狄（『春秋公羊傳』成公十五年）。

（一三）弔和順〈一九九一〉。なお、鹽鐵會議の思想史的意義については、日原利国〈一九五三〉、政治史的背景については、西嶋定生〈一九六五〉を參照。

（一四）保科季子〈二〇〇七〉は、かかる「夷狄不臣」論は、『尚書大傳』の越裳氏の説話により理論付けられた、としている。

（一五）「贊謁稱臣而不名」について、尾形勇〈一九七四〉は、これを衍文として、宣帝は呼韓邪單于を客禮ではなく臣禮で待遇した、と理解する。これに対して、岡安勇〈一九八七〉は、單于は君臣関係が成立しない客として禮遇された、と主張する。蕭望之の議に「不臣の禮」とあるように、宣帝は呼韓邪單于を客として禮遇したと考えられる。なお、この問題については、好並隆司〈二〇〇一〉も參照。

（一六）黄池之會、①吳子進乎哉、遂子矣。②吳夷狄之國也、祝髪文身、欲因魯之禮因晉之權、而請冠端而襲、其藉于成周、以尊天王、①吳進矣。吳東方之大國也、累累致小國、以會諸侯、以合乎中國。吳能爲之、則不臣乎、①吳進矣。王尊稱也、子卑稱也。辭尊稱而居卑稱、以會乎諸侯、以尊天王。吳王夫差曰、好冠來。孔子曰、③大矣哉、夫差未能言冠而欲冠也（『春秋穀梁傳』哀公十三年）。

（一七）『漢書』巻九十四　匈奴傳。なお、王昭君のような和蕃公主が後漢から魏晉南朝に見られないことについては、藤野月子〈二〇〇六〉を參照。

（一八）王莽の対外政策については、西嶋定生《一九七四》、東晋次《二〇〇三》を參照。

（一九）栗原朋信〈一九六〇〉。また、渡辺恵理〈一九九四〉も參照。

（二〇）又曰、①天無二日、土無二王、百王不易之道也。漢氏諸侯或稱王、至于四夷亦如之、違於古典、②繆於一統。其定諸侯王之號皆稱公、及四夷僭號稱王者皆更爲侯（『漢書』巻九十九中 王莽傳中）。

（二一）孔子曰、①天無二日、土無二王（『禮記』曾子問）。なお坊記篇にも同じ表現がある。

（二二）何言乎王正月。②大一統也（『春秋公羊傳』隱公元年）。

（二三）康有為『新学偽経考』（中華書局、一九五六年）は、王莽と左氏傳との深い関わりを主張するが、王莽は外交政策では左氏傳を典拠としない。王莽が左氏傳を含めて、あらゆる儒教經典を利用したことは、宇野精一《一九四九》、岩本憲司〈二〇〇七〉を参照。

（二四）南單于復遣使詣闕、奉藩①稱臣、獻國珍寶、求使者監護、遣侍子、②修舊約（『後漢書』列傳七十九 南匈奴傳）。

（二五）『後漢書』列傳七十九 南匈奴傳。内田吟風《一九七五》、陳序経《二〇〇七》。以下、後漢時代の匈奴の動向については、これらに拠る。

（二六）國獨曰、臣以爲、宜如孝宣故事受之。……帝從其議、遂立比爲南單于（『後漢書』列傳九 耿弇傳附耿國傳）。

（二七）（建武）二十六年、遣中郎將段郴・副校尉王郁、使南單于立其庭。去五原西部塞八十里。單于乃延迎使者。使者曰、單于當①伏拜受詔。單于顧望有頃、乃伏②稱臣。拜訖、令譯曉使者曰、單于新立、誠慙於左右。願使者衆中無相屈折也。骨都侯等見、皆泣下。郴等反命、詔乃聽南單于入居雲中（『後漢書』列傳七十九 南匈奴傳）。

（二八）宣帝期を除けば、穀梁傳の影響力が少なかったことについては、田中麻紗巳〈二〇〇七a〉を参照。ただし、穀梁傳は、三傳兼修の風潮が高まる後漢末において『穀梁廢疾』を著した何休には、大きな影響を与えている。田中麻紗巳〈一九八二〉を参照。

（二九）王者所不臣者三、何也。謂二王之後、妻之父母、夷狄也。……①夷狄者、與中國絶域異俗、非中和氣所生、非禮義所能化、故不臣也。②春秋傳曰、夷狄相誘、君子不疾。尚書大傳曰、正朔所不加、即君子所不臣也（『白虎通』王者不臣）。なお、『白虎通』は、陳立『白虎通疏証』（中華書局、一九九四年）を底本とした。

（三〇）又按鉤命決云、天子常所不臣者三、唯二王之後、妻之父母、夷狄之君。……不臣夷狄之君者、③此政教所不加、謙不臣也。諸侯無此禮（『禮記注疏』巻三十六 學記疏）。

（三一）白虎観會議が、左氏學派の進出に対して、公羊學派の地位を維持するため、本来の解釈を歪め、時には讖緯説を取り入れて宗教的な変質までを犯し、あるいは左氏傳となんら異ならない主張を捻出して、意識的に国家主義へと傾斜し、支配権力の要請に応えたことについては、日原利国〈一九六七〉を参照。

（三二）是以①春秋内諸夏而外夷狄。夷狄之人、貪而好利、被髪左衽、②人面獸心。其與中國殊章服、異習俗、飲食不同、言語不通、辟居北垂寒露之野、逐草隨畜、射獵爲生、隔以山谷、雍以沙幕、天地所以絶外内也。是故②聖王禽獸畜之、③不與約誓、不就攻伐。約之則費賂而見欺、攻之則勞師而招寇。其地不可耕而食也、其民不可臣而畜也。是以外而不内、疏而不戚、④政教不及其人、正朔不加其國。來則懲而御之、去則備而守之。⑤其慕義而貢獻、則接之以禮讓、羈靡不絶、使曲在彼、蓋聖王制御蠻夷之常道也（『漢書』巻九十四下 匈奴傳下）。

（三三）内屬が外臣化と郡縣化の中間に位置する漢への従属で、内屬してきた民族の戸口は、郡縣あるいは専門領護官が把握し、一般の漢人と区別されて支配されたことについては、小林聡〈一九九一〉を参照。

（三四）例えば、王符が『潛夫論』の中で、貪欲な夷狄を撃滅すべしと武断的攘夷思想を述べることについては、日原利国〈一九八〇〉を参照。

（三五）和帝の永元元（八九）年、度遼將軍の鄧鴻が緣邊義從胡と南匈奴左賢王とともに出撃していることについては、小林聡〈一九八九〉を参照。

（三六）尚書令虞詡獨奏曰、自古聖王不臣異俗。非德不能及、威不能加。①知其獸心貪婪、難率以禮。是故羈縻而綏撫之、附則受而不逆、叛則棄而不追。②先帝舊典、貢税多少、所由來久矣。今猥增之、必有怨叛。計其所得、不償所費、必有後悔（『後漢書』列傳七十六 南蠻傳）。また、蠻夷への課税については、伊藤敏雄〈一九九五〉を参照。

（三七）（應）劭駁之曰、鮮卑隔在漠北、犬羊爲羣、無君長之帥、廬落之居、而天性貪暴、不拘信義。故數犯障塞、且無寧歲。唯至互市、乃來靡服。①苟欲中國珍貨、非爲畏威懷德。計獲事足、旋踵爲害。是以②朝家外而不内、蓋爲此也。……臣愚以爲、

③可募隴西羌胡守善不叛者、拽其精勇、多其牢賞。……於是詔百官大會朝堂、皆從劭議（『後漢書』列傳三十八　應劭傳）。また、後漢から三國時代の異民族軍については、洪廷彦〈一九八五〉を參照。

（三八）顯宗憐之、乃下詔曰、昔桓公伐戎而無仁惠、故春秋貶曰齊人。今國家無德、恩不及遠。羸弱何辜、而當幷命。……所在致醫藥養視、令招其種人。若欲歸故地者、厚遣送之。其小種若束手自詣、欲效功者、皆除其罪。若有逆謀爲吏所捕、而獄狀未斷、悉以賜有功者（『後漢書』列傳七十七　西羌傳）。なお後漢における羌族の内徙策については、熊谷滋三〈一九八八〉を參照。

（三九）〔經〕齊人伐山戎。〔傳〕此齊侯也。其稱人何。貶。曷爲貶。子司馬子曰、蓋以操之爲已蹙矣。此蓋戰也。何以不言戰。春秋敵者言戰。桓公之與戎狄、驅之爾。〔注〕時桓公力、但可驅逐之而已。戎亦天地之所生、而乃迫殺之甚痛。故去戰貶見其事。惡不仁也（『春秋公羊經傳解詁』莊公三十年）。

（四〇）何休より二十五歳の年長で没年は一年だけ早い張奐は、段熲と共に羌族を討伐してその殘兵が僅かになった時に招降を主張し、「羌も一氣の生ずる所なり。誅し盡くす可からず」と述べている（『後漢書』列傳五十五　張奐傳）。田中麻紗巳〈一九八二〉は、張奐のような考えから何休は影響を受けたのではないか、としている。そのさらなる背景には、明帝の詔があったと考えられる。

（四一）何休の「三科九旨」説については、小島祐馬〈一九二〇〉を參照。

（四二）新周、故宋、以春秋當新王、此一科三旨也（『春秋公羊傳注疏』卷一　隱公）。

（四三）〔注〕①夫子素案圖錄、知庶聖劉季當代周。見薪采者獲麟、知爲其出。何者、麟者木精、薪采者庶人燃火之意、此赤帝將代周居其位、故麟爲薪采者所執。西狩獲之者、從東方王於西也。東卯、西金象也。言獲者、兵戈文也。言漢姓卯金刀、以兵得天下（『春秋公羊經傳解詁』哀公十四年）。

（四四）〔注〕孔子①仰推天命、俯察時變、卻觀未來、豫解無窮、知漢當繼大亂之后、②故作撥亂之法、以授之（『春秋公羊經傳解詁』哀公十四年）。

（四五）又云、所見異辭、所聞異辭、所傳聞異辭、二科六旨也。又、內其國而外諸夏、內諸夏而外夷狄、是三科九旨也（『春秋公羊傳注疏』巻一 隱公)。

(四六)〔傳〕所見異辭、所聞異辭、所傳聞異辭。〔注〕所見者、謂昭・定・哀、己與父時事也。所聞者、謂文・宣・成・襄、王父時事也。所傳聞者、謂隱・桓・莊・閔・僖、高祖・曾祖時事也。……於①所傳聞之世、見治起於①衰亂之中、用心尚麤觕、故①內其國而外諸夏。……於②所聞之世、見治②升平、②內諸夏而外夷狄。……至③所見之世、著治③大平、③夷狄進至於爵、天下遠近・小大若一(『春秋公羊經傳解詁』隱公元年)。

(四七) 田中麻紗巳〈一九八八〉は、何休の大平について、中国国内の治世である狭義の太平を考え、さらにこれを展開した理想的な広義の太平をも描こうとした、としている。

(四八) 内山俊彦〈二〇〇一〉。内山論文が比定し得ないとする②升平の世を稲葉一郎〈一九六七〉は、漢の初めから景帝ごろまでとする。また、岩本憲司〈一九八〇〉は、「所見異辭」以下の句を、贏公・眭孟のころの附加であるとしている。

(四九) 後漢時代の宦官、および黨錮の禁については、渡邉義浩《一九九五》を参照。

(五〇) 井田思想については、渡邉義浩〈二〇〇五a〉を参照。

(五一) 田中麻紗巳〈一九八二〉は、何休の注が夷狄を「進」める際に、穀梁傳の影響を受けていることを僖公十八年の事例より実証している。なお、高津純也〈二〇〇六〉は、穀梁傳のほか、左氏傳からも直接・間接に援用があったことを指摘する。

(五二) 時零陵・桂陽山賊爲害、公卿議遣討之。又詔下州郡、一切皆得擧孝廉・茂才。蕃上疏駮之曰、昔高祖創業、萬邦息肩、撫養百姓、同之赤子。今二郡之民、亦陛下之赤子也。致令赤子爲害、豈非所在貪虐、使其然乎。宜嚴勅三府、隱覈牧・守・令・長。其有在政失和、侵暴百姓者、卽便擧奏、更選清賢奉公之人、能班宣法令情在愛惠者、可不勞王師、而羣賊弭息矣。又三署郎吏二千餘人、三府掾屬過限未除。但當擇善而授之、検惡而去之。豈煩一切之詔、以長請屬之路乎(『後漢書』列傳五十六 陳蕃傳)。

(五三) 田中麻紗巳〈一九八二〉は、「夷狄 進みて爵に至る」という何休の夷狄観の根底には、夷狄の中国を慕う心が存在するとしている。

第二篇　君主権の正統化と祭祀・儀禮

第五章　鄭箋の感生帝説と六天説

はじめに

中国文学の淵源である『詩經』は、二千年来、「毛傳鄭箋」により、換言すれば「經書」として伝えられてきた。これに対して、二十世紀初頭より、經學的な解釈から脱却し、詩の原義に立ち戻ろうとする研究が行われ[一]、『詩經』には本来、「神々が生きて存在した古代という時代、その神々に希求する人々の祈りの根本にあるのは、五穀豊穣と子孫繁栄という人間の最も根源的な欲求であり、人の原始の本能をまっすぐに肯定するもの」があったことが明らかにされている（牧角悦子《二〇〇六》）。

しかし、儒教一尊の後漢「儒教國家」のもとでは、『詩經』は、經書としてしか生き残ることができなかった。それでは、儒教の中に取り込まれたとき、『詩經』が原義として有していた宗教性・呪術性はかき消されたのか、というとそうではない。毛傳が否定する感生帝説を鄭箋は肯定する。感生帝説は、鄭玄の經典解釈のなかで、王者が天神と直結する論拠となり、鄭玄の經學に強い宗教性[二]を与えているのである。

本章は、『詩經』の原義にあった宗教性が、漢の国政の現実とのいかなる関わりの中で感生帝説として顕在化し、その神秘性が何を支えていたのかを考察するものである。

一、鄭箋に見える感生帝説

池田秀三〈二〇〇七〉によれば、鄭玄が三家詩を捨て毛傳に鄭箋をつけた理由は、第一に、「詩序」を書いた子夏を媒介とすることにより、『詩經』と『儀禮』を一体に捉え、禮を以て詩を説き得たこと、第二に、子夏の「詩序」が孔子の『詩經』編纂の意図を伝えるものであったことにある、という。ただし、『經典釋文』巻五 毛詩音義上に(三)、

案ずるに鄭の六藝論に云ふ、「詩に注するに毛を宗とするを主と爲す。毛義 若し隱略なれば、則ち更に表明す。如し同じからざる有れば、即ち己が意を下し、識別す可からしむるなり」と。

と『六藝論』に述べるように(四)、鄭玄は、毛傳を敷衍してその隱略を表明する一方で、自分の意に基づき毛義とは別の解釈を下すことを宣言している。この結果、鄭箋はしばしば毛義を破っているが(五)、「玄鳥」および「生民」に見える感生帝説は、その典型である。

感生帝説とは、天命を受けた王朝の始祖は通常の出産ではなく、その母が異物に感じて帝王を孕むという考え方である(六)。周の始祖伝説を語る「生民」より、毛傳と鄭箋を比較してみよう。『毛詩正義』巻十七 大雅 生民に(七)、

帝の武の敏を履《ふ》みて歆《う》く、介する攸《ところ》 止する攸、載《すなは》ち震し載ち夙し、載ち生じ載ち育す、時れ維れ后稷。

〔毛傳〕履は、踐なり。①帝は、高辛氏の帝なり。武は、迹。敏は、疾なり。②帝に從ひて天に見ゆ。將に事へんとすること齊敏なり。歆は、饗。介は、大。攸止は、福祿の止むる所なり。震は、動。夙は、早。育は、長なり。后稷 百穀を播して以て民に利す。

〔鄭箋〕云ふ、帝は、上帝なり。敏は、拇なり。介は、左右なり。夙の言は、肅なり。郊禖を祀るの時、③時に則ち大神の迹有り。姜嫄 之を履む。足 滿たす能はず。其の拇指の處を履むや、心體 歆歆然として其れ左右

し、止住する所、人道の己に感ずる者有るが如きなり。是に於て遂に身《みごも》る有り。而して粛戒して復た御せず。後に則ち子を生みて養長す。之に名づけて棄と曰ふ。舜 堯に臣たりて之を擧ぐ。是れ后稷爲り。

とある。毛傳では、①帝を高辛氏帝嚳とし、②姜嫄は、帝の後ろに従って、帝の足跡を踏んで随行し、禋祀の事を行い、敏捷であったとする。すなわち、毛傳は、感生帝説により后稷の出産を説明することはない。現代から見て、「合理」的な解釈と言えよう。

これに対して、鄭玄は、毛傳に従わず、③姜嫄が大きな天帝の足跡を見、その親指を踏むことによって妊娠し、后稷を生んだとする感生帝説を主張している。神の足跡を踏んで妊娠する。呪術的で性的である。『詩經』が原義に本来有していた呪術性や宗教性をそのまま残す自然な解釈と言えよう。司馬遷も『史記』巻四 周本紀において、感生帝説を採録しており、朱熹も『詩集傳』巻十七 生民之什三之二において、鄭玄の感生帝説は必ずしも否定できないと述べている[八]。

かかる鄭玄の感生帝説の拠り所が緯書にあることは、『毛詩正義』巻十七 大雅 生民[九]に、

正義曰く、「鄭 以へらく、此れ及び玄鳥は、是れ稷は迹を以て生まれ、契は卵を以て生まれしを説くの經文なりと。④河圖に曰く、『姜嫄 大人の迹を履み、后稷を生む』と。⑤中候の稷起に云ふ、『蒼耀の稷の生まるるに迹の昌なるに感ずればなり』と。……⑥(鄭箋の)意 以て帝嚳の妃に非ずと爲す。⑦史記は嚳 姜嫄を以て妃と爲し、是れ后稷を生むとす。明文 皎然なり。……」と。

とあることより分かる。孔穎達によれば、鄭箋で説かれる感生帝説は、④河圖を典拠とするのである[一〇]。また、鄭玄が注を附している『尚書中候』[一一]では、周は五徳終始説で木徳にあたるので、孔穎達の正義は、⑤ここでの天帝を蒼帝靈威仰としている。さらに、同様の感生帝説を描く『史記』は、⑦姜嫄を帝嚳の妃とするが、⑥鄭玄は、緯書に従い妃

としないと指摘する。鄭箋における感生帝説は、直接的には三家詩を受けたものであるが[一二]、鄭玄が緯書を論拠に毛傳を破り、三家詩の解釈を採用して、感生帝説を主張したことを理解できる。緯書の持つ神秘性が、『詩經』の原義の神秘性と共振しているのである。

続いて、殷の始祖伝説を語る「玄鳥」の毛傳と鄭箋を比較しよう。『毛詩正義』巻二十　商頌　玄鳥に[一三]、

天　玄鳥に命じ、降りて商を生ましむ。殷土の芒芒たるに宅《を》らしむ。

〔毛傳〕玄鳥は、鳦《いつ》なり。春分に、玄鳥　降る。湯の先祖たる有娀氏の女たる簡狄、高辛氏の帝に配す。帝　率ゐて之と與に郊禖に祈りて契を生む。故に其の天の命ずる所と爲り、玄鳥の至るを以てして生るるに本づく。芒芒は、大なる貌なり。

〔鄭箋〕云ふ、降は、下なり。天　鳦をして下りて商を生ましむとは、鳦　卵を遺し、娀氏の女たる簡狄　之を呑みて契を生むを謂ふ。

とある。毛傳は、鳦《いつ》（つばめ）の来る春分のころ、帝嚳が簡狄を従えて郊媒（媒酌の神）を祭る禮を行い、契を生んだと「合理」的に解釈する[一四]。これに対して、鄭玄は、天帝が玄鳥の卵となって降り、簡狄がその卵を呑んで身ごもり、殷の始祖である契を生んだと感生帝説を展開する[一五]。感生帝説に対する毛傳と鄭箋の立場は「生民」と同じであるが、注目すべきはその序文にある。『毛詩正義』巻二十　商頌　玄鳥に[一六]、

玄鳥は、高宗を祀るなり。

〔鄭箋〕祀は當に祫に爲るべし、祫は合なり。……崩じて始めて契の廟に合祭し、是の詩を歌ふ。古者　君の喪、三年にして既に畢はれば、其の廟に禘して、而る後に太祖に祫祭す。明年　春、羣廟に禘す。此れよりの後、五年にして再び殷祭す。一禘一祫、春秋　之を大事と謂ふ。

とあり、鄭玄は、「玄鳥は高宗を祀るなり」という序に箋を附し、「祀」を「祫」に改めたうえで、自らの禘祫論を展開している。[一七]「詩を以て禮を説く」といわれる所以である。

以上のように、鄭箋に見える感生帝説は、緯書の持つ神秘性が『詩經』の原義の神秘性と共振することにより、自然な解釈となり尊重された。また、「詩を以て禮を説く」鄭玄は、『詩經』における感生帝説を禘祫論の論拠としている。鄭箋が、『周禮』を經禮とする「三禮」円融の禮体系を構築し、その体系の中にあらゆる經書を整合的に包摂するという鄭玄の学問的営為の一環として著されているのであれば（池田秀三〈二〇〇七〉）、鄭玄の禮学の特徴である六天説と感生帝説は、どのような関係にあるのだろうか。

二、六天説と感生帝説

鄭玄の六天説は、至高神である昊天上帝のほかに、五行を主り、歴代の王者の受命帝となる蒼帝靈威仰（木を主る）・赤帝赤熛怒（火を主る）、黄帝含樞紐（土を主る）、白帝白招拒（金を主る）、黑帝汁光紀（水を主る）の五帝（五天帝）という、六種類の天帝を想定する思想である。これに対する祭祀について、鄭玄は、『禮記注疏』巻四十六　祭法に、[一八]

> 祭法。有虞氏は黄帝を禘して嚳を郊し、顓頊を祖して堯を宗す。夏后氏も亦た黄帝を禘して鯀を郊し、顓頊を祖して禹を宗す。殷人は嚳を禘して冥を郊し、契を祖して湯を宗す。周人は嚳を禘して稷を郊し、文王を祖して武王を宗す。
>
> 〔鄭注〕禘・郊・祖・宗とは、祭祀して以て配食するを謂ふなり。①此の禘は、昊天を圜丘に祭るを謂ふなり。

②上帝を南郊に祭るを郊と曰ひ、五帝・五神を明堂に祭るを祖・宗と曰ふ。祖・宗は通じて言ふのみ。下に禘・郊・宗・祖有り。

と述べる。鄭玄は、天の祭祀を二つに分け、①昊天（昊天上帝）を圜丘に祭り（圜丘祀天）、②上帝（五天帝）を南郊で祭る（南郊祭天）べきだとするのである[一九]。昊天上帝は、六天の中で最高の地位を占め、皇天上帝・天皇大帝とも呼ばれ、天全体を主宰する最高神である。また、北辰耀魄寶とも呼ばれるように、紫微宮中の座星である北極帝星を実体とし、太一常居・北極大帝とも解されていた。

これに対して、五帝（五天帝）について鄭玄は、『禮記注疏』巻三十四 大傳に[二〇]、

禮に、王たらざれば禘せずと。王者は其の祖のよりて出づる所を禘し、其の祖を以て之に配す。

〔鄭注〕凡そ大祭を禘と曰ふ。自は、由なり。③大いに其の先祖の由りて生ずる所を祭るを郊と謂ふ。天を祀るなり。④王者の先祖は、皆 大微の五帝の精に感じて以て生ず。蒼は則ち靈威仰、赤は則ち赤熛怒、黄は則ち含樞紐、白は則ち白招拒、黑は則ち汁光紀。皆 正歳の正月を用て之を郊祭す。蓋し特に尊べばなり。⑤孝經に「后稷を郊祀して以て天に配す」と曰ふは、靈威仰に配するなり。「文王を明堂に宗祀して以て上帝に配す」は、汎《ひろ》く五帝に配するなり。

と述べる。鄭玄によれば、五天帝は、③王者の先祖の生ずる天帝であり、王者の先祖は、④五天帝の精に感じて生まれた感生帝なのであった。五天帝は、それぞれ緯書に基づいてその名が定められており[二一]、郊では、王者の祖である感生帝を配して五天帝を祭る。⑤周であれば感生帝の后稷を、五天帝の蒼帝靈威仰（五徳終始説では木徳）に配して祭るのである。なお、天に父を配することを最も孝であるとする『孝經』の聖治章篇を祭天儀禮の解釈で重要視することは鄭玄説の特徴と考えてよい。

鄭玄の六天説は、南郊祭天を通じて、五天帝のうちのいずれか一柱を受命帝とする王者の由来を示し、その正統性を古帝王系譜の中に定立する。受命帝は、一王朝にとって守護神として機能する。そして守護神である受命帝と祭祀儀禮を主宰する王者の中間に位置づけられる始祖の出生は、感生帝説で説明される。こうして鄭玄の感生帝説は、すべての王朝が祭祀すべき昊天上帝のほかに、特定の王朝の守護神となる受命帝としての五天帝の存在を説明することにより、天人相関説を論証し、皇帝権力に神秘的な正統性を附与したのである。

鄭玄の感生帝説は、このように經典の体系的な解釈に寄与するばかりでなく(二二)、五天帝の交替を主張することを通じて、革命による王朝の交替を是認する。後漢において、王朝の交替は五德終始説、なかでも五行相生説により説明されていた。それでは、感生帝説は、五行相生説とはいかなる関わり持つのであろう。『毛詩正義』詩譜序に(二三)、

　鄭 中候の勅省圖に注するに、伏犧・女媧・神農の三代を以て三皇と爲し、軒轅・少昊・高陽・高辛・陶唐・有虞の六代を以て五帝と爲す。德 北辰に合する者は皆 皇と稱し、五帝座の星に感ずる者は皆 帝と稱す。故に三皇は三にして五帝は六なり。

とあるように、鄭玄は、感生帝説に基づき、五行相生説と大きな関わりを持つ『史記』の五人の五帝に、少昊を加えて六人五帝説を主張した。なぜ「五」帝を「六」人とし得るのかと言えば、「五帝座の星に感ずる者は皆 帝と稱」すること、すなわち感生帝はすべて「五帝」と称することができるためである(二四)。『史記』巻一 五帝本紀に掲げられる、

　黄帝（土）→顓頊（金）→帝嚳（水）→堯（木）→舜（火）

の五帝では、五行相生説では、

　→夏（土）→殷（金）→周（水）→漢（木）

となり、漢が木德となってしまう。漢の現実に適合しないのである。これに対して、感生帝説により少昊を加える

と、

黄帝（土）→少昊（金）→顓頊（水）→帝嚳（木）→堯（火）→
舜（土）→夏（金）→殷（水）→周（木）→漢（火）

となり、堯の火徳と漢堯後説が証明し得るのである。[二五] こうして鄭玄の感生帝説は、漢火徳説・漢堯後説という後漢を正統化する論理をも支えていたのである。

以上のように、感生帝説は、六天説により証明される皇帝権力の神秘性を維持し、五行相生説に基づく後漢の正統化を実証していた。それでは、漢のいかなる現実との関わりのなかで、鄭玄の六天説は構築されたのであろうか。

三、漢家の祭天と六天説

後漢「儒教國家」が成立する以前の漢家の祭祀は、雍五時・汾陰后土・甘泉泰畤の三ヵ所への皇帝親祭を中心としており、それは元帝期には「舊儀」として完成していた。[二六] これらの祭祀のうち、もっとも古い雍五時は、高祖劉邦の時に、秦の雍四時に一時を加えて成立したものである。『史記』巻二十八 封禪書に、[二七]

漢 興り、高祖の微なる時、嘗て大蛇を殺す。物有りて曰く、「蛇は、白帝の子なり、而して殺す者は赤帝の子なり」と。高祖 初め起こるや、豐の枌楡の社に禱る。沛を徇へ、沛公と爲り、則ち蚩尤を祠り、鼓旗に釁《ちぬ》る。遂に十月を以て灞上に至り、諸侯と與に咸陽を平らげ、立ちて漢王と爲る。因りて十月を以て年首と爲し、而して色は赤を上ぶ。二年、東のかた項籍を撃ちて還り關に入り、問ふに、「故の秦の時の上帝は何帝を祠るか」と。對へて曰く、「[①]四帝にして、白・青・黄・赤帝の祠有り」と。高祖曰く、「吾 天に五帝有りと聞く、而るに四有るは、何ぞや」と。其の説を知るもの莫し。是に於て高祖曰く、「吾 之を知れり。乃ち我を待ちて五を具ふなり」と。乃ち②黒帝の祠を立て、命じて北畤と曰ふ。有司 進祠するも、上 親らは往かず。悉く故の秦の祝官を召し、復た太祝・太宰を置き、其の故の儀禮の如くせしむ。

とあるように、秦が①四柱（白・青・黄・赤）の上帝を祭っていたことに対して、二一（前二〇五）年、劉邦は上帝は五柱であると述べ、自分を②黒帝として北畤を増設させたという。劉邦は上帝であると自ら宣言した、と『史記』には記録されているのである。実際には、黒をシンボルカラーとする水徳の秦のために、黒帝が空けられていたのであり、劉邦も自ら祭祀を行わず、もとの秦の祝官に祭祀を行わせているように、旧秦地である關中を安定させる施策の一つから生まれた説話であろう。

それでも、劉邦が上帝と自ら宣言したことが『史記』に書かれている影響力は大きい。これが、鄭玄の六天説においても、五天帝が王者の祖と位置づけられる背景となった「現実」であろう。鄭玄は、許愼の感生帝説への批判に反論して、『毛詩正義』巻十七 大雅 生民（二八）に、

異義に、「詩の齊・魯・韓、春秋の公羊説に、『聖人 皆 父無く、天に感じて生まる』と。左氏説に、『聖人 皆 父有り』と。謹しみて案ずるに、堯典に、『以て九族に親しむ』と。卽し堯の母の慶都、赤龍に感じて堯を生まば、堯 安くんぞ九族を得て之に親しまんや。禮讖に云ふ、『唐は五廟なり』と。天に感じて生まれざるを知る」と。玄の聞くや、「諸〻の感生は父無しとするを得、父有れば則ち感生ならずと言ふは、此れ皆 偏見の説なり。商頌に曰く、『天 玄鳥に命じ、降りて商を生ましむ』と。娀簡 訖の子を・み契を生むを謂ふ。是れ聖人の感 經に見ゆるの明文なり。劉媼は是れ漢の太上皇の妻、赤龍に感じて高祖を生む。是れ父有り神に感じて生む者に非ずや」と。

と述べている。感生帝とされる堯に九族があったことを理由に、天に感じて生まれたのではないと説く許愼の『五經異義』に対して、鄭玄は、父があっても感生する証拠として、劉邦の母の劉媼が夫を持ちながら、赤龍に感じて劉邦を生んだことを挙げている。鄭玄は、父を持つ劉邦が、堯と同じように、〔二九〕赤帝赤熛怒の精に感じて生まれた感生帝であることを自説の論拠にしているのである。劉邦が自ら黑帝であることを宣言している以上、漢家は五帝を祭るべきものと鄭玄は考えるであろうし、事実、前漢では五帝の祭祀を行っていた。

劉邦の子である文帝は、十五（前一六五）年夏四月、黄龍出現と豊年を機に、漢家として最初の郊祀を雍五畤で行った（『史記』卷十　文帝紀）。雍五畤の五帝は、ここで初めて天帝として、漢家の祭天を受けたのである。これを継承した武帝は、雍五畤の郊祀に三歳一郊という定期性を付与したほか、さらに天地を一対として祭祀すべく「地祭」河東后土と「太一＝上帝」論に基づく甘泉泰畤を創設した。とりわけ、甘泉泰畤は、雍五畤に代わって前漢郊祀の中核的地位を占めていく（目黒杏子〈二〇〇三〉）。その始まりは、『史記』卷二十八　封禪書に、〔三〇〕

亳人の謬忌　太一を祠る方を奏して曰く、「天神の貴き者は太一なり。太一の佐を五帝と曰ふ。古者　天子　春秋を以て太一を東南の郊に祭り、太牢を用ひ、七日、壇を爲り八通の鬼道を開く」と。是に於て天子　太祝に令して其の祠を長安の東南の郊に立てしめ、常に奉祠すること忌の方の如くす。

とあるように、元光二（前一三三）年、謬忌が雍五畤の「五帝＝上帝」という考えに異を唱え、太一を天神の最高位、五帝をその輔佐と位置づけ、東南の郊で祭ることを勧め、武帝がこれに従ったことにある。しかし、武帝がこれを親祭し、前漢の祭祀の中核に据えていくのは、元鼎五（前一一二）年に方士の公孫卿が甘泉を登仙を果たした黄帝が万物と接した「明廷」と位置づけてからである（『史記』卷二十八　封禪書）。

津田左右吉は、ここに至って、太一は、天・上帝と同一視されると同時に、天空では紫微宮に比定され、神とな

り、宗教的な性質を帯びるようになったとする。[三一]『史記』巻二十七 天官書 および索隠[三二]に、

　中宮は天極星。其の一の明らかなる者は、太一の常居なり。……。
　〔索隠〕案ずるに、春秋合誠圖に云ふ、「紫微は、大帝の室、太一の精なり」と。

とあるように、太一を紫微宮に比定していたものは、緯書の『春秋合誠圖』である。緯書が鄭玄説を支えていたことは、すでに述べたとおりである。鄭玄の六天説において、昊天上帝は、北辰耀魄寶とも呼ばれるように、紫微宮中の座星である北極帝星を実体とし、太一常居・北極大帝とも解されていた。加賀栄治は、鄭玄の六天説について、[三三]

　単に緯書のみに基づいたものではなく、おそらく前漢の高祖の時に五時が成立したこと、および文帝・武帝時代に五時の祭をしたことなど、漢制の実態に根拠をおいて五帝を天帝とし、それに上帝を加えて天帝を六とし、五帝の名称のみを緯書によって名づけたものであろう。

と指摘する。首肯し得る見解である。ただし、上帝は本来、太一であったことを加賀説に追加することができる。鄭玄は、武帝期の甘泉泰時の祭祀の現実を背景に、太一＝昊天上帝と、上帝を輔佐する五帝＝五天帝とを総合して、六天説を形成した。そして、その正しさは、緯書に加えて、劉邦が感生帝であることに求めていたのである。

　前掲のように、『史記』には、劉邦が黑帝と自ら宣言したことと、赤帝の子であることが並記されていた。このため、劉邦が五帝のいずれの感生帝であるかの議論は、後漢にまで持ち越された。『太平御覽』巻九十 皇王部十五 光武皇帝に引く『東觀漢記』[三四]に、

　漢の草創より、徳運・正朔・服色 未だ定まる所有らず。高祖 秦に因り、十月を以て正と爲し、漢を以て水徳とし、北時を立てて黑帝を祠る。孝文に至りて、賈誼・公孫臣 以爲へらく、秦は水徳なれば、漢は當に土徳爲るべしと。孝武に至りて、倪寬・司馬遷、猶ほ土徳に從ふ。上 即位してより、圖讖を案じ、五運を推し、漢を火

徳と爲す。周は蒼にして漢は赤、[三五]水は火を生じ、赤は蒼に代はる、故に上 雒陽に都す。

とあるように、劉邦が黒帝と称したため、漢は、はじめ水徳とされ、文帝期においても五行相勝説に基づき土徳とされていた。武帝期においても、倪寛と司馬遷は、なお土徳に従っていたという。後漢の光武帝が、火徳と定める際に基づいた圖讖については、『史記』巻八 高祖本紀 索隱[三六]に、

詩含神霧に云ふ、「赤龍 女媼を感ぜしめ、劉季 興る」と。

と引用される。『詩經』の感生帝説を踏まえた詩緯の『詩含神霧』により[三七]、劉邦が感生帝であること、および漢が火徳であることは説明された。後漢「儒教國家」において、はじめて感生帝である劉邦の火徳が、緯書に基づき定められたのである。

これを受けて鄭玄は、前掲したように、『駁五經異義』に、「劉媼は是れ漢の太上皇の妻、赤龍に感じて高祖を生む、是れ父有り神に感じて生む者に非ずや」と述べた。鄭玄は緯書を論拠として、劉邦が赤帝赤熛怒の精に感じて生まれた感生帝であることを確信していたのである。

以上のように、鄭玄の六天説は、前漢の祭祀、とりわけ甘泉泰畤の祭祀の現実を背景として構築された。甘泉泰畤の太一が昊天上帝、五帝が五天帝にあたるのである。これの正しさを証明するものが、鄭箋で毛傳を破ってまで主張された感生帝説であった。そして鄭玄は、感生帝説の最終的な正しさを劉邦が感生帝であることに担保した。漢という王朝に生きたという現実は、鄭玄の主張を根底で規定していたのである。

おわりに

『詩經』の原義にあった宗教性は、劉邦が黑帝と称し、赤帝の子とされる『史記』の記述を背景に、鄭玄に感生帝説を主張させた。鄭玄は、さらに武帝期の甘泉泰畤の祭祀の現実を背景として、六天説を構築したが、その正しさもまた感生帝説により証明された。鄭玄は感生帝説の論拠を劉邦に求めたことにより、雍五畤から甘泉泰畤へと繋がる前漢における祭天の現実を無視することができなかったのである。こうして六天説は、『周禮』を中心とする鄭玄の經學を体系化するだけではなく、少昊を含むことにより漢堯後説・漢火德説を正統化し、さらには前漢の祭天の現実をも經學体系の中に取り込む役割を果たしたのである。

鄭玄の經學の体系性は、經典相互の矛盾をなくし、哲学思想の内における総合性を求めるだけではない。漢の現実の中で生まれてきた天の祭祀の現実をも、その射程におさめようとするものであった。こうした意味においても、鄭玄の經典解釈は、漢の經學の集大成と位置づけることができるのである。したがって、後漢の現実の祭祀体系と鄭玄のそれとが異なっていることに対して、鄭玄はそれを正そうとする意思を示すであろう。この問題については、次章で論じることにしたい。

《注》

（一）詩經の文学性を追求する、こうした研究の系譜については、牧角悦子〈二〇〇七〉を参照。

（二）加賀栄治《一九六四》は、鄭玄の經典解釈を「大統一帝国の秩序体系として、その根源を大統一帝国の中心たる王者におき、その王者がついに天神と直結するものにした」と意義づけ、その宗教性の高さを指摘している。なお、鄭玄の生涯とその学問および後世への影響については、藤堂明保〈一九八六〉・耿天勤《二〇〇三》を参照。

（三）案鄭六藝論云、注詩宗毛爲主。毛義若隱略、則更表明。如有不同、卽下己意、使可識別也（『經典釋文』巻五　毛詩音義上）。

（四）鄭玄が『六藝論』の「詩論」で、詩は禮の運用を円滑に行うために作られた、と主張したことについては、間嶋潤一〈一九八二〉を参照。

（五）辺土名朝邦〈一九八〇〉は、鄭箋が毛傳を破る際の理由を⑴構成の均整をめざす・⑵声訓により詩文を改読・⑶三家詩に従う・⑷時制的思考・⑸讖緯に従う、という五種に分類している。

（六）感生帝説については、南昌宏〈一九九二〉が学説史の整理を行っている。

（七）履帝武敏歆、攸介攸止、載震載夙、載生載育、時維后稷。〔毛傳〕履、踐也。帝、①高辛氏之帝也。武、迹。敏、疾也。②從於帝而見于天。將事齊敏也。歆、饗。介、大。攸止、福祿所止也。震、動。夙、早。育、長也。后稷播百穀以利民。〔鄭箋〕云、帝、上帝也。敏、拇也。介、左右也。夙之言、肅也。祀郊禖之時、③時則有大神之迹。姜嫄履之。足不能滿。履其拇指之處、心體歆歆然其左右、所止住、如有人道感己者也。於是遂有身。而肅戒不復御。後則生子而養長。名之曰棄。舜臣堯而擧之。是爲后稷（『毛詩正義』巻十七　大雅　生民）。なお、『詩經』魯頌　閟宮の鄭箋も、后稷の生誕を感生帝説で解釈している。

（八）これに対して、王肅が鄭玄の感生帝説を批判していることについては、渡邉義浩〈二〇〇八a〉を参照。また、歴代の「生民」に対する諸説については、劉毓慶（等編）《二〇〇六》にまとめられている。

（九）正義曰、鄭以、此及玄鳥、是說稷以迹生、契以卵生之經文也。④河圖曰、姜嫄履大人迹、生后稷。⑤中候稷起云、蒼耀稷生感迹昌。……⑥（鄭箋）意以爲非帝嚳之妃。⑦史記嚳以姜嫄爲妃、是生后稷。明文皎然。……（『毛詩正義』巻十七　大雅　生民）。

（一〇）感生帝説が緯書に多くみられ、その根本には漢の高祖の神権性と火德の主張があることについては、安居香山〈一九七九a〉を参照。

(一一) 鄭玄の『尚書中候』への注、および同書における周の受命については、間嶋潤一〈一九九七〉を参照。

(一二) 鄭玄が依拠した三家詩もまた、緯書に基づいていることは、大川尚節《一九三七》を参照。また、鄭玄が三禮注に三家詩を用いたことについては、大川著書のほか、王秀臣《二〇〇七》も論証している。なお、毛傳と鄭箋との関係については、文幸福《一九八九》、梁錫鋒《二〇〇五》があり、兩漢の三家詩については、趙茂林《二〇〇六》もある。

(一三) 天命玄鳥、降而生商。宅殷土芒芒。〔毛傳〕玄鳥、鳦也。春分、玄鳥降。湯之先祖有娀氏女簡狄、配高辛氏帝。帝率與之祈于郊禖而生契。故本其爲天所命、以玄鳥至而生焉。芒芒、大貌。〔鄭箋〕云、降、下也。天使鳦下而生商者、謂鳦遺卵、娀氏之女簡狄吞之而生契（『毛詩正義』巻二十　商頌　玄鳥）。

(一四) 間嶋潤一〈一九八五a〉は、毛傳が郊禖を祀天の祭祀として認定することを重視し、毛傳もまた后稷の出生を宗教的・神秘的な次元で捉えようとしている、と述べる。なお、郊禖については、池田末利〈一九六五〉を参照。

(一五)『詩經』商頌　長發でも、鄭箋は感生帝説により、契の生誕を説明している。

(一六) 玄鳥、祀高宗也。〔鄭箋〕祀當爲祫、祫合也。……崩而始合祭於契之廟、歌是詩焉。古者君喪、三年既畢、禘於其廟、而後祫祭於太祖。明年春、禘于羣廟。自此之後、五年而再殷祭。一禘一祫、春秋謂之大事（『毛詩正義』巻二十　商頌　玄鳥）。

(一七) 池田秀三〈二〇〇七〉を参照。なお、『魯禮禘祫義』にみえる鄭玄の禘祫論については、間嶋潤一〈一九八五b〉を参照。

(一八) 祭法。有虞氏禘黃帝而郊嚳、祖顓頊而宗堯。夏后氏亦禘黃帝而郊鯀、祖顓頊而宗禹。殷人禘嚳而郊冥、祖契而宗湯。周人禘嚳而郊稷、祖文王而宗武王。〔鄭注〕禘・郊・祖・宗、謂祭祀以配食也。①此禘、謂祭昊天於圜丘也。②祭上帝於南郊曰郊、祭五帝・五神於明堂曰祖・宗。祖・宗通言爾。下有禘・郊・祖・宗（『禮記注疏』巻四十六　祭法）。

(一九) このほか鄭玄は、祖・宗を明堂總享と解釈する。こうした鄭玄の理解に対して、王肅は禘を宗廟の大祭とする。鄭玄の祭天思想については、間嶋潤一〈一九八七〉を、歴代の郊祀制度については、小島毅〈一九八九〉を参照。

(二〇) 禮、不王不禘。王者禘其祖之所自出、以其祖配之。〔鄭注〕凡大祭曰禘。自、由也。③大祭其先祖所由生謂郊。祀天也。④王者之先祖、皆感大微五帝之精以生。蒼則靈威仰、赤則赤熛怒、黃則含樞紐、白則白招拒、黑則汁光紀。皆用正歲之正月郊祭之。蓋特尊焉。⑤孝經曰郊祀后稷以配天、配靈威仰也。宗祀文王於明堂以配上帝、汎配五帝也（『禮記注疏』巻三十四　大傳）。

（二一）五帝をはじめとして、鄭玄が緯書により經學を体系化し、『六藝論』に「六藝は圖の生ずる所なり」とあるように、鄭玄の学問・思想の根本理念である六藝の一体観が、緯書によってもたらされていることについては、池田秀三〈一九八三〉を参照。

（二二）鄭玄が『周禮』を中心に、各經典を体系づけた方法については、加賀栄治《一九六四》を参照。

（二三）鄭注中候勅省圖、以伏犧・女媧・神農三代爲三皇、以軒轅・少昊・高陽・高辛・陶唐・有虞六代爲五帝。德合北辰者皆稱皇、感五帝座星者皆稱帝。故三皇三而五帝六也（『毛詩正義』詩譜序）。

（二四）このことは、南沢良彦〈一九九二〉に指摘されている。

（二五）かかる五帝の説は本来、劉歆により『春秋左氏傳』に基づき主張され、賈逵ら左傳學派により継承されていたものであることについては、本書第一章を参照。

（二六）目黒杏子〈二〇〇三〉は、前漢の元帝期に「舊儀」とされていた漢家の祭祀の詳細を解明するとともに、それらを様々な世界観・祭祀論を豊かに取り入れて創出されたものと意義づけている。

（二七）漢興、高祖之微時、嘗殺大蛇。有物曰、蛇、白帝子也、而殺者赤帝子。高祖初起、禱豐枌榆社。徇沛、爲沛公、則祠蚩尤、釁鼓旗。遂以十月至灞上、與諸侯平咸陽、立爲漢王。因以十月爲年首、而色上赤。二年、東擊項籍而還入關、問、故秦時上帝祠何帝也。對曰、①四帝、有白・青・黃・赤帝之祠。高祖曰、吾聞天有五帝、而有四、何也。莫知其說。於是高祖曰、吾知之矣。乃待我而具五也。②乃立黑帝祠、命曰北畤。有司進祠、上不親往。悉召故秦祝官、復置太祝・太宰、如其故儀禮（『史記』巻二十八　封禪書）。

（二八）異義、詩齊・魯・韓、春秋公羊說、聖人皆無父、感天而生。左氏說、聖人皆有父。謹案、堯典、以親九族。即堯母慶都、感赤龍而生堯、堯安得九族而親之。禮讖云、唐五廟。知不感天而生。玄之聞也、諸言感生得無父、有父則不感生、此皆偏見之説也。商頌曰、天命玄鳥、降而生商。謂娀簡吞鳦子生契。是聖人感見於經之明文。劉媼是漢太上皇之妻、感赤龍而生高祖。是非有父感神而生者也（『毛詩正義』巻十七 大雅 生民）。

（二九）『隷釋』巻一に著録される「帝堯碑」も「成陽靈臺碑」も、堯を感生帝と理解している。後者の祭祀と後漢国家との関係については、渡邉義浩《一九九五》を、また漢家の故事については、本書第三章を参照。

（三〇）亳人謬忌奏祠太一方曰、天神貴者太一。太一佐曰五帝。古者天子以春秋祭太一東南郊、用太牢、七日、爲壇開八通之鬼道。於是天子令太祝立其祠長安東南郊、常奉祠如忌方（『史記』巻二十八 封禪書）。

（三一）津田左右吉〈一九二四〉。また、福永光司〈一九七四〉は、馬融が『尚書』の解釈の中で、上帝を太一としていたことを指摘している。

（三二）中宮天極星。其一明者、太一常居也。……。〔索隱〕案、春秋合誠圖云、紫微、大帝室、太一之精也（『史記』巻二十七 天官書・索隱）。

（三三）加賀栄治《一九六四》一一三頁。

（三四）自漢草創、德運・正朔・服色未有所定。高祖因秦、以十月爲正、以漢水德、立北畤而祠黑帝。至孝文、賈誼・公孫臣以爲、秦水德、漢當爲土德。至孝武、倪寬・司馬遷、猶從土德。自上卽位、案圖讖、推五運、漢爲火德。周蒼漢赤、水生火、赤代蒼、故上都雒陽（『太平御覽』巻九十 皇王部十五 光武皇帝に引く『東觀漢記』）。

（三五）底本とした四部叢刊本『太平御覽』も、呉樹平《一九八七》も、「水生火」につくるが、福井重雅〈二〇〇〇a〉の指摘するように、「木生火」につくるべきであろう。

（三六）詩含神霧云、赤龍感女媼、劉季興（『史記』巻八 高祖本紀 索隱）。このほか、『春秋握誠圖』に、「春秋握成圖云、劉媼夢赤鳥如龍戲己、生執嘉」（『史記』巻八 高祖本紀 正義）・「春秋握成圖曰、執嘉妻含始、游雒池、赤珠出、刻曰、玉英吞此者爲王客、以其年生劉季、爲漢皇」（『太平御覽』巻一百三十六 皇親部二）という二例が見られる。安居香山〈一九七九b〉を参照。

（三七）詩緯が齊詩と関連しながら、元帝・成帝期以降に成立したことについては、安居香山〈一九七九b〉を参照。

第六章　兩漢における天の祭祀と六天說

はじめに

兩漢時代に創りあげられた天の祭祀は、君主權の正統性を示すものとして、中国前近代の国家に継承され続けた。しかし、前漢と後漢とでは、君主により行われた天の祭祀儀禮は大きく異なる。その差異は、後漢における「儒教國家」の形成に起因すると考えられるが、後漢は「漢家の故事」として尊重すべき前漢以来の天の祭祀と儒教の經義とをどのように擦り合わせたのであろうか。

また、中国の君主は、天との関わりの中で天子という爵位を使用するだけではなく、皇帝という正号を有している。この二つの君主号は、それぞれどのような正統性を君主に付与し、天といかなる関係を持つのであろうか。さらに、後世の經學に大きな影響を与えた後漢末の鄭玄は、六天說と呼ばれる独自の天觀念を創出したが、後漢のいかなる現実を背景としながら、何を目的として、鄭玄はかかる特異な天觀念を主張したのであろうか。

本章は、かかる諸問題に答えることにより、中国古代国家における天の祭祀を支えた理念と現実との関係を追究していくものである。

一、兩漢における天の祭祀

漢代における天の祭祀は、劉邦の子である文帝が、十五（前一六五）年夏四月、黄龍の出現と豊年を機に、秦の泰時四帝を継承して雍五時で五帝を祀ったことに始まる。(一) 翌年、文帝は渭陽五帝廟という独自の上帝祀場を創設したが、ともに一度限りの祭祀に止まり、景帝も中元六（前一四四）年に、雍五時の祭祀を行っただけである。

天を本格的に祀ることを始めた武帝は、雍五時の祭祀に三歳一郊という定期性を附与したほか、天地を一対として祭祀すべく「地祭」河東后土と「太一＝上帝」論に基づく甘泉泰時とを創設した。このうち、甘泉泰時は、雍五時に代わって前漢における天の祭祀の中核的地位を占めていく（目黒杏子〈二〇〇三〉）。武帝が甘泉泰時を尊重したのは、『史記』巻二十八 封禪書に、(二)

其の秋、上 雍に幸し、且に郊せんとす。或るひと曰く、「五帝は、太一の佐なり。宜しく太一を立てて上 親ら之を郊すべし」と。上 疑ひて未だ定めず。齊人の公孫卿曰く、「今年 寶鼎を得、其の冬 辛巳朔旦は冬至なれば、黄帝の時と等し。……」と。……「黄帝 雍に上帝を郊し、宿すること三月。鬼臾區をば大鴻と號し、死して雍に葬る。故の鴻冢 是なり。其の後 黄帝 萬靈に明廷に接はる。明廷なる者は、甘泉なり。……」と。

とあるように、元鼎五（前一一二）年、方士の公孫卿が、登仙を果たした黄帝がすべての神靈と交接した「明廷」と甘泉を位置づけたためである。黄帝は、天地開闢後の混沌状態に出現して、人類に社会生活の指針を与えたと、戰國齊を中心とした黄老思想で仮託され、『史記』の五帝本紀では五帝の筆頭とされた存在である。(三) 方士は、戰國末から漢初にかけて、齊燕の地を主たる足場とし、鄒衍の思想学術に付会し、怪迂にして阿諛苟合を事とする知識人層である。(四) 武帝期の天の祭祀が、儒教とは関わりなく、黄老思想に基づき方士の手により行われていたことが分かる。

そうした天の祭祀に対して、儒教に基づき異議を唱えた者が、成帝即位時の丞相の匡衡である。『漢書』巻二十五下 郊祀志下に、[五]

成帝 初めて位に卽くや、丞相の（匡）衡・御史大夫の（張）譚 奏言すらく、「帝王の事は、天の序を承くるより大なるは莫く、天の序を承くるは、郊祀より重きは莫し。故に聖王 心を盡くし慮を極めて、以て其の制を建つ。天を南郊に祭るは、陽に就くの義なり。地を北郊に瘞するは、陰に卽くの象なり。……甘泉泰畤・河東后土の祠は、宜しく長安に徙置す可く、古の帝王に合すべし。願はくは群臣と與に議定せん」と。奏は可とせらる。

とあるように、匡衡は張譚と共に、帝王の最も重要な任務が天の秩序を受けるための郊祀にあるとし、天を都の南郊外に祀るという儒教に基づく郊祀制度を実現すべしと主張した。ただし、小島毅〈一九八九〉の指摘するように、この上奏には儒教經典の典拠がなく、武帝の封禪時にも露呈していた、儒教による天の祭祀に関する經義整備の遅れをここにも見ることができる。

それでも成帝は、この上奏に基づき、建始元（前三二）年、雍五畤・甘泉泰畤・河東后土の三祀を廃止して、長安に南北郊を設けた。ところが、成帝に皇子が得られず、また天変地異が続いたこともあって、長安の南北郊は興廃を繰り返した。それに終止符を打った者が、平帝の大司馬の王莽である。『漢書』巻二十五下 郊祀志下に、[六]

平帝の元始五年、大司馬の王莽 奏言すらく、「王者は天に父事す、故に爵 天子と稱す。孔子曰く、『①人の行ひは孝より大なるは莫く、孝は父を嚴《たふと》ぶより大なるは莫く、父を嚴ぶは天に配するより大なるは莫し』と。王者は其の考を尊びて、以て天に配せんと欲し、考の意に緣り、祖を尊ばんと欲し、推して之を上せ、遂に始祖に及ぼす。是を以て②周公は后稷を郊祀して以て天に配し、文王を明堂に宗祀して以て上帝に配す。③禮記に、『天子は天地及び山川を祭り、歳ごとに徧し』と。④春秋穀梁傳に、『十二月下辛を以て卜し、正月上辛に郊す』と。

……皆曰く、『宜しく建始の時の丞相〔匡〕衡らの議が如く、長安の南北郊を復すること故の如くせん』と」と。

とあるように、王莽は、天子という称号により表現される君主の地位が、天との擬似的な父子関係に支えられていることを①『孝經』聖治章を典拠に、孝を媒介として証明したのである。そして、同じく②『孝經』聖治章に基づき、周における配侑を示し、③『禮記』曲禮下と④『春秋穀梁傳』哀公元年条を引用して、その正統性を經義により証明した。こうして王莽は、儒教に基づく郊祀を確立した、と評価されてきた。[七]

王莽が確立した郊祀壇の具体像は、『續漢書』志七　祭祀上注引『三輔黃圖』に伝えられる。詳細は目黒杏子〈二〇〇六〉に譲るが、行論との関わりで注目される郊祀壇の特徴は、円形で八方に階段のある上帝壇のまわりに五帝の壇があり、それぞれの方角より中央の上帝壇を囲繞していることである。目黒杏子〈二〇〇六〉が指摘するように、これは甘泉泰畤の継承と考えてよい。武帝に仕えた方士の謬忌が上奏した、五帝を「太一の佐」とする観念が受容されているのである（本書第五章を参照）。王莽は、上奏文中において、『漢書』巻二十五下　郊祀志下に、[八]

今 天神を稱して①皇天上帝泰一と曰ひ、兆を泰畤と曰ふ。而るに地祇を稱して后土と曰ふは、中央の黃靈と同じ。又 北郊に兆するも未だ尊稱有らず。宜しく地祇をして皇墬后祇と稱し、兆を廣畤と曰はしむべし。易に曰く、「方は類を以て聚まり、物は群を以て分かつ」と。群神を分かつに類を以て相 從へ五部と爲し、天墬の別神を兆す。中央の②帝黃靈后土の時及び日廟・北辰・北斗・塡星・中宿中宮を長安城の未墬の兆に於てす。東方の②帝太昊青靈勾芒の時及び雷公・風伯廟・歲星・東宿東宮を東郊の兆に於てす。南方の②炎帝赤靈祝融の時及び熒惑星・南宿南宮を南郊の兆に於てす。西方の②帝少皞白靈蓐收の時及び太白星・西宿西宮を西郊の兆に於てす。北方の②帝顓頊黑靈玄冥の時及び月廟・雨師廟・辰星・北宿北宮を北郊の兆に於てす。

と述べるように、上帝を①「皇天上帝泰一」と称している。儒教的な「皇天上帝（昊天上帝）」と黄老的な「泰一」とを融合しているのである。また、雍五時以来の伝統を持つ五帝にも、②「帝黄靈后土」「帝太昊青靈勾芒」「炎帝赤靈祝融」「帝少皞白靈蓐收」「帝顓頊黑靈玄冥」という名称を与えながら、それぞれの兆域を定めている。成帝期に、雍五時・甘泉泰時・河東后土の三祀を廃止したのち天変地異が続き、南北郊が興廃したという経緯を踏まえ、王莽は、儒教の經義だけではなく、武帝期に盛んであった黄老思想に基づく方士の祭天思想をも併せ用いているのである。王莽の時に、儒教に基づく天の祭祀が行われたことは間違いない。ただし、儒教の經義にのみすべて従う祭祀であったわけではないことには留意したい。「儒教國家」は未だ王莽期には形成されていないのである。

　後漢を建国した光武帝劉秀は、建武二（二六）年に郊祀を行う際、「元始の故事」として王莽の祭天儀禮を受け継ぎながらも、少しくそれに改定を加えた。『續漢書』志七 禮儀志に、[九]

　（建武）二年正月、初めて郊兆を雒陽城の南七里に制し、鄗に依り、元始中の故事を采る。圓壇八陛を爲り、中に又 重壇を爲り、天地は其の上に位し、皆 南鄉し、西を上とす。其の外壇の上に五帝の位を爲る。青帝の位は甲寅の地に在り、赤帝の位は丙巳の地に在り、黃帝の位は丁未の地に在り、白帝の位は庚申の地に在り、黑帝の位は壬亥の地に在り。其の外に壝を爲り、重營は皆 紫にして、以て紫宮に像る。

とあるように、円形で八方に階段のある壇の中に二重の壇をつくり、天と地を上に、五帝を外に祀ったのである。ここでは五帝は、それぞれ色により呼ばれ、四時の循環を象徴する五行を掌るものとして祀られている。[一〇]王莽が上奏文の中に述べた、黃帝（軒轅氏）・太昊（伏羲氏）・炎帝（神農氏）・少皞（金天氏）・顓頊（高陽氏）という人帝としての名は記されていない。しかし、五帝はけっして上帝として祀られているわけではない。王莽の「元始の故事」も、光武帝の郊祀も、五帝を五行を掌る人帝と位置づける点では共通する。祭祀の細部に多少の違いはあっても、光武帝は

「元始の故事」を継承したと『續漢書』が評する所以である。

光武帝は、公孫述を打倒したのち、高帝の配食を行うなどの増祀を行い、祭祀の改定を続けた。それでも儒教に基づく「元始の故事」は、基本的には受け継がれ、白虎觀會議でそれは承認される。會議の結果をまとめた『白虎通』の郊祀篇は失われたが、『北堂書鈔』巻九十　禮儀部十一に引く逸文に、(一一)

王者　天を祭る所以は何ぞや。父に事ふるに縁りて以て天に事ふるなり。

とある。天と天子が、父と子と同じように孝によって結びつく、という『孝經』聖治章の考え方に基づく郊祀の理念は、白虎觀會議で承認された。こうして後漢における天の祭祀は、光武帝期に定められた郊祀制度が継承されていくのである。

以上のように、兩漢における天の祭祀は、秦の泰畤四帝を継承する(1)雍五畤と、武帝期に中心とされた(2)太一と五帝を祀る甘泉泰畤という非儒教系の祭祀から、成帝期を画期として王莽による(3)南北郊の確立とその「元始の故事」を基本的には継承した(4)後漢の郊祀という儒教系の祭祀へと、大きく展開した。ただし、(1)・(2)の非儒教系の祭祀は、儒教系の祭祀により放逐されたわけではなく、五人帝の祭祀として(3)・(4)儒教系の祭祀でも継承されていた。後漢の祭天儀禮は、(3)・(4)儒教系を上に置き、(1)・(2)非儒教系を下にする型で、「元始の故事」を継承していたのである。したがって、王莽時より残る儒教經義を典拠としない五人帝の祭祀は継続された。これに対して、鄭玄は、緯書を典拠とする六天説を打ち立てて、猛然とこれに反論する。

二、鄭玄の六天説と緯書

漢の經學を集大成した鄭玄は、六天説と呼ばれる独自の天の観念に基づき、南郊と圜丘とを併存させる祭天儀禮を主張した。[一二] 六天説とは、至高神である昊天上帝のほかに、五行を主り、歴代の王者の受命帝となる蒼帝靈威仰（木を主る）・赤帝赤熛怒（火を主る）・黄帝含樞紐（土を主る）・白帝白招拒（金を主る）・黑帝汁光紀（水を主る）の五帝（五天帝）という、六種類の天帝を想定する思想である。鄭玄は六天説に基づき、天の祭祀を二つに分け、⑴昊天（昊天上帝）を圜丘に祭り（圜丘祀天）、⑵上帝（五天帝）を南郊で祭る（南郊祭天）べきだとするのである。こうした鄭玄の六天説が、感生帝説に支えられていることはすでに本書第五章で論じたので、本章では、六天説の論拠とされている緯書に現れる天の思想と六天説、そして後漢における現實の祭祀との関係を検討したい。

後漢の南郊で祀られる五帝が、王莽のそれと同様、人帝と考え得ることは、一で論じたとおりである。しかし、緯書では、五帝は人帝ではなく天帝であるとする。『太平御覽』巻七十六　敍皇王上に、[一三]

> 尙書緯に曰く、「帝なる者は天の號、王なる者は人の稱なり。天に五帝有りて、以て名を立つ。人に三王有りて、以て度を正す。天子は爵稱なり、皇なる者は煌煌なり」と。

とある。安居香山・中村璋八によれば、ここでの尙書緯は、『尙書璇璣鈐』である。[一四]『隋書』巻三十二　經籍志一に、「尙書緯　三卷、鄭玄注、梁に六卷あり」と著録されるように、鄭玄は『尙書緯』に注をつけ、[一五] その内容を熟知していた。そこでは、帝とは天の號であり、天には五帝があるとされていた。その名は、『禮記注疏』巻五　曲禮に、[一六]

> 春秋緯文耀鉤に云ふ、「蒼帝を靈威仰と曰ひ、赤帝を赤熛怒と曰ひ、黄帝を含樞紐と曰ひ、白帝を白招拒と曰ひ、黑帝を汁光紀と曰ふ」と。

とあるように、『春秋文耀鉤』によって、それぞれ定められていた。

後漢における儒教經義において、緯書が重要な役割を果たしたことは、後漢「儒教國家」の經義を定めた白虎觀會議の内容を班固がまとめた『白虎通』の帝號に関する議論が、緯書を論拠としていることからも窺い得る。天子號と皇帝號が併存することについて、『白虎通』號には、[一七]

> 或いは天子と稱し、或いは帝王と稱するは何ぞや。以爲へらく、上に接して天子と稱する者は、爵を以て天に事ふるを明らかにするなり。下に接して帝王と稱する者は、位號 天下至尊の稱もて、以て臣下に號令するを明らかにするなり。

とある。皇帝（ここでは帝王）が、功によってその地位に就き、臣下に号令する者と規定されることに対し、天子は「天に事ふる」「天の子」であるとされる。また、『太平御覽』巻七十六　敍皇王上に、[一八]

> 孝經鉤命訣に曰く、「三皇は步、五帝は驟、三王は馳、五霸は鶩。或いは天子と稱し、或いは帝王と稱す。何を以て言を爲すや。上に接して天子と稱するは、爵を以て天に事ふるを明らかにするなり。下に接して帝王と稱するは、以て臣下に號令するを明らかにするなり」と。

とあるように、『白虎通』で皇帝と天子との違いを述べている部分の典拠は、『孝經鉤命決』という孝經緯に置かれていた。こうした漢の經學を集大成したがゆえに、鄭玄の經典解釈も、緯書を中心に置いていた。池田秀三〈一九八三〉は、鄭玄の学問・思想の根本理念たる六藝の一体感は全面的に緯書によってもたらされ、彼の学問的営為は、結局のところすべて緯書の上に築かれていると言うも過言ではない、としている。それなのに、緯書の規定と後漢の現実の祭祀とは一致していなかった。現実の祭祀は、「漢家の故事」をも継承しているからである（本書第三章参照）。緯書では、五帝が天とされているにも拘らず、後漢の現実では、五帝を天として祭っていた非儒教系の祭祀は、人帝として昊天上帝の下に置かれていた。これでは、緯書の規定とは合致しない。

こうした現状に鑑みて、緯書に基づいて構築した祭天思想が六天説であり、それにより鄭玄は漢を正そうとしたのである。後漢末の戦乱期に生きた鄭玄は当初、漢の改革を目指していた。黄巾の乱による混乱の中で、董卓に仕えて漢の禮制を正そうとしていた蔡邕が、董卓を打倒した王允と呂布に殺されると、「漢の世の事、誰と與に之を正さん」(『後漢書』列傳五十下　蔡邕傳)と、鄭玄は呻いた。しかし、七十一歳のとき、袁紹の座に招かれ、茂才に挙げられ左中郎將に表された鄭玄は、結局就官はせず、官渡の戦いの際に、袁譚の出迎えを受けて官渡に向かうものの、道中で病篤く、建安五(二〇〇)年、七十四歳でこの世を去る(『後漢書』列傳二十五　鄭玄傳)。

金谷治〈一九七八〉は、鄭玄が政界に出なかったのは、現実の社会や政治に対する無関心がそうさせたのではなく、むしろ当時の不安定な政情と、自らの才能を尽くすに足るだけの王朝の実力がないこととによって、あえて選んだ道であった、とする。鄭玄は漢ではなく、新たなる世界のために、自らの經學を体系化した。鄭玄は『春秋』の「獲麟」を漢のためと理解しない。『春秋左傳正義』巻一　春秋序[一九]に、

> 鄭玄の六藝論に云ふ、「孔子　既に西のかた狩して麟を獲、自ら素王と號す。後世の受命の君の爲に、明王の法を制す」と。

とあるように、鄭玄は孔子が素王であることを認めながらも、後世の受命の君を漢に特定しない。鄭玄が批判した何休は、『春秋公羊解詁』哀公十四年の「春秋の義を制して、以て後聖を俟つ(制春秋之義、以俟後聖)」という傳文に、「聖漢の王　以て法と爲すを待つなり(待聖漢之王以爲法)」と注を付けている(『春秋公羊傳』巻二十八　哀公十四年)。素王である孔子が、後世の「聖漢」のために、真の王者たるべきものの法を『春秋』において指し示すと理解しているのである(本書第一章)。鄭玄には、かかる漢への思い入れは認められない。革命は目前に迫っていた。そうした中で

鄭玄は、太平を希求する。敦煌本『論語鄭氏注』では、舜と周の武王との優劣を、太平を致したか否かにより定めている（金谷治〈一九七八〉）。太平がもたらされるのであれば、革命は、そして漢の滅亡は、是認されねばならない。

鄭玄の經學の目的は、[20]革命を可能にする六天説の正しさを感生帝説を通じて実証し、漢に代わる新たな天下の規範を準備することにあった。漢のために孔子が『春秋』を著したように、自らが後王のために、經典に注を付けていく。こうした中で創設された鄭玄の六天説が、漢の祭祀との関係において、いかなる天を指向したのか、を考察する前提として、漢の君主の二つの称号である皇帝と天子を『禮記』禮運篇にまとめられる君主と天との関係の中で検討しておこう。

三、皇帝・天子と天下爲公・天下爲私

漢代以降の中国の君主が、皇帝・天子という二つの君主號を持ち、前漢の後半期以降、皇帝は国内政治に用いられ、天子は蠻夷および祭祀のために用いられるようになる、という機能分担を明らかにしたのは、西嶋定生であった。[21]しかし、西嶋定生〈一九七〇〉が、皇帝の字義を「煌〻たる上帝」と解釈したことには無理がある。昊天上帝という字句の初出は、『詩經』大雅 雲漢であるが、同じく『詩經』大雅 皇矣は、

皇矣上帝　臨下有赫　　皇《おほい》なるかな上帝　下に臨みて赫たる有り

という字句より始まる。「皇帝」の「帝」が「上帝」であるならば、「皇帝」という称号は、何よりも『詩經』大雅皇矣を、最も直接的な典拠としよう。だが、秦の始皇帝が、儒教經典を典拠に、皇帝號を定めるはずはない。『史記』巻六 秦始皇本紀に、[22]

秦 初めて天下を幷す。丞相・御史に令して曰く、「……寡人 眇眇の身を以て、兵を興し暴亂を誅す。宗廟の靈に賴り、六王 咸 其の辜に伏し、天下 大いに定まる。今 名號 更めずんば、以て成功に稱《かな》ひ、後世に傳ふる無し。其れ①帝號を議せよ」と。丞相の綰・御史大夫の劫・廷尉の斯ら皆 曰く、「昔者 五帝は地 方千里、其の外に侯服・夷服あり。諸侯 或いは朝し或いは否ざるも、天子 制する能はざりき。今 陛下 義兵を興し、殘賊を誅し、天下を平定す。海內は郡縣と爲り、法令は一統に由る。上古より以來、未だ嘗て有らず、②五帝も及ばざる所なり。臣ら謹みて博士と議して曰く、『古に③天皇有り、地皇有り、泰皇有り、泰皇 最も貴し。臣ら昧死して尊號を上り、王を泰皇と爲さん。命を制と爲し、令を詔と爲し、天子 自ら稱して朕と曰はん』と」と。王曰く、「泰を去り、皇を著け、上古の④帝位の號を采り、號して皇帝と曰はん。他は議の如くせよ」と。制して曰く、「可なり」と。

とあるように、始皇帝が諮問した①「帝」號は、「上帝」としてのそれではなく、②「五帝」も及ばないような者につける「帝」號である。浅野裕一〈一九八四〉が説くように、皇帝は③三皇に匹敵するような④帝と理解すべきであろう。そもそも、本章の問題関心から言えば、皇帝が西嶋説のごとく「煌々たる上帝」であれば、天を祀り、封禪を行う必要はあるまい。始皇帝が創設した皇帝號は、五帝を起源とする非儒教系(二三)の称号であると言えよう。

これに対して、天子は、天より選ばれた「元子」が支配者になる、という周を起源とする概念である。(二四)周を尊重してきた儒家により理論づけがされていく儒教系の称号であると言えよう。儒教によれば、天子は、受命者の称号であり、天地の神々への自称である。その地位は祖霊や上帝によって認証される。一方、皇帝は、統治者の称号であり、帝国内部・自己の祖先への祭祀の際に用いられる。その地位は、前任者の皇帝もしくは前皇帝の嫡妻の任命による。皇帝號は人に支えられる称号であるため、宗廟の祭祀、すなわち天ではなく、人神の祖先を祭る際の称号となる。唯一即位の時だけ、皇帝として天を祭るのは、天子はあくまで天に認められる支配者であるため、最初に承認されるまでは、天子號を使うことが不可能だからなのである（本書第七章参照）。

渡辺信一郎〈二〇〇三〉によれば、このような君主権力の二重性を証明するために、二つの説明原理が用いられた。第一は、天からの受命という権力の由来と正統性の説明であり、それは天子としての王権の説明につらなる。第二は、王朝の創始者・受命者からの血統による権力継承という説明であり、これは皇帝としての王権にかかわる。

この二つの説明原理を端的に述べる經典が『禮記』である。『禮記』禮運に[二五]、

> 大道の行はれしや、❶天下を公と爲し、賢を選び能に與し、講ずること信にして脩むること睦なり。〔注。公は猶ほ共のごときなり。❶位を禪りて聖に授け、之を家せざるなり。睦は、親なり〕故に人 獨り其の親を親とせず、獨り其の子を子とせず。〔注。孝慈の道 廣きなり〕……是を大同と謂ふ。今 大道 既に隱れ、❷天下を家と爲す。〔注。❷位を子に傳ふ〕……禹・湯・文・武・成王・周公は、此を由《もち》ひて其れ選《すぐ》れたり。……是を小康と謂ふ。

とある。理想とされる大同の世の❶「天下を公と爲す」とは、鄭玄注にあるように、天子の地位を「家」で世襲することなく、天下の有德者に禪讓することにより、天下の公共性を保つことである。これは、天からの受命という権力の由来の説明により、❶天子としての正統性を示すもので、天子は德の証明のため絶えず天の祭祀を挙行し、宇宙・天地と人間社会との調和を図り、天命の永続を祈り上げる。

これに対して、小康の世とされる❷「天下を家と爲す」とは、鄭玄注にあるように、天子の地位を世襲により子に伝えることであり、その正統性は王朝の創始者・受命者からの血統による権力継承により示される。具体的には、❷皇帝としての王権が行う創業者とその継承者を祭る宗廟祭祀の挙行を通じて、自らの権力の淵源を確認し得ることに

なる。

渡辺信一郎〈二〇〇三〉は、❶天に由来する天下の絶対的公共性が、❷私的な家系・血統によって実力で担われることの矛盾を鋭く指摘する。そして、論理的には明らかに矛盾し、前漢後期の政治的動向の中では微妙な関係に置かれていた「天下爲公」「天下はすなわち天下の天下」と「天下爲家」「天下は高祖の天下」とは、前漢末の禮制改革のなかで、前漢最末期の元始五（五）年に成立した南郊祭天儀禮によって、最終的に止揚された、とするのである。すなわち、南郊祭天儀禮の挙行に際し、主神たる昊天上帝、すなわち天に対して王朝創業者（高祖・太祖など）を配祀することで、矛盾はイデオロギー的には止揚される。この止揚を媒介するものは、祭るということを通じて表現される、天子＝皇帝による孝の実践である。つまり、南郊祭天が、『孝經』の理念により行われることで、矛盾は解決した、とするのである。

果たして、矛盾は解決したのであろうか。少なくとも、現実の後漢の祭祀において矛盾が解決していると、鄭玄は考えなかったのではないか。『孝經』聖治章には、[二六]

> 子曰く、「天地の性は、人を貴しと爲す。人の行ひは、孝より大なるは莫し。孝は父を嚴《たふと》ぶより大なるは莫し。父を嚴ぶは配に天するより大なるは莫し。則ち周公 其の人なり。昔者 周公は后稷を郊祀して以て天に配す。文王を明堂に宗祀して以て上帝に配す。是を以て四海の內、各〻其の職を以て來り助祭す。夫れ聖人の德、又何を以て孝に加へんや」と。

とある。『孝經』で孔子が述べるように、周公が天を郊祀する際に、后稷を配祀することは、最大の孝となる。しかし、それは天と天子との関係が正しく認識されている場合である。

後漢における郊祀の現実では、天は昊天上帝のみであるから、昊天上帝を郊祀する。これは、❶天子による天（昊天上帝）の祭祀であるが、天子と天との間には、直接的な父子関係があるわけではない。天子は臣称して天を祀るように、両者の関係は、孝により結ばれる父子関係ではなく、忠により結ばれるべき君臣関係である。そこに『孝經』で言えば后稷、後漢の現実では高祖劉邦を配祀する。後漢の皇帝は高祖劉邦の子孫であるため、❷皇帝による祖先の祭祀であり、劉邦と皇帝との間には、孝を設定できる。しかし、❶と❷とが孝により接合されることはない。❶昊天上帝と❷高祖劉邦とは、父子の関係にはないためである。すると、❶の枠内において天と天子が君臣関係で、❷の枠内において高祖と皇帝が祖と子孫の関係で、それぞれ結ばれるだけであり、❶と❷が、孝を媒介として結ばれることはないのである（図一参照）。

［図一　後漢の郊祀における天・受命者・天子］

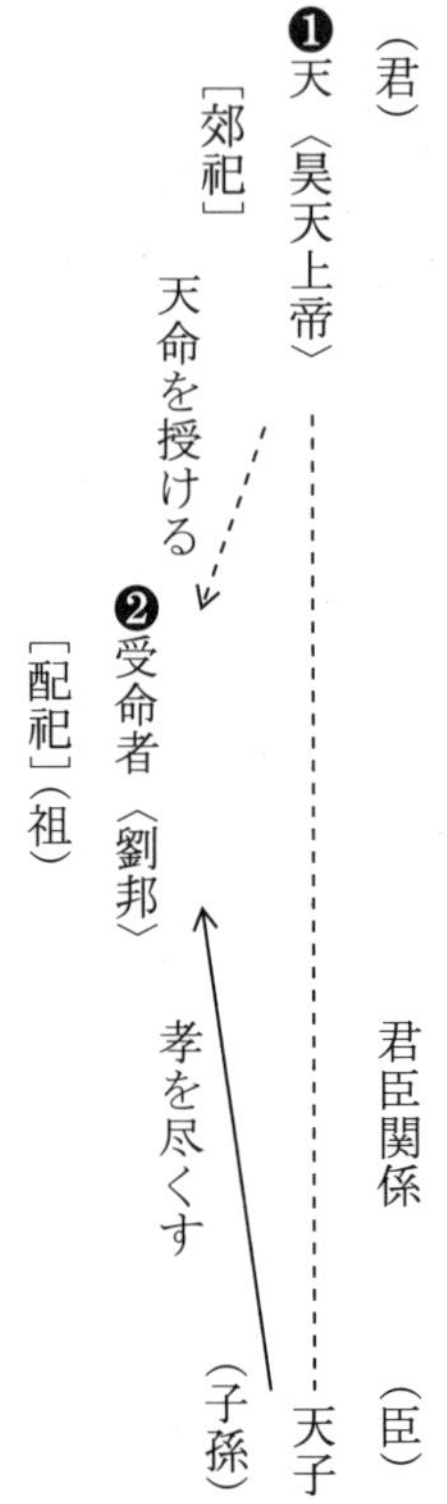

これに対して、鄭玄の六天説では、❶と❷のそれぞれと天子がすべて孝を媒介として結ばれ、矛盾を解消できる。それは、六天説が感生帝説を伴うためである。感生帝説とは、天命を受けた王朝の始祖は、通常の出産ではなく、その母が異物に感じて帝王を孕むという考え方であり、鄭玄は周の始祖である后稷を五天帝の一柱、蒼帝靈威仰の感生

帝とするのである。すると、周の天子は、后稷の子孫であるから、蒼帝靈威仰の子孫である。すると❶天子による天（五天帝、周の場合には蒼帝靈威仰）の南郊祭祀は、孝により結ばれる。❷后稷の配祀が孝の実践であることは言うまでもない。そして、感生帝である❷后稷と❶天（蒼帝靈威仰）は父子であるから、配祀を受ける❷后稷は、❶天に孝を尽くすことになる。こうして、鄭玄は六天說、およびそれに基づく祭天儀禮により、『孝經』聖治章に規定された周公（あるいは天子）の孝を周公―孝→❷后稷―孝→❶天（蒼帝靈威仰）と、天に直接つなげることを可能にしたのである（図二参照）。

［図二　鄭玄の六天說（周の場合）における天・受命者・天子］

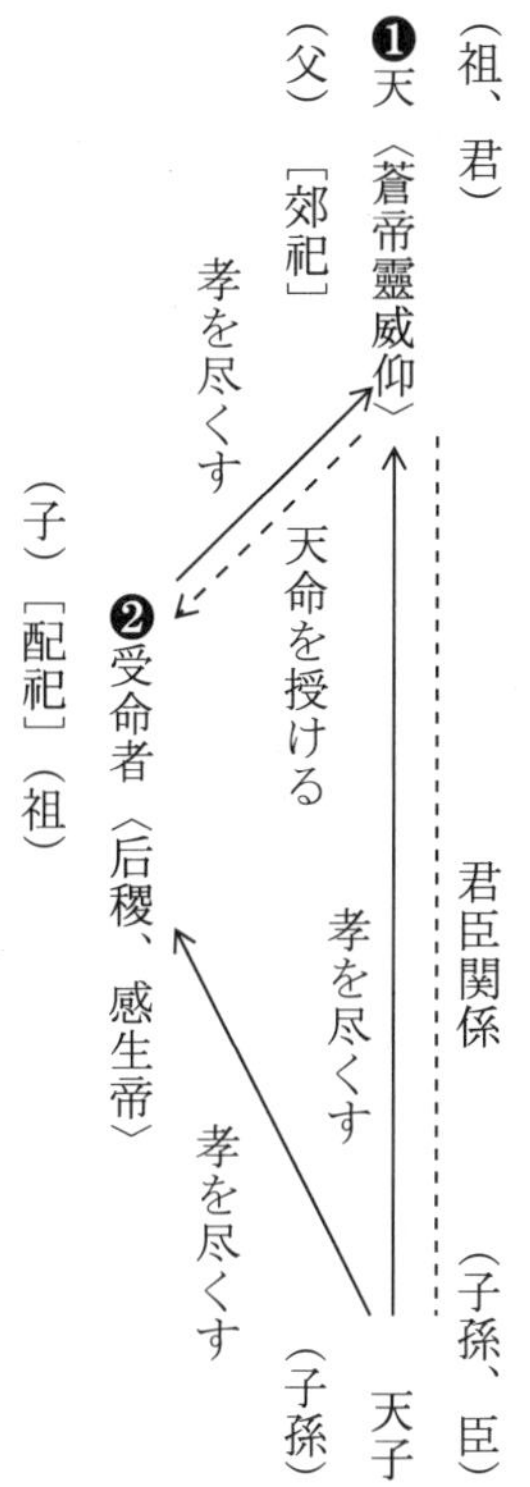

鄭玄は、劉邦を堯と同じように[二七]、赤帝赤熛怒の精に感じて生まれた感生帝と信じていた[二八]。劉邦が自ら黒帝であることを宣言している以上、漢家は天として五帝を祭るべきである、と鄭玄は考えたであろうし[二九]、事実、前漢では天としての五帝の祭祀を行っていた。ところが、後漢における現実の郊祀は異なる。鄭玄が後漢における祭祀の現実を批判

しながら六天説を創出した内的要因は、『孝經』に表現された天―天子の孝を感生帝説により直結する必要性にあったのである。

皇帝・天子という二つの称号により表現される❶「天下爲公」❷「天下爲家」という後漢の君主権を支える相矛盾した二つの正統性を、鄭玄は六天説に伴う感生帝説により止揚して、天子と❷受命者と❶天とを、孝を媒介に一体化することにより、郊祀において表現しようとした。ここに鄭玄が六天説を唱えた内的要因を求めることができる。ただし、これだけでは、五天帝を創出した背景は説明し得ても、昊天上帝を置き続けたことが説明できない。鄭玄が六天説を生み出したもう一つの外的理由、黄巾の天を検討していこう。

四、永遠なる天と革命を支える天

鄭玄が生きた後漢末は、黄巾の乱が熾烈を極めていた。鄭玄の故郷である北海國も黄巾の勢力の強いところで、鄭玄は徐州への避難を余儀なくされている。建安元（一九六）年、鄭玄七十歳のとき、徐州より高密縣に帰る途中で、鄭玄は黄巾の大部隊に出会った。黄巾は、鄭玄の名を聞くと拝礼し、その故郷高密縣には侵入しないことを約束したという（『後漢書』列傳二十五　鄭玄傳）。約束の有無はともかく、かかる説話は、鄭玄と黄巾との接触を示す。むろん、その思想的な接触は黄巾の乱が起こる以前、「黄老」を冠する反乱が頻発したことから始まっていたと考えてよい。

こうした中で鄭玄は、黄巾の世界観と向き合わざるを得なかった。「蒼天 已に死す、黄天 當に立つべし。歳は甲子に在り、天下大吉なり（蒼天已死、黄天當立。歳在甲子、天下大吉）」（『後漢書』列傳六十一　皇甫嵩傳）。求められていたことは、この口號に含まれる黄巾の天と、死を宣告された蒼天への対応である。

蒼天から黄天への交代は、儒教に含まれる三統説・五行終始説（相生・相勝）だけでは説明できない。福井重雅は、黄巾の口號は五行思想とは関係なく、黄天という用語は黄老思想を背景とする独自の表現であった、と主張する。(三〇)『後漢書』列傳六十一　皇甫嵩傳に、「初め鉅鹿の張角　自ら大賢良師と稱し、黄老道を奉事す」とあるように、黄巾の大賢良師たる張角は、黄老道を奉じていた。『三國志』巻一　武帝紀注引『魏書』(三一)に、

賊　乃ち書を太祖に移して曰く、「昔　濟南に在りしとき、神壇を毀壞す。①其の道は乃ち中黄太乙と同じく、道を知るが若きに似たるも、今　更めて迷惑す。②漢行　已に盡き、黄家　當に立つべし。天の大運、君の才力が能く存する所に非ざるなり」と。

とあるように、曹操に降服を勧告する書簡の中で、黄巾は曹操が濟南相として城陽景王劉章信仰の神壇を破壊したことを、①その道が中黄太乙と同じであると評価し、②漢行はすでに尽きており、黄家が立つべきことを述べている。城陽景王信仰は、赤眉の乱の宗教的な背景となったものであるが（志田不動麿〈一九三〇〉）、ここではその信仰内容ではなく、劉章、すなわち漢家に関わる祭祀を破壊したことを評価しているのであろう。漢行とは、五行思想における漢の寿命という意味であろうから、黄巾は五行思想に基づいて、漢の滅亡と黄家の興隆を主張したと考えてよい。福井説のごとく、黄巾の口號を五行思想と無関係とすることはできまい。

さらに注目すべきは、黄巾が自らを「中黄太乙」と称していることである。宋本・馮本・監本の『三國志』では、「乙」を「一」につくるように（盧弼『三國志集解』巻一　武帝紀）、「太乙」とは「太一」のことである。すなわち、黄巾は自らの天として、武帝期に黄老思想を背景に最高神として祭祀を受けた太一を置いているのである。(三二)

後漢「儒教國家」に対する異議申し立てがなされるとき、「儒教國家」の成立以前に、漢の支配理念であった黄老思想にその拠り所を求めることは、自然な発想である。さらに、五行相生思想において、火徳の漢を継ぐべき土徳の

シンボルカラーが「黄」であることは、黄老の復権に拍車をかけよう。永嘉元（一四五）年には、九江の賊馬勉が「黄帝」と称し、建和二（一四八）年には、長平の陳景が自ら「黄帝」の子と称して反乱を起こしている。また、同年には、南頓の管伯が「眞人」と称して兵を挙げている。ちなみに、馬勉は黄色の衣帯を着ていたという（注（三〇）所掲福井論文）。かかる黄巾の先駆と位置づけ得る反乱においても、その紐帯は黄老思想に求められていたのである。

こうした準備期間と、「眞人」という天子に変わる新たな君主像を提示していることから考えれば（三三）、黄巾は、黄老思想に依拠した新たなる天の観念に基づいて口號を立てていたと考えてよい。「黄天 當に立つべし」の黄天は、太平道の天である中黄太乙であり、それが立つべきことが主張されている。すると、対句である「蒼天 已に死す」の蒼天は、必ずしも現実に存在する漢帝国に限定されない。黄天が太平道の天である中黄太乙であるならば、蒼天は儒教の天、すなわちそれは後漢「儒教國家」の天でもある昊天上帝を指す、と考えることが対句としては正しい。『毛詩正義』巻四十一　國風　黍離の「悠悠たる蒼天」の毛傳（三四）に、

蒼天は、體を以て之を言ひ、尊びて之を君とすれば則ち皇天と稱し、元氣廣大なれば則ち昊天と稱し、仁の下を覆閔すれば則ち旻天と稱し、上より降鑒すれば則ち上天と稱し、遠くに據りて之を視て蒼蒼然たれば則ち蒼天と稱す。

とあるように、毛傳では、昊天上帝は「蒼天」とも称されていた。詩經の古文學では、「蒼天 已に死す」の蒼天は、「儒教國家」の天である昊天上帝を指すとの主張も行われていたのである。

鄭箋は、毛傳の蒼天について、それが何を示すのかに言及することはない。鄭玄の六天説にとって蒼天とは、蒼帝靈威仰を指すからである。そしてそれは周そのものでもあった。儒教の理想である周、あるいは儒教そのものに対する黄巾からの死の宣告に対して、鄭玄は敢然とこれを迎え撃つ。

黄巾は、自らの天による太平の実現を主張していた。『三國志』巻四十六 孫堅傳に、(三四)

> 中平元年、黄巾の賊帥たる張角 魏郡に起ち、神靈有りと託し、八使を遣はして善道を以て天下を教化す。而るに潜かに相 連結し、自ら黄天泰平と稱す。三月甲子、三十六方 一旦に倶に發す。天下 響應して、郡縣を燔譙し、長吏を殺害す。

とあるように、黄巾は「黄天泰平」を唱えている。中黄太乙により泰平（太平）が実現することの宣布である。太平道という教法の名称もこれに由来しよう（『三國志』巻八 張魯傳注引『典略』）。

唐の賈公彦の「周禮廢興」によれば、鄭玄は『周禮』を「周公、太平を致すの迹」とみなし、以後の評価を決定的にしたという(三五)。蒼帝靈威仰を守護神とする周は、太平を致すための方法論を『周禮』として残しているのである。黄巾によりもたらされる太平ではなく、儒教による太平到来の手順を明確にしておきたい。鄭玄が六經の中心に『周禮』を置き、諸經を体系化した理由の一つであろう。

鄭玄の祭祀儀禮は、六天説に基づき、冬至には圜丘で昊天上帝を祀り（圜丘祀天）、正月には南郊で五天帝を祭る（南郊祭天）ものであった。「圜丘祀天」という明文は、『周禮』だけに見える。しかも『周禮』において、圜丘に祀られる昊天上帝は、周だけに絶対的・一義的に恩寵・加護を加えるものではなく、夏も殷も圜丘祀天を行っていたように、夏にも殷にも恩寵・加護を加える天であったという（間嶋潤一〈一九八七〉を参照）。これに、各王朝に感生帝を持つ五天帝を組み合わせることにより、鄭玄の六天説は、革命を正統化するとともに、天子に対する天の支配の一貫性と主宰性を主張し得るのである。

革命の正統性は、五天帝により保証される。例えば、周に昊天上帝の天命が下った際、昊天上帝の下属神である蒼帝靈威仰は、感生帝である后稷を生ませる。后稷の子孫である武王が周王朝を創設すると、正月には南郊で五天帝

（の一柱である蒼帝靈威仰）を祭り、后稷を配偶とすることにより、后稷に対して孝を尽くす（天下爲家の正統性）とともに、蒼帝靈威仰に対しても感生帝である后稷を媒介として孝を尽くす（天下爲公の正統性）ことができる。周の支配が衰え、昊天上帝の命が漢に下れば、昊天上帝の下属神である赤帝赤熛怒は、感生帝である高祖劉邦を生ませる。劉邦が漢を建国すると、劉邦の子孫である前漢・後漢の天子は、正月には南郊で五天帝（の一柱である赤帝赤熛怒）を祭り、高祖劉邦を配侑とすることより、高祖劉邦に対して孝を尽くす（天下爲家の正統性）とともに、赤帝赤熛怒に対しても感生帝である高祖劉邦を媒介として孝を尽くす（天下爲公の正統性）ことができる。

このように、革命により天子の姓が代わったとしても、たとえば劉氏とともに儒教の天が滅び、黄老の天に代わるわけではない。代わるのは、昊天上帝の下属神であり、それぞれの王朝の守護神にあたる五天帝である。したがって、革命により皇帝の地位を譲ることはできるが、天子の地位を譲ることはできない。天（五天帝）が異なるためである。傳位であれば、もちろん皇帝の地位を伝えることはできるが、天子の地位は、皇帝として即位した後、天を祀ることによってのみ得られる。漢魏における君主が、皇帝即位から天子即位へという二段階の即位を行っていたことも（本書第七章参照）、鄭玄の六天説により説明可能となるのである。

一方で、儒教の最高神である昊天上帝は、常に変わらず最高位に存在する。周・漢といった王朝の別に拘らず、天子は、おしなべて冬至に圜丘で昊天上帝を祀ることにより、天子としての天への臣従、そして天からの恩寵を確認するのである。五天帝が革命を支える天であれば、昊天上帝は永遠なる天である。

こうして鄭玄は、六天説により、革命を正統化するとともに（五天帝）、天子に対する天（昊天上帝）の支配の一貫性と絶対性を主張した。黄巾の天に対する儒教の天観念の優越性を証明したのである。ただし、後世における六天説の評判は、続く曹魏の王肅が鄭玄説を批判する祭天思想をまとめあげたこともあって[三六]、高くはない。それは五天帝が革命を是認する天であるためであろう。たとえば唐は、はじめ北朝や隋と同様に鄭玄説に基づき天の祭祀を行っていたが、高宗の顯慶令より王肅説に基づく祭祀へと変更した（金子修一〈一九七九〉）。福永光司〈一九七四〉は、かかる変更の背景に唐室の道教尊崇があったことを強調し、鄭玄の六天説のもう一つの特徴である感生帝説に基づく宗教性が、太上老君ないしは元始天尊の宗教性の前に色あせたことを指摘する。鄭玄が打破した黄巾の天の巻き返しと言えようか。

以上のように、鄭玄の六天説は、黄巾により掲げられた黄老の天への対抗を外的な要因として主張された。『周禮』を典拠とする六天説に基づく鄭玄の祭祀儀禮は、冬至には圜丘で昊天上帝を祀り（圜丘祀天）、正月には南郊で五天帝を祭る（南郊祭天）ものであった。鄭玄は六天説により、五天帝という革命を支える天とともに、昊天上帝という永遠なる天の天子に対する支配の一貫性と主宰性を主張し得たのである。

おわりに

兩漢における天の祭祀は、成帝期を画期として王莽を主体としながら、非儒教系の祭祀に対して、儒教系の祭祀が優越していった。ただし、非儒教系の祭祀が、儒教系の祭祀の下に置かれる型で継承されていたことにも留意しなければなるまい。これを「元始の故事」として継承した後漢における祭祀の現実を正すために、鄭玄は六天説を創出した。鄭玄の經學の目的は、革命を可能にする六天説の正しさを感生帝説を通じて実証し、漢に代わる新たな天下の規範を準備することにあった。皇帝・天子という二つの称号により表現される漢代の君主権の相矛盾した二つの正統性を、鄭玄は六天説に伴う感生帝説により止揚して、郊祀において表現しようとしたのである。『孝經』に記された天への天子の孝を感生帝説で直結することが、六天説を創設した内的要因であった。

黄巾により掲げられた「蒼天 已に死す、黄天 当に立つべし」という新たなる天の展開に対して、漢の祭祀の現実は、それに対応し得るだけの正統性を持つものとは、鄭玄には思えなかった。六天説が唱えられた外的要因である。鄭玄は、六天説の中で王朝ごとの守護神となる五天帝を設け、革命による王朝の交代を支える天を観念する一方で、王朝交代に拘らず圜丘で永遠に祀り続けられる昊天上帝により、儒教の天の無謬性を保とうとした。その結果、たとえ蒼天や漢家は「已に死」すとも、儒教の昊天上帝はそれとは関わりなく、袁世凱まで祀られ続けたのである。

《注》

（一）『史記』巻十 文帝紀。前漢武帝期までの天の祭祀について、目黒杏子〈二〇〇三〉は、それらが様々な世界観・祭祀論を豊かに取り入れて創出されたものと意義づけている。また、両漢の郊祀全体を論じた、金子修一〈二〇〇六〉は、儒教に基づく郊祀の成立に果たした王莽の役割の大きさに注目する。また、宋代までの郊祀を配侑に着目しながら論じた小島毅〈一九八九〉、漢代の国家祭祀の研究動向を整理した目黒杏子〈二〇〇五〉、概略的ではあるが両漢における国家祭祀を整理した王柏中《二〇〇五》も参照。

（二）其秋、上幸雍、且郊。或曰、五帝、太一之佐也。宜立太一而上親郊之。上疑未定。齊人公孫卿曰、今年得寶鼎、其冬辛巳朔旦冬至、與黄帝時等。……黄帝郊雍上帝、宿三月。鬼臾區號大鴻、死葬雍。故鴻冢是也。其後黄帝接萬靈明廷。明廷者、甘泉也。……（『史記』巻二十八 封禪書）。

（三）黄老思想については、浅野裕一《一九九二》を参照。なお、漢代における黄帝に関する議論をまとめたものに、伊藤円〈二〇〇六〉がある。

（四）福永光司〈一九五〇〉。また、顧頡剛《一九五五》も参照。

（五）成帝初卽位、丞相（匡）衡・御史大夫（張）譚奏言、帝王之事、莫大乎承天之序、承天之序、莫重於郊祀。故聖王盡心極慮、以建其制。祭天於南郊、就陽之義也。瘞地於北郊、卽陰之象也。……甘泉泰畤・河東后土之祠、宜可徙置長安、合於古帝王。願與群臣議定。奏可（『漢書』卷二十五下　郊祀志下）。

（六）平帝元始五年、大司馬王莽奏言、王者父事天、故爵稱天子。孔子曰、①人之行莫大於孝、孝莫大於嚴父、嚴父莫大於配天。王者尊其考、欲以配天、緣考之意、欲尊祖、推而上之、遂及始祖。是以②周公郊祀后稷以配天、宗祀文王於明堂以配上帝。③禮記、天子祭天地及山川、歲徧。④春秋穀梁傳、以十二月下辛卜、正月上辛郊。……皆曰、宜如建始時丞相（匡）衡等議、復長安南北郊如故（『漢書』卷二十五下　郊祀志下）。

（七）西嶋定生〈一九七〇〉。なお、前漢末の郊祀改革については、板野長八〈一九七二〉、保科季子〈一九九八〉なども参照。

（八）今稱天神曰①皇天上帝泰一、兆曰泰畤。而稱地祇曰后土、與中央黃靈同。又兆北郊未有尊稱。宜令地祇稱皇・后祇、兆曰廣畤。易曰、方以類聚、物以群分。分群神以類相從爲五部、兆天墜之別神。中央②帝黃靈后土時及日廟・北辰・北斗・塡星・中宿中宮於長安城之未墬兆。東方②帝太昊青靈勾芒時及雷公・風伯廟・歲星・東宿東宮於東郊兆。南方②炎帝赤靈祝融時及熒惑星・南宿南宮於南郊兆。西方②帝少皥白靈蓐收時及太白星・西宿西宮於西郊兆。北方②帝顓頊黑靈玄冥時及月廟・雨師廟・辰星・北宿北宮於北郊兆（『漢書』卷二十五下　郊祀志下）。なお、『周禮注疏』卷十九　小宗伯に、「五帝を四郊に兆す」とあり、その注に「兆とは、壇の營域爲り」とあるように、王莽が五帝の兆を四郊に設けることを上奏したのは、『周禮』に從うためである。

（九）（建武）二年正月、初制郊兆於雒陽城南七里、依鄗、采元始中故事。爲圓壇八陛、中又爲重壇、天地位其上、皆南鄕、西上。其外壇上爲五帝位。青帝位在甲寅之地、赤帝位在丙巳之地、黃帝位在丁未之地、白帝位在庚申之地、黑帝位在壬亥之地。其外爲壝、重營皆紫、以像紫宮（『續漢書』志七　禮儀志）。

（一〇）目黒杏子〈二〇〇八〉は、これより、洛陽南郊は、「空間」の中心であるとともに、「時間」の運行における中心でもあった、と理解する。

（一一）白虎通云、王者〔所〕以祭天何。緣（祀）〔事〕父以（祭）〔事〕天也（『北堂書鈔』卷九十 禮儀部十一）。陳立《一九九四》により、（ ）を省き〔 〕を補った。なお、『白虎通』の概略については、向晋衛《二〇〇七》があり、その禮制の規定については、周徳良《二〇〇七》を参照。

（一二）鄭玄とその三禮注については、楊天宇《二〇〇七》、禮制など鄭玄と王肅説の相違の具体像については、史応勇《二〇〇七》を参照。

（一三）尙書緯曰、帝者天號、王者人稱。天有五帝、以立名。人有三王、以正度。天子爵稱也、皇者煌煌也（『太平御覽』卷七十六 敍皇王上）。ちなみに、西嶋定生（一九七〇）は、この資料を「帝とは天の號なり。（中略）皇とは煌〻なり」と引用し、『尙書緯』が皇帝を「煌〻たる上帝」にひとしいもの、ないしは天地を貫く絶対者として解釈している、と主張するが、ここでの帝とは、五帝のことであり、皇帝の「帝」を説明したものではなく、また上帝であるとは、どこにも書かれていない。

（一四）安居香山・中村璋八《一九七五》。同書によれば、『尙書璇璣鈐』は、星辰の運行に拠って帝王の受命を知り、また、星辰の運行に基づいて帝王の政治の要を説いた書であるという。後漢における緯書學については、黃復山《二〇〇〇》も参照。

（一五）『隋書』卷三十二 經籍志一に、「易緯八卷、鄭玄注、梁有九卷」と著録される、鄭玄が注をつけた『易緯』（『易緯坤靈圖』）にも、「易緯に曰ふ、『帝なる者は天の號なり。徳 天地に配し、公位を私せず、之を稱して帝と曰ふ。天子なる者は、天を繼ぎ物を治め、一統を改正し、各〻其の宜を得、天を父とし地を母として、以て人を養生する、至尊の號なり』と。（易緯曰、帝者天號也。徳配天地、不私公位、稱之曰帝。天子者、繼天治物、改正一統、各得其宜、父天母地、以養生人、至尊之號也）」とあり（『太平御覽』卷七十六 敍皇王上）、帝は天の號であることが記載されている。

（一六）春秋緯文耀鉤云、蒼帝曰靈威仰、赤帝曰赤熛怒、黃帝曰含樞紐、白帝曰白招拒、黑帝曰汁光紀（『禮記注疏』卷五 曲禮）。緯書に描かれる五天帝、および五天帝と人としての三皇五帝との関係、さらには道教の五老五帝説との関わりを論じ、三皇は道教の大神になるものの、五方天帝の地位は漢から六朝の道教において降下したとするものに、蕭登福《二〇〇〇》がある。

（一七）或稱天子、或稱帝王何。以爲、接上稱天子者、明以爵事天也。接下稱帝王者、明位號天下至尊之稱、以號令臣下也（『白虎通』號）。

（一八）孝經鉤命訣曰、三皇步、五帝驟、三王馳、五霸鶩。〔或稱天子〕、或稱帝王、〔何以爲言〕。接上稱天子、明以爵事天〔也〕。接下稱帝王、明以號令臣下（『太平御覽』卷七十六　敍皇王上）。〔　〕は、安居香山・中村璋八《一九七三》により補った。

（一九）鄭玄六藝論云、孔子既西狩獲麟、自號素王。爲後世受命之君、制明王之法（『春秋左傳正義』卷一　春秋序）。

（二〇）辺土名朝邦〈一九八〇〉は、鄭玄の『詩經』解釈の目的を、現実政治に携わる者の政治道徳の教科書を作製することにあったとしている。

（二一）西嶋定生〈一九七〇〉。また、西嶋定生《一九七四》も参照。

（二二）秦初幷天下。令丞相・御史曰、……寡人以眇眇之身、興兵誅暴亂。賴宗廟之靈、六王咸伏其辜、天下大定。今名號不更、無以稱成功、傳後世。其議帝號。丞相綰・御史大夫劫・廷尉斯等皆曰、昔者五帝地方千里、其外侯服・夷服。諸侯或朝或否、天子不能制。今陛下興義兵、誅殘賊、平定天下。海內爲郡縣、法令由一統。自上古以來、未嘗有、五帝所不及。臣等謹與博士議曰、古有天皇、有地皇、有泰皇、泰皇最貴。臣等昧死上尊號、王爲泰皇。命爲制、令爲詔、天子自稱曰朕。王曰、去泰、著皇、采上古帝位號、號曰皇帝。他如議。制曰、可（『史記』卷六　秦始皇本紀）。

（二三）沢田多喜男《二〇〇六》は、儒家以外の典籍には、五帝の一人である黄帝がしばしば現れることに対して、堯・舜以前の帝王については、儒家系の戰國末期の事情を伝える『荀子』にも一切みえないことを指摘する。戰國末まで儒家は、五帝をその思想の中に包含していなかったことを理解できよう。

（二四）小南一郎〈一九九二〉。また、豊田久〈一九八〇〉も参照。

（二五）大道之行也、❶天下爲公、選賢與能、講信脩睦。〔注。公猶共也。❶禪位授聖、不家之。睦親也〕故人不獨親其親、不獨子

其子。〔注。孝慈之道廣也〕……是謂大同。今大道既隱、❷天下爲家。〔注。❷傳位於子〕……禹・湯・文・武・成王・周公、由此其選也。……是謂小康（『禮記正義』卷二十一 禮運）。なお、必要な部分にだけ〔 〕により、鄭玄注を附した。

(二六) 子曰、天地之性、人爲貴。人之行、莫大於孝。孝莫大於嚴父。嚴父莫大於配天。則周公其人也。昔者周公郊祀后稷以配天。宗祀文王於明堂以配上帝。是以四海之內、各以其職來助祭。夫聖人之德、又何以加於孝乎（『孝經』聖治章）。

(二七)『隸釋』卷一に著録される「帝堯碑」も「成陽靈臺碑」も、堯を感生帝と理解している。後者の祭祀と後漢国家との関係については、渡邉義浩《一九九五》を參照。

(二八)『毛詩正義』卷十七 大雅 生民に引く、鄭玄の『駁五經異議』に、劉媼は是れ漢の太上皇の妻、赤龍に感じて高祖を生む。是れ父有り神に感じて生む者に非ずや（劉媼是漢太上皇之妻、感赤龍而生高祖。是非有父感神而生者也）」とあるように、鄭玄は緯書を論拠として、劉邦が赤帝赤熛怒の精に感じて生まれた感生帝であることを確信していた。本書第五章を參照。

(二九) 後漢「儒教國家」において、感生帝としての五帝の祭祀は、行われていない。鄭玄の祭天思想が、後漢の南郊祭祀の現実とは異なっていたことは、古橋紀宏〈二〇〇五〉を參照。鄭玄は、後漢の現実を批判するなかで、六天説を構築したのである。

(三〇) 福井重雅〈一九七四a〉。また、福井重雅〈一九七四b〉・〈一九七五〉も參照。

(三一) 賊乃移書太祖曰、昔在濟南、毀壞神壇。①其道乃與中黄太乙同、似若知道、今更迷惑。②漢行已盡、黄家當立。天之大運、非君才力所能存也（『三國志』卷一 武帝紀注引『魏書』）。

(三二) 黄天を中黄太乙と理解することは、卿希泰《一九九六》を、中黄太乙がやがて道教の神格とされていく過程は、吉岡義豊《一九五九》を參照。

(三三) 眞人という道教起源の君主像が漢魏革命において唱えられていたことについては、吉川忠夫〈一九七八〉を參照。

(三四) 蒼天、以體言之、尊而君之則稱皇天、元氣廣大則稱昊天、仁覆閔下則稱旻天、自上降鑒則稱上天、據遠視之蒼蒼然則稱蒼天（『毛詩正義』卷四十一 國風 黍離 毛傳）。

（三五）中平元年、黄巾賊帥張角起于魏郡、託有神靈、遣八使以善道教化天下。而潛相連結、自稱黄天泰平。三月甲子、三十六方一旦俱發。天下響應、燔諶郡縣、殺害長吏（『三國志』巻四十六　孫堅傳）。

（三五）金谷治〈一九七八〉。また、鄭玄の太平思想については、間嶋潤一〈一九九三〉・〈一九九四〉を参照。

（三六）王肅が六天説を批判し、昊天上帝一柱のみを天と主張したことは、渡邉義浩〈二〇〇八ａ〉を参照。

第七章　漢魏における皇帝即位と天子即位

はじめに

中国における漢代以降の君主は、国内で用いる皇帝という正號のほかに、夷狄や神々に用いる天子という稱號を持つ。西嶋定生〈一九七五〉は、これに対応する二つの即位儀禮があるとし、傳位の場合、それは天子即位→皇帝即位の順で行われるとした。これを受けて尾形勇《一九七九》は、天を祭る際の君主の自称に本来的な「天子臣某」のほか、「皇帝臣某」があることから、禪讓・讓位の場合には、皇帝即位の後に天子即位が行われると主張した。これに対して、金子修一は、「唐代の即位式は傳位の場合には宣遺詔に続く册書と寶（御璽）の授受、讓位の場合には讓位の詔と册（及び寶）の授受による、一回の皇帝即位のみで完結した、という結論に達した。そして、この結論をさらに漢唐間の即位儀禮の変遷に即して再確認し、また太極殿等、即位儀禮の行われた場所についても別の形で検討した。従って、……唐代までの即位儀禮は基本的に皇帝即位であった」と述べている[一]。

これらの議論は、西嶋説が『後漢書』安帝紀・『續漢書』禮儀志を主たる史料に、尾形説が漢魏革命を主たる対象としているように、後漢における君主のあり方をめぐって行われた。後漢は中国史上最初の「儒教國家」であり、その実態を幾分かの理想を含めて正統化した『白虎通』に天子即位の記述がある以上、それを検討せずに、天子即位を軽視することはできまい。本章は、『白虎通』における君主の卽位に関する規定を検討し、それが後漢・曹魏の現実といかに関わっていたのかを考察するものである。

一、『白虎通』における君主の卽位

『白虎通』は、章帝の建初四（七九）年に開かれた白虎觀會議の内容を班固がまとめたものである。天子卽位に関する記述を掲げる『白虎通』爵篇は、天子が爵位であることの規定より始まる。詳細は本書第二章で検討したが、ここでも資料を掲げて確認しておく。『白虎通』爵に、[二]

天子なる者は、爵稱なり。爵　天子と稱する所以は何ぞや。王者は天を父とし地を母とし、①天の子爲ればなり。

とあるように、天子とは爵位であり、その名称は①「天の子」であることに由来する。一方、帝王については、『白虎通』號に、[三]

帝王なる者は何ぞや、號なり。號なる者は、功の表はれなり。功を表はし德を明らかにする所以は、②臣下に號令すればなり。

と規定される。そして、両者が併存することについては、『白虎通』號に、[四]

或いは天子と稱し、或いは帝王と稱するは何ぞや。以爲へらく、上に接して天子と稱する者は、爵を以て③天に事ふるを明らかにすればなり。下に接して帝王と稱する者は、位號　天下至尊の稱もて、以て②臣下に號令するを明らかにすればなり。

とある。皇帝（ここでは帝王）が、功によってその地位に就き、②「臣下に號令する」者と規定されることに対して、天子は③「天に事ふる」①「天の子」である。『白虎通』は、皇帝が王朝の創始者・受命者の「功」による権力を継承する称号であることと、天子が天からの受命という権威に基づく称号であることを規定し、その並立を認めている。「皇帝六璽」として表現される、帝国内部を対象とする皇帝號と夷狄や神々のようないわば帝国外部を対象とする天子號との使い分けは、『白虎通』にも規定される皇帝と天子という二つの称号が持つ王権の性質の二重性に基づいて行われているのである。(五)

また、『白虎通』爵には、(六)

何を以て帝も亦た天子と稱するを知るや。以て天下に法ればなり。中候に曰く、「天子たる臣 放勛」と。

とあり、尾形勇《一九七九》が着目した「天子臣某」の表現も、緯書『尚書中候』の引用により、『白虎通』に規定されている。光武帝は告代祭天文で「秀」と自称しており（『後漢書』本紀一上 光武帝紀上）、金子修一《二〇〇六》は、後漢における禮制の本格的な出発点となった明帝の永平二（五九）年の禮制制定時に、皇帝の「稱臣」の論理が形成された、と推定する。それを緯書により正統化したものが、白虎觀會議なのである。

このほか『白虎通』では、天が有人格の宗教的な主宰者であり、天と天子とは「孝」により結びつくこと、そうした宗教性を緯書が支えて、天と天子との関係が天人相関説により理論化されている。(七)

かかる天子の規定を行ったうえで、『白虎通』は、君主の崩御に伴う次代の君主の即位に関して、主として『尚書』顧命を踏まえながらも、独自に三段階の画期を設け、即位の過程を規定している。

(1)第一段階は、先君の崩御に伴う王の即日即位である。『白虎通』爵に、(八)

天子 大斂の後に王と稱する者は、民臣 一日も君無かる可からざるを明らかにすればなり。故に尚書に曰く、「①王は麻冕 黼裳す」と。此れ大斂の後なり。何を以て死後より王を加へざるを知るや。②子の釗を迎ふと上言するも王を迎ふと言はざるを以てなり。王者 既に殯すれども而るに繼體の位に卽くは何ぞや。❶民臣の心 一日も君無かる可からざるに緣ればなり。故に先君 見ゆるを得可からざれば、則ち後君 繼體す。故に尙書に曰く、「③王 再拜し、興ちて、對ふ」、「④乃ち銅瑁を受く」と。繼體の君と爲ることを明らかにするなり。始終の義に緣りて、一年に二君有る可からず。故に尙書に曰く、「⑤王 冕を釋きて喪服す」と。吉なる冕服もて銅を受け、王を稱して以て諸侯に接するは、已に繼體して君と爲ることを明らかにするなり。冕を釋き銅を藏して喪服に反るは、未だ王を稱して以て事を統べざるを明らかにするなり。

とある。傍線①～⑤の五ヵ所に引用される『尙書』は、すべて顧命篇である。『尙書』顧命篇は、西周の成王から康王への傳位を王卽位→天子卽位への二段階卽位として描く（本書第九章參照）。それを解釈する形を取りながら、『白虎通』は、先君が崩御すれば、卽日、後君が王として卽位すべきことを規定する。それは、民も臣も一日たりとも君主なしではいられないためである。ここで卽日卽位の理由として踏まえられているものが、❶『春秋公羊傳』である。『春秋公羊傳』文公九年[九]に、

九年春、毛伯 來りて金を求む。毛伯なる者は何ぞや。天子の大夫なり。何を以てか使を稱せざる。喪に當たり、未だ君たらざればなり。年を踰ゆるに、何を以てか之を未だ君たらざると謂ふ。位に卽くも而るに未だ王を稱せざればなり。未だ王を稱せざるに、何を以てか其の位に卽くを知る。❷諸侯の年を踰ゑ位に卽くを以て、亦た天子の年を踰ゑ位に卽くを知るなり。❸天子 三年にして然る後に王を稱するを以て、亦た諸侯 其の封內に於て三年 子を稱するを知るなり。年を踰ゑ公を稱すれば、則ち曷爲れぞ其の封內に於て三年 子を稱す。❶民臣の心、一日も君無かる可からざるに緣ればなり。終始の義、一年に二君あらざるに緣ればなり。年を曠《へだ》てて君無かる可からざるも、❹孝子の心に緣らば、則ち三年は當たるに忍びず。

とある。『白虎通』の❶「民臣の心 一日も君無かる可からざるに縁ればなり」は、『春秋公羊傳』文公九年を典拠とすることが分かる。『春秋公羊傳』を論拠に『白虎通』は、王として即日即位する理由を説明しているが、『尙書』と『春秋公羊傳』とでは、君主の即位順が異なる。すなわち、『春秋公羊傳』は、天子の大夫の毛伯が魯に来たが、天子はまだ王に就いていないとする。天子即位→王即位の順なのである。これに対して、『尙書』は、王即位→天子即位であり（本書第九章）、両者は天子と王の即位順が逆になっている。

『春秋公羊傳』は、隱公元年の「子は母を以て貴く、母は子を以て貴し（子以母貴、母以子貴）」の義例に見られるように、文帝の即位を正統化するという特徴を持つ（本書第一章参照）。天子として即位し、そののちに皇帝として即位した文帝を正統化するため、天子から王へという即位順を記しているのであろう。そこで『白虎通』は、『春秋』と明記せず、文公九年条を細分化して引用することにより、即日即位の理由を『春秋公羊傳』に求めながら、出典を明記する『尙書』顧命篇に従い、「天子 大斂の後に王と稱す」と、第一に君主は即日、王として即位すると規定したのである。

また『白虎通』は、これも『尙書』顧命篇に基づき、王として即日即位する際に「銅瑁」を受けるとしているが、今文の尙書學では、康王が受けた「銅」は「天子の副璽」と訓詁されていた（『三國志』巻五十七 虞翻傳注引『虞翻別傳』）。玉製の天子の正璽をこの段階の王は受けていない、と解釈するのである。即日即位により王を称して君主の存在を民臣に明らかにはするが、天子として正式には即位していないのである。このため、王は即日即位して諸侯に接見したのちには喪に服す。先君の喪中だからである。

⑵第二段階は、王が天子として踰年即位することを述べる。『白虎通』爵に、[一〇]

年を曠《へだ》て君無かる可からず、故に踰年すれば乃ち即位改元す。元は以て年を名づけ、年は以て事を紀し、君は其

> の事に名づく。而れども未だ號令を發せざるなり。何を以てか踰年すれば即位改元す。春秋傳に曰ふ、「❷諸侯の踰年即位するを以て、亦た天子の踰年即位するを知るなり」と。春秋に曰く、「元年春、王の正月、公 即位す。元位を改むるなり。王者は元を改め、即ち天地に事ふ。諸侯は元を改め、即ち社稷に事ふ」と。王制に曰く、「夫れ喪には三年 祭らず、①唯だ天地社稷を祭るには、越紼して行事を爲す」と。

とある。天子が踰年即位する典拠は、先に掲げた❷「諸侯の踰年即位するを以て、亦た天子の踰年即位するを知るなり」という『春秋公羊傳』文公九年条に求められており、『白虎通』の天子即位も、『尚書』顧命篇を『春秋公羊傳』に依拠しながら解釈するものであることが分かる。『春秋公羊傳』は、一日たりとも君主がなくてはならないという民臣の心と三年喪に服さなければならないという継体の君の孝子の心を、「位に即くが、王を稱さない」と調整していた。これを『白虎通』は、『尚書』顧命篇が王即位から天子即位への二段階即位として康王の即位を描くことと擦り合わせることにより、即日王として即位し、天子として踰年即位して改元する、と規定したのである。

しかし、年を踰えても、未だ三年喪の最中である。喪中にも拘らず、なぜ天子即位が可能となるかについては、公羊學と同じく、今文の『禮記』王制を論拠とする。『禮記』王制に依れば、①喪中であっても「越紼」して、天地を祭ることが可能となる。「天の子」である天子への即位は、天の祭祀を通じて行われるべきであろう。そこで『白虎通』は、君主は喪中に越紼して天を祭ることにより、天子として踰年即位を行うと規定するのである。ただし、それでも天子は自ら政治の號令を発することはない。先君の三年喪に服しているためである。

⑶第三段階は、三年喪を畢えた天子が践祚して事を統べることを述べる（一一）。

> 春秋傳に曰く、「❸天子 三年にして、然る後に王を稱す」とは、王を稱し事を統べ號令を發するを謂ふなり。尙書に曰く、「高宗は諒闇すること三年」と、是れなり。論語に曰く、「君 薨ずれば、百官 已を總べて冢宰に聽く

こと三年」と。❹孝子の心に縁らば、則ち三年は當たるに忍びず。故に三年にして喪を除き、乃ち即位して事を統べ、踐祚して主と爲り、南面して臣下を朝せしめ、王を稱して以て號令を發するなり。故に天子・諸侯、凡そ三年にして即位し、終始の義 乃ち備はる。諒闇すること三年、孝子の道を卒はる所以なり。

とある。ここでもまず❸「天子 三年にして、然る後に王を稱す」と『春秋公羊傳』文公九年条が引かれる。天子と王の即位順が逆であることはすでに述べた。それを『白虎通』は、『尚書』説命篇と擦り合わせる。伏勝の『尚書大傳』説命は、梁（諒）闇を「三年言はず」と解釈する。(一二) 引用される『論語』憲問は、「三年言はず」を踏まえたうえで、百官が自分の仕事を取りまとめて王ではなく冢宰に裁許を仰ぐとする。こうして『白虎通』は、後半にも❹「孝子の心に縁らば、則ち三年は當たるに忍びず」と引用した『春秋公羊傳』文公九年条を生かして三年喪が畢わって天子が践祚し、号令を発すべきことを規定した。『尚書』顧命篇に描かれた康王の即位を『春秋公羊傳』文公九年条により解釈するため、『白虎通』が苦労して論を展開していることが分かる。今文の春秋公羊學は、白虎觀會議により定められる後漢の經義の中心的な經典だったのである（本書第一章）。

以上のように、『白虎通』は、『尚書』顧命を『春秋公羊傳』により解釈しながら、君主の即位を大きく二段階（細かくは三段階）に規定する。第一段階は、⑴王として即日即位することである。即日即位する理由は、『春秋公羊傳』を典拠に民臣が一日たりとも君主なしではいられないことに求められた。第二段階は、喪が明けるとともに行われる天子即位である。天子即位はさらに二段階に分けられ、まず⑵喪中に越紼して天を祭る踰年即位により天子となって改元する。ただし天子は自ら政治の号令を発しない。それは、⑶三年喪が畢わると践祚して事を統べ、すべての政務を自ら行うまで、先君の喪に服するためであった。

二、傳位における君主の卽位

一で検討した『白虎通』の君主卽位の規定は、同一の王朝内で君主の地位が伝承される傳位に関するものであった。それでは、後漢における傳位の現実は、どのようなものであったのだろうか。⑴王（後漢の現実としては皇帝）としての即日卽位より考察しよう。後漢における君主の卽位については、西嶋定生〈一九七五〉も着目した安帝の卽位が詳細である。西嶋定生〈一九七五〉と同じ〔A〕～〔G〕に、〔a〕・〔b〕の記号を加えて引用すると、『後漢書』本紀五　安帝紀(一三)に、

〔A〕八月、殤帝 崩ず。（鄧）太后 兄の車騎將軍の鄧騭と與に策を禁中に定む。其の夜、騭をして節を持し、王の青蓋車を以て帝を迎へ、殿中に齋せしむ。〔B〕皇太后は崇德殿に御し、百官は皆 吉服し、羣臣は陪位し、引きて帝を拜して長安侯と爲す。〔C〕皇太后 詔して曰く、「先帝は聖德淑茂なるも、早に天下を棄つ。朕は皇帝を奉じ、夙夜に日月を瞻仰し、成就せんことを冀望す。豈に意らんや卒然として顚沛し、天年 遂げず、悲痛心を斷つ。朕 惟ふに平原王は素より痼疾を被る。宗廟の重きを念ひ、繼嗣の統を思へば、唯だ長安侯の祜のみ質性忠孝にして、小心翼翼たり。能く詩・論に通じ、學に篤く古を樂しみ、仁惠にして下を愛す。年已に十三、成人の志有り。親德の後を係ぐに、祜より宜しきは莫し。禮に、『昆弟の子は猶ほ己の子のごとくす』と。春秋の義に、『人の後と爲る者は之が子爲り、父の命を以て王父の命を辭せず』と。其れ祜を以て孝和皇帝の嗣と爲し、祖宗を奉承せしめん。禮儀を案じ奏せ」と。〔D〕又 策命を作りて曰く、「惟れ延平元年 秋八月癸丑、皇太后曰く、『咨 長安侯の祜よ、孝和皇帝は懿德巍巍として、四海に光き、大行皇帝は天年を永くせず。朕 惟ふに侯は孝章帝の世嫡の皇孫にして、謙恭慈順たり、孺に在りて勤む。宜しく郊廟を奉じ、大業を承統すべし。今

侯を以て孝和皇帝の後を嗣がしむ。其れ審みて漢國に君となり、允に其の中を執れ。「一人に慶有れば、萬民 之に頼る」と。皇帝 其れ之に勉めよ』と」と。〔E〕①策を讀み畢はり、太尉 ②璽綬を奉上し、皇帝の位に即く。年十三。太后 猶ほ臨朝す。〔F〕九月庚子、③高廟に謁す。辛丑、③光武廟に謁す。……〔G〕丙寅、④孝殤皇帝を康陵に葬る。……〔a〕永初元年 春正月癸酉朔、天下に大赦す。……〔b〕三年 春正月庚子、皇帝 元服を加ふ。天下に大赦す。王・主・貴人・公・卿以下に金帛を賜ふこと各〻差有り、男子の父の後と爲る及び三老・孝悌・力田には爵 人ごとに二級、流民の占せんと欲する者には人ごとに一級。

とある。西嶋定生〈一九七五〉は、〔E〕から〔G〕までを皇帝即位の儀禮を示す記事とし、①策命の奉讀、②璽綬の奉呈、③高廟・光武廟への親謁・④前帝の大葬の四事をその内容とする。西嶋が〔E〕から〔G〕までをすべて皇帝即位の儀禮とするのは、『續漢書』禮儀志を論拠に皇帝即位の前に天子即位が行われると考えたことによる。[一四]しかし、天子即位→皇帝即位という即位順は、『白虎通』の規定とは異なる。

『白虎通』の規定によれば、⑴先君の崩御の後、後君は王、すなわち皇帝として即日即位する。天子としては即位しないのである。安帝の場合、先君の殤帝は、八月辛亥に崩御している（『後漢書』本紀四 殤帝紀）。しかし、安帝に即位を命じた策命には、〔D〕「延平元年秋八月癸丑」とあり、この日は崩御の二日後にあたる。即日即位ではないのである。それは、安帝が殤帝の皇太子ではなく、〔A〕鄧皇太后により後嗣とされ、〔B〕一旦長安侯になってから、〔C〕後継者たることを皇太后に詔で告げられた、という即位事情に依る。金子修一《二〇〇六》によれば、皇太子であった明帝・章帝・和帝・殤帝・沖帝は即日即位しており、後漢の皇帝は即日即位を原則としていた。[一五]『白虎通』に従えば、安帝は〔D〕策命の奉讀と〔E〕璽綬の伝授により、八月癸丑に皇帝として即位したと理解すべきである。なお、『後漢書』本紀四 殤帝紀に、「癸丑 崇德前殿に殯す」とあり、〔B〕安帝が策命を受けた場所も崇德殿であるため、皇帝卽位は柩前卽位として行われたと考えてよい。後漢の君主は、第一段階として柩前で皇帝に卽日卽位する。その内容は〔D〕策命の奉読と〔E〕璽綬の伝授であった。

すると、西嶋が皇帝卽位の一貫と考えた〔F〕高廟・光武廟への親謁・〔G〕前帝の大葬は、日程がずれるため、皇帝卽位の一貫と考える必要はない。翌年の〔a〕改元大赦、三年後の〔b〕加元服大赦をも含めて⑵天子卽位を検討していこう。

『白虎通』の規定によれば、卽日卽位した皇帝は、⑵喪中に越紼して天を祭り、踰年卽位して天子となって改元する。たしかに安帝は、翌年「永初」と改元し、天下に大赦しており、正月には南郊祭天を行ったはずであるが〔一六〕、後漢の現実は『白虎通』とは少しく異なる。後漢では、明帝の故事に基づき、天子は、天の祭祀とともに、祖先への報告を重視するためである。『續漢書』志四 禮儀上に〔一七〕、

　正月上丁、南郊に祠る。禮 畢はるや、北郊・明堂・高廟・世祖廟を次づ。之を五供と謂ふ。五供 畢はるや、次を以て上陵す。

とあるように、後漢では正月の南郊祭天に際して、北郊・明堂・高廟・世祖廟を順に祭る「五供」を行い、そののちに「上陵」の禮を行うのである。後漢末の蔡邕は、『續漢書』志四 禮儀上 注引謝承『後漢書』〔一八〕に、

　建寧五年正月、車駕 原陵に上るに、蔡邕 司徒掾爲り、公に従ひて行く。陵に到り、其の儀を見、愾然として同坐の者に謂ひて曰く、「聞くならく、①古は墓祭せずと。②朝廷に上陵の禮有るも、始め謂へらく、損す可しと。今 其の儀を見、其の本意を察するに、③乃ち孝明皇帝の至孝惻隱を知れば、舊に易ふ可らかず」と。或ひと曰く、「本意と云ふは何ぞや」と。「昔 京師 長安に在りし時の其の禮、盡くは聞くを得可からざるなり。光武 世を卽《を》へるや、始めて此に葬むらる。明帝 嗣位踰年し、羣臣朝正するに、先帝の復た此の禮を聞見せざるに感

じ、乃ち公卿・百僚を帥ゐ、園陵に就きて焉を創む。尚書 階西にて神坐を祭設す。天子 亡に事ふること、存に事ふるが如きの意なり。苟くも先帝に瓜葛の屬有らば、男女 畢く會し、王・侯・大夫・郡國の計吏、各〻神坐に向かひて言《まを》し、④先帝の神魂 之を聞かんことを庶幾ふ。今者 日月 久遠にして、後生は時を非とし、人は但だ其の禮を見るのみにして、其の哀を知らず。以《おも》へらく、明帝 聖孝の心、親ら服すること三年、久しく園陵に在りと。初めて此の儀を興し、仰ぎては几筵を察し、下りては羣臣を顧み、悲切の心、必ず湛《やす》らぐ可からず」と。

と述べ、②上陵の禮は①古禮とは異なるので廃止すべきだと考えていたが、③明帝の孝心を思えば、易えることができない、としている。「嗣位踰年」した明帝は、光武帝の原陵に登り、上陵の禮を行うことにより、自らの天子即位を光武帝の④「神魂」に告げたのである。『白虎通』に依れば、本来は天を祭って天子としての即位を告げなければならないはずである。蔡邕も①墓祭は古禮ではないとするように、これは違禮であった。ところが、禮儀志が南郊祭天を含む「五供」の後に「上陵」を行うと記述するように、後漢はこれを継承していった。その儀禮は、『續漢書』志四 禮儀上（一九）に、

西都に舊 上陵有り。東都の儀は、百官・四姓親家の婦女・公主・諸王の大夫・①外國の朝者侍子・郡國の計吏陵に會す。晝漏上水、大鴻臚は九賓を設け、寝殿の前に隨立せしむ。鍾鳴るや、謁者 禮を治め客を引き、羣臣位に就くこと儀の如くす。乘輿 東廂より下り、太常 導き出づ。西向して拜し、折旋して阼階を升り、神坐に拜す。退きて東廂に坐し、西向す。侍中・尚書・陛者は皆 神坐の後なり。公卿・羣臣は神坐に謁へ、太官は食を上り、②太常樂は食擧を奏し、文始・五行の舞あり。禮樂 闋はり、羣臣 賜食を受く。畢はりて、郡國の上計吏次を以て前み、神軒に當たりて其の郡國の穀價、民の疾苦する所を占《まを》し、神に其の動靜を知らしめんと欲す。

孝子 親に事へて禮を盡くすは、敬愛の心なり。周徧く禮の如くす。最後は親陵にてし、計吏を遣り、之に帯佩を賜ふ。八月の飲酎、上陵す。禮は亦た之の如くす。凡そ齋は、天地は七日、宗廟・山川は五日、小祠は三日なり。齋日内に汙染有らば、齋を解き、副倅 禮を行ふ。齋に先だつこと一日に汙穢災變有るも、齋祀は儀の如くす。[③]大喪は唯だ天郊のみ越紼して齋し、地以下は皆 百日の後 乃ち齋すこと、故事の如くす。

とあるような大規模なものであった。内官だけではなく、①「外國の朝者侍子」が陵に会することは、夷狄を対象とする称号である天子としての即位儀禮にも相応しい。②太常樂が奏する食擧樂には、「鹿鳴」など平生、天子が食膳に就くたびに演奏される楽曲のほか、「上陵」「天之命」「天之曆數」が含まれている。[二〇]③大喪の折には天への郊祀のみ越紼することも定められているように、明帝・章帝は、上陵の禮により、天子となったことを祖先に告げたのであろう。

章帝の崩御の後、光武帝廟（世祖廟）に君主の神主を集中して納める太廟制度の慣習が定まると（金子修一《二〇〇六》）、上陵の禮は残しながらも、皇帝として即位した後に高祖廟・世祖廟の二廟に拜謁することが慣習化した。前漢は、初期には柩前ではなく宗廟で即位していた。後漢最後の皇帝となった獻帝、および即位して一年足らずで崩御または廃位された殤帝・北鄉侯・沖帝・弘農王を除けば、和帝以降の皇帝は、すべて二廟に拜謁している。後漢の皇帝は、祖霊に見えることにより、受命者の天命を受け継ぎ天子として即位した、と考えることもできよう。しかし、二廟に拜謁するだけでは、『白虎通』が規定する天を祭ることによる天子としての即位は終わらない。やはり、越紼して天を祭り天子として〔a〕踰年即位して改元することが、天子即位には不可欠なのである。漢の伝統と明帝の上陵の故事を受けて、後漢では皇帝への即位を宗廟に告げ、そののちに翌年の正月、南郊祭天により天子として即位したのであろう。それは諡により傍証される。『白虎通』諡に、[二一]

謚なる者は何ぞや。謚の言爲るや引なり、列行の跡を引くなり。成徳を進勸し、上をして節に務めしむる所以なり。故に禮の特性に曰く、「古者 生けるに爵無くんば、死するも謚無し」と。此れ生けるに爵有らば、死すれば當に謚有るべきを言ふなり。

とある。『白虎通』の規定では、天子とは爵であり、皇帝とは號であった。謚は生前、爵を持っていた者だけに与えられる。北郷侯も弘農王も、皇帝として即位したことは『後漢書』に明記される。しかし、二人には謚はない。これに対して、殤帝と沖帝は二廟に拝謁していないにも拘らず、謚がある。天子という爵を持っていたためであろう。両者の差は即位月数の長さではない。北郷侯は八ヵ月も帝位に居り、沖帝は六ヵ月しか帝位に居なかった。しかし、その間に沖帝は、そして殤帝も、踰年して改元している。沖帝は二歳、殤帝は生後百余日であったが、踰年改元の際に、南郊祭天の儀禮を行ったのであろう。後漢最後の獻帝も皇帝即位の翌初平元（一九〇）年正月、南郊祭天を行い、董卓がこれに随行している。董卓が金華青蓋・爪描両幡の車に乗り天子に擬したのは（『後漢書』列傳五十下 蔡邕傳）、南郊祭天の重みを認識していたためであろう。このように後漢では、前漢の宗廟即位の伝統と明帝の故事を受けながら、高廟と世祖廟の二廟に拝謁することが尊重され[二二]、違禮である上陵の禮までもが行われたが、あくまでも天子としての即位は、南郊祭天により踰年即位して改元し、天命の継承を天に報告することにあったのである。

それでは、『白虎通』で定められた三年喪を明けたあとの天子統事は、どのように現実に反映したのであろうか。後漢では文帝の故事に基づき三年喪を大功を十五日・小功を十四日・纖服を七日の計三十六日間と短くしており（本書第三章参照）、三年喪が畢わったことを天子として宣言することはなかった。それでは、何の関わりもないのかというと、安帝が永平三（一〇九）年の春正月庚子に元服しているように〔b〕、幼帝の多かった後漢では、三年喪が明けたことを機に、元服する皇帝が多かった。元服は正月の甲子・丙子の日に行われることが原則であるため（『續漢書』

志四 禮儀上）、二十五ヵ月という三年喪がちょうど畢わる年でない場合もあるが、和帝（永元三〈八九〉年正月甲子、十三歳）・安帝（永平三〈一〇九〉年正月庚子、十六歳）・順帝（永建四〈一二九〉年正月丙子、十五歳、三年正月丙子は京師で大地震）・桓帝（建和二〈一四八〉年正月甲子、十六歳、三年正月は甲子・丙子無し）・靈帝（建寧四〈一七一〉年正月甲子、十六歳、三年正月は甲子・丙子無し）・獻帝（興平元〈一九四〉年正月甲子、十五歳、初平三〈一九二〉年正月は甲子・丙子無し、四年は戦乱中）のうち、桓帝を除くすべての天子が三年喪の畢わりを待って元服している。『儀禮』士冠禮の鄭玄注に依れば、元服は二十歳で行うべきものである。禮の規定よりも三年喪の畢わりを優先して後漢の皇帝が加冠しているところに、三年統事の規制力を見ることができる。元服は言うまでもなく、国政を天子自らが行う契機となる。『白虎通』に規定された三年喪明けの天子統事は、後漢では元服を加える時期に影響を与えていたのである。

以上のように、後漢における傳世の君主は、『白虎通』の規定にほぼ沿う形で、皇帝→天子の二段階の即位を行っていた。第一に、皇帝即位は、柩前で即日即位として行われ、その内容は、策命の奉読と璽綬の伝授であった。第二に、天子即位は、高廟と世祖廟への拜謁により受命者の天命を継承したのち、南郊祭天により天命の継承を天に報告する踰年即位により行われ、改元大赦された。さらに、三年喪が明けたのちの天子統事は、幼帝の続いた後漢では、加元服として表現された。それでは、皇帝→天子の二段階の即位は、禪讓の場合にはいかなる形を取るのであろうか。漢魏禪讓を事例に検討したい。

三、禪讓における君主の即位

尾形勇《一九七九》は、禪讓による即位儀禮は、通常の傳位とは逆に、皇帝即位→天子即位の順に行われるとする。しかし、二で検討したように、『白虎通』における理念型も、後漢における実際の傳位においても、皇帝即位↓天子即位の順で行われている。禪讓だけが異なる即位順を示すことがあるのだろうか。

尾形説が着目した漢魏禪讓では、干支の異なる二種の史料が併存する。結論的に言えば、第一は、庚午（二十八日）の干支を持つ皇帝即位の史料であり、第二は、辛未（二十九日）の干支を持つ天子即位の史料である。

庚午の干支を持つ皇帝即位の史料には、⑴『三國志』文帝紀・⑵『後漢紀』建安二十五年条・⑶『續漢書』郡國志の注がある。〈A〉〜〈C〉の記号を附して引用すると、⑴『三國志』巻二　文帝紀に、（二三）

> 漢帝　衆望の魏に在るを以て、乃ち群公卿士を召し、高廟に告祠す。〈A〉兼御史大夫の張音をして節を持し璽綬を奉じて位を禪らしむ。〈B〉册に曰く、「咨　爾《なんぢ》魏王、昔者　帝堯　位を虞舜に禪り、舜も亦た以て禹に命ず。天命　常に于てせず、惟だ有德に歸すのみ。漢道　陵遲し、世〻其の序を失ひ、降りて朕が躬に及ぶや、大亂　茲昏し、群兇　肆逆し、宇內　顚覆す。武王の神武に賴り、茲の難を四方に拯《すく》ひ、惟《ひと》り區夏を淸めて、以て我が宗廟を保綏す。豈に予一人　乂《やす》かるを獲んや。九服をして實に其の賜を受けしむ。今　王　欽みて前緒を承け、乃《なんぢ》が德を光《かがや》かし、文武の大業を恢《おほ》いにし、爾が考《ちち》の弘烈を昭《あきら》かにせよ。皇靈　瑞を降し、人神　徵を告げ、誕《おほ》いに惟れ采を亮《あきら》かにし、朕が命を師錫せよ。僉《みな》曰く、『爾が度をば克く虞舜に協《かな》はしめ、用て我が唐典に率《したが》ひ、敬ひて爾が位を遜《ゆづ》れ』と。於戲《ああ》、天の曆數は爾が躬に在り、允《まこと》に其の中を執れ。天祿は永く終へん。君　其れ祗《つつし》みて大禮に順《したが》ひ、茲の萬國を饗《う》けて、以て肅《つつし》みて天命を承けよ」と。乃ち壇を繁陽に爲る。〈C〉庚午、王　壇に升りて阼《そ》に卽き、百官　陪位す。事　訖はり、壇を降り、燎を視、禮を成して反る。延康を改めて黃初と爲し、大赦す。

とある。漢の獻帝が「衆望の魏に在る」ことを理由に、「高廟に告祠」したのち、張音に璽綬を奉じて〈A〉、册を与えさせ〈B〉、曹丕に禪讓を行っている。これは、二で検討した安帝の傳位における策命の奉読〔D〕が〈B〉に、璽綬の伝授〔E〕が〈A〉にあたるため、即日の皇帝即位である。すなわち、曹丕は建安二十五（二二〇）年十月庚午（二十八日）、「王 壇に升りて阼《そ》に即き、百官 陪位す」という儀禮により〈C〉、皇帝に即位したのである。一で確認したように、『白虎通』では、皇帝は「臣下に號令する」者と規定されていた。したがって、皇帝即位は、百官の前で行われる。

これを⑵『後漢紀』巻三十 獻帝紀 建安二十五年条は[二四]、

冬十月乙卯、詔して曰く、「朕 位に在ること三十有二載、天下 蕩覆するに遭ふも、幸にして宗廟の靈に頼り、危ふくして復た存す。然れども天文を瞻仰し、民心を俯察するに、炎精の數 既に終はり、行運 曹氏に在り。是を以て前王は既に神武の績を樹て、今王は又 明徳を光裕して以て其の期に應ず。是れ曆數 昭明たること、亦た知る可し。『①大道の行はるるや、天下を公と爲し、賢を選び能に與《くみ》す』と。故に唐堯は厥の子を私せずして名は無窮に播かる。朕 羨みて之を慕ひ、今 其れ踵を堯典に追ひ、位を魏王に禪らん」と。乃ち宗廟に告げ、〈A〉御史大夫の張音をして、皇帝の璽綬を奉ぜしめ、位を魏王に禪りて曰く、〈B〉「……」と。〈C〉庚午、魏王 ②皇帝の位に即き、改年して黄初と曰ふ。

と伝える。中略した册文〈B〉は⑴『三國志』文帝紀とほぼ同文である。⑵『後漢紀』の史料的価値は、第一に⑴『三國志』には記載されない十月乙卯の禪讓理由を述べた詔を掲げる点にある。その中に引用される①「大道の行はるるや、天下を公と爲し、賢を選び能に與《くみ》す」という『禮記』禮運篇には、禪讓の思想的準備が見られるのである（渡邉義浩〈二〇〇三a〉）。第二に、⑴『三國志』文帝紀が伝える即位儀禮を②「皇帝」即位として明記することにある。⑵『後漢紀』により、さらに明確に、獻帝の禪讓により、庚午に曹丕が皇帝として即日即位したことを理解できるのである。

また、⑶『續漢書』志二十 郡國二 潁川に引く劉昭注には、[二五]

獻帝 御史大夫の張音を遣はし、皇帝の〈A〉璽綬・〈B〉策書を奉じて、帝位を魏に禪る。是れ文帝 王位を繼ぎ、南巡して潁陰に在り。有司 乃ち壇を潁陰に爲る。〈C〉庚午、壇に登り、魏の相國たる華歆 跪きて璽綬を受《さづ》けて、以て王に進む。王 既に受け畢はり、壇を降り燎を視、禮を成して反る。

とある。⑶『續漢書』劉昭注は、璽綬が華歆から渡されるという皇帝即位儀禮の描写〈C〉がある点で、⑴『三國志』文帝紀・⑵『後漢紀』とは異なる史料的価値を持つ。皇帝としての即位儀禮には、続いて検討する天子即位のように、夷狄をも含む多くの参列者が描かれていない。⑴『三國志』文帝紀にも「百官」とあるように、皇帝即位の参列者は、内官だけである。ここにも、天子とは異なる皇帝即位の特徴を見ることができる。

庚午に曹丕が皇帝として即日即位したことを伝える⑴〜⑶の史料は共通性を持つ。⑴陳壽の『三國志』は、曹魏にのみ本紀を設けながらも、三國の君主の「告代祭天文」のうち、劉備のそれのみを掲げる史書である。表面上、曹魏を正統としながらも、その内実に後漢→季漢の正統継承を潜ませているのである（渡邉義浩〈二〇〇八b〉）。したがって、漢魏革命は、それを行った漢の側から説明される。漢とすれば、庚午に禪讓した時点で曹丕が皇帝として即日即位するのであるから、その時点で漢の歴史は終焉を迎える。翌日の天子即位を記録する必要はない。⑵袁宏の『後漢紀』もまた、その記述を劉備即位で擱筆するように、蜀漢の正統性を主張する史書である。同様に、曹丕の天子即位を記載する必要はない。⑶司馬彪の『續漢書』に注を附した劉昭も、曹魏に肩入れをする必要性を持たない。[二六] このように、漢の側から漢魏禪讓を記録する⑴〜⑶は、庚午に曹丕が皇帝として即日即位したことだけを伝えるのである。

一方、辛未の干支あるいは二十九日の日付を持つ史料には、⑷・⑸『三國志』巻二 文帝紀注引『獻帝傳』と⑹

「受禪表」碑がある。〈D〉〜〈G〉の記号を附して引用すると、⑷『三國志』巻二 文帝紀注引『獻帝傳』(二七)に、

辛未、①魏王 壇に登り受禪す。〈D〉公卿・列侯・諸將・②匈奴の單于・四夷の朝する者、數萬人 位に陪し、天地・五嶽・四瀆を燎祭す。〈E〉曰く、「③皇帝たる臣丕、敢て玄牡を用て、〈F〉④皇皇后帝に昭告す。漢 世を歷《ふ》ること二十有四、年を踐《ふ》むこと四百二十有六なるも、四海は困窮し、王綱は立たず、五緯は行を錯ひ、靈祥は竝びに見はる。術數を推す者、之を古道に慮り、咸 以爲へらく、天の曆數、運 茲の世に終はり、凡そ 諸《もろもろ》の嘉祥、民神の意は、比《しき》りに有漢の數終の極、〈G〉⑤魏家の受命の符を昭らかにすと。漢主 神器を以て宜しく臣に授くべしとし、有虞に憲章して、位を丕に致す。丕 天命を震畏し、休すと雖も休する勿し。羣公・庶尹・六事の人、外は將士に及び、⑥蠻夷の君長に洎び、僉 曰く、『天命は以て辭拒す可からず、神器は以て久曠す可からず。羣臣は以て主無かる可からず、萬幾は以て統無かる可からず』と。丕 祇《つつし》みて皇象を承く、敢て欽承せざらんや。之を守龜に卜するに、兆に大横有り、之を三易に筮するに、兆に革兆有り。謹みて元日を擇び、羣寮と壇に登り、帝の璽綬を受け、爾《なんぢ》大神に告類す。唯だ爾 神有らば、尚《ねがは》くは永吉に兆民の望を饗《う》け、有魏の世享に祚《むく》ひよ」と。遂に三公に制詔し、「上古 始めて君有るや、必ず恩化を崇びて以て風俗を美とし、然らば百姓 教に順ひて而して刑辟 厝く。今 朕 帝王の緒を承く。其れ延康元年を以て黄初元年と爲し、正朔を改め、服色を易へ、徽號を殊にし、律度量を同にし、土行を承くることを議せ。天下に大赦し、殊死より以下、諸〻の當に赦を得られざるべきものも、皆 赦して之を除け」と。

とある。⑴〜⑶までの庚午の干支を持つ史料との第一の違いは、⑷『獻帝傳』が〈E〉「告代祭天文」を記録することにある。③「皇帝たる臣丕」より始まる〈E〉告代祭天文には、③「皇帝たる臣丕」が④「皇皇后帝」と表現される天に、王朝の交代を告げている。つまり、辛未の儀禮は、天に対して君主が臣を称して皇帝としての即位を報告

し、そののちに天命を受けた天子として即位する天子即位の儀禮なのである。第二の違いは、〈D〉参列者にある。⑴が「百官」のような内臣の参列であったことに対して、⑷では「公卿・列侯・諸將」のほか、②「匈奴單于・四夷の朝する者」が、「數萬人 位に陪し」する⑥「蠻夷の君長に洎」ぶ参列者があったことを伝える。四夷に対する称号である天子としての即位儀禮であったことが、参列者からも理解できるのである。第三の違いは、璽綬を受けたことを言いながら、⑴～⑶のいずれもが掲げる獻帝の使者張音に触れないことである。④が曹魏の側から禪讓を描いたものであることが分かろう。

同じく⑸『三國志』巻二 文帝紀注引『獻帝傳』には、尚書令の桓階が二十九日（辛未）に登壇すべきとした上奏が掲げられる。『三國志』巻二 文帝紀注引『獻帝傳』[二八]に、

> 是に於て尚書令の桓階ら奏して曰く、「……陛下 天に應じて受禪し、當に速やかに壇場に卽き、〈F〉④上帝を柴燎すべし。誠に宜しく久しく神器を停め、億兆の願ひを拒むべからず。臣 輒ち太史令に下し元辰を擇ばしむ。今月の二十九日、〈G〉壇に登りて⑤受命す可し。王公羣卿に詔するを請ふ。具さに禮儀を條して別に奏せん」と。令して曰く「可」と。

とある。⑸『獻帝傳』でも、二十九日（辛未）の儀禮が、⑷の〈F〉では④「皇皇后帝」と表現されていた④「上帝」、すなわち天を柴燎する天子即位の儀禮であることが述べられる。また、⑷の〈G〉では⑤「魏家の受命の符」を明らかにするためとされていた儀禮が、⑸でも⑤「受命」のために行われるべきことが明記されている。

また、河南省臨潁県繁城鎮に現存する受禪臺の近くに保管される「魏公卿上尊號奏」碑・「受禪表」碑の二碑のうち、⑹辛未の紀年を持つ「受禪表」碑にも、天子即位の様子が『尚書』により文飾されながら描かれている。詳細な検討は、本書第九章で行うが、⑷『獻帝傳』の齟齬を解決し得ることだけ確認する。⑷『獻帝傳』では、①「魏王

壇に登り受禪す」と「魏王」と表記しながら、曹丕の自称では、③「皇帝たる臣丕」と皇帝を自称しており、同一史料内に齟齬がある。⑹「受禪表」碑は、「維《こ》れ黄初元年冬十月辛未、皇帝 漢氏より受禪す」と、魏王の部分を皇帝としており、石に刻まれて伝世した「受禪表」碑によって史料批判を行えば、⑷『獻帝傳』の「魏王」は「皇帝」と考え得るのである。

辛未（二十九日）に曹丕が天子として卽位告天したことを伝える⑷〜⑹の史料は、いずれも曹魏の側から漢魏禪讓を説明している。曹魏にとって重要なことは、漢から禪讓された皇帝の地位を天が承認して、天命を受けた曹魏の皇帝が天子となることなのであった。

以上のように、漢魏では、禪讓における君主の卽位も、皇帝卽位が先行して、その後に天子として卽位する。受禪臺の傍ら建てられた「魏公卿上尊號奏」碑は、漢の獻帝の庚午の詔を引き出す臣下の輿論を中心に描き、曹魏の側から皇帝卽位を記録している（本書第八章）。一方、「受禪表」碑は、曹魏の側から天子卽位を言祝いでいる。受禪臺の傍らに置かれた「魏公卿上尊號奏」碑・「受禪表」碑の二碑は、皇帝卽位↓天子卽位という漢魏革命の二段階卽位をそれぞれ記念して建てられたものなのである。

おわりに

漢魏における君主は、皇帝卽位から天子卽位へという二段階の卽位を行っていた。

傳位の場合、それは細分化すれば三段階卽位として行われた。第一に、君主は先君の崩御を受けて、柩前で即日卽位により皇帝として卽位する。その際の卽位儀禮は、策命奉読と璽綬伝授が中心であった。第二に、皇帝は、越紼して南郊祭天を行うことにより、天子として踰年即位して改元する。その際、祭天より以前に、高廟と世祖廟の二廟に親謁し、受命者より天命を継承することを重視する点は、漢の伝統を引き継ぐものであった。さらに、先君の三年喪が明けると、正式に政治を開始するが、幼帝の場合、天子統事は加元服として表現された。

禪讓の場合、前王朝より册と璽綬を受けることにより、皇帝として即位する。そののち、告代祭天文により天を祭ることにより、天命を受け天子として即位するのである。

ただし、かかる告代祭天の儀禮は、後漢から北周の建国時までは皇帝親祭で行われていたが、隋唐では有司攝事となる（金子修一《二〇〇六》）。後漢や西晉といった「儒教國家」が崩壊した後、告代祭天がなおざりにされていく過程は、北族の慣習や佛教・道教の擡頭に伴う天觀念の變遷より考えるべきであろう。

《注》

（一）金子修一《二〇〇六》四三四頁。また、松浦千春〈一九九三〉・〈二〇〇四〉・〈二〇〇五〉も、皇帝即位だけであると主張する。なお、金子が西嶋・尾形説への最初の批判として重視する小島毅〈一九九一〉は、「「皇帝」即位の後で、祖霊もしくは上帝にまみえる形で「天子」即位式を行っていたとも解釈できるのではなかろうか」と述べているが、本章の考察結果は、小島の推論と一致する。

（二）天子者、爵稱也。爵所以稱天子何。王者父天母地、爲①天之子也（『白虎通』爵）。なお、『白虎通』は、陳立《一九九四》を底本とした。

（三）帝王者何、號也。號者、功之表也。所以表功明德、②號令臣下者也（『白虎通』號）。

（四）或稱天子、或稱帝王何。以爲、接上稱天子者、明以爵③事天也。接下稱帝王者、明位號天下至尊之稱、以②號令臣下也（『白虎通』號）。

（五）皇帝・天子の機能分化と皇帝六璽については、西嶋定生〈一九七〇〉を參照。

（六）何以知帝亦稱天子也。以法天下也。中候曰、天子臣放勛（『白虎通』爵）。放勛は帝堯のこと。なお、『尚書中候』の文献学的問題およびその成立については、間嶋潤一〈一九九三〉・〈一九九六〉を参照。

（七）本書第二章。なお、主宰者としての天の理解については、池田知久〈一九九四〉を、孝と天との関係については、渡辺信一郎〈一九八七〉を、『白虎通』の後漢における規制力については、池田秀三〈一九九五〉も参照。

（八）天子大歛之後稱王者、明民臣不可一日無君也。故尙書曰、①王麻冕黼裳。此大斂之後也。何以知不從死後加王也。以上言②迎子釗不言迎王。王者既殯而卽繼體之位何。❶緣民臣之心不可一日無君。故先君不可得見、則後君繼體矣。故尙書曰、③王再拜、興、對、④乃受銅瑁也。明爲繼體君也。緣始終之義、一年不可有二君也。故尙書曰、⑤王釋冕喪服。吉冕服受銅、稱王以接諸侯、明已繼體爲君也。釋冕藏銅反喪服、明未稱王以統事也（『白虎通』爵）。

（九）九年春、毛伯來求金。毛伯者何。天子之大夫也。何以不稱使。當喪、未君也。踰年矣、何以謂之未君。卽位矣而未稱王也。未稱王、何以知其卽位。❷以諸侯之踰年卽位、亦知天子之踰年卽位也。❸以天子三年然後稱王、亦知諸侯於其封內三年稱子也。踰年稱公矣、則曷爲於其封內三年稱子。❶緣民臣之心、不可一日無君。緣終始之義、一年不二君。不可曠年無君、❹緣孝子之心、則三年不忍當也（『春秋公羊傳』文公九年）。

（一〇）不可曠年無君、故踰年乃卽位改元。元以名年、年以紀事、君名其事矣。而未發號令也。何以踰年卽位改元也。春秋傳曰、❷以諸侯踰年卽位、亦知天子踰年卽位也。春秋曰、元年春、王正月、公卽位。改元位也。王者改元、卽事天地。諸侯改元、卽事社稷。王制曰、夫喪三年不祭、①唯祭天地社稷、爲越紼而行事（『白虎通』爵）。

（一一）春秋傳曰、❸天子三年、然後稱王者、謂稱王統事發號令也。尙書曰、高宗諒闇三年、是也。論語曰、君薨、百官總已聽于冢宰三年。❹緣孝子之心、則三年不忍當也。故三年除喪、乃卽位統事、踐祚爲主、南面朝臣下、稱王以發號令也。故天子・

諸侯、凡三年卽位、終始之義乃備、所以諒闇三年、卒孝子之道（『白虎通』爵）。

（一二）諒闇については、渡邊義浩〈二〇〇五ｄ〉を参照。

（一三）〔A〕八月、殤帝崩。（鄧）太后與兄車騎將軍鄧騭定策禁中。其夜、使騭持節、以王青蓋車迎帝、齋于殿中。〔B〕皇太后御崇德殿、百官皆吉服、羣臣陪位、引拜帝爲長安侯。〔C〕皇太后詔曰、先帝聖德淑茂、早棄天下。朕奉皇帝、夙夜瞻仰日月、冀望成就。豈意卒然顚沛、天年不遂、悲痛斷心。朕惟平原王素被痼疾。念宗廟之重、思繼嗣之統、唯長安侯祜質性忠孝、小心翼翼。能通詩・論、篤學樂古、仁惠愛下。年已十三、有成人之志。親德係後、莫宜於祜。禮、昆弟之子猶己子。春秋之義、爲人後者爲之子、不以父命辭王父命。其以祜爲孝和皇帝嗣、奉承祖宗。案禮儀奏。〔D〕又作策命曰、惟延平元年秋八月癸丑、皇太后曰、咨長安侯祜、孝和皇帝懿德巍巍、光于四海、大行皇帝不永天年。朕惟侯孝章帝世嫡皇孫、謙恭慈順、在孺而勤。宜奉郊廟、承統大業。今以侯嗣孝和皇帝後。其審君漢國、允執其中。一人有慶、萬民賴之。皇帝其勉之哉。〔E〕①讀策畢、太尉②奉上璽綬、卽皇帝位。年十三。太后猶臨朝。〔F〕九月庚子、③謁高廟。辛丑、③謁光武廟。……〔G〕丙寅、④葬孝殤皇帝于康陵。……〔a〕永初元年春正月癸酉朔、大赦天下。〔b〕三年春正月庚子、皇帝加元服。大赦天下。賜王・主・貴人・公・卿以下金帛各有差、男子爲父後及三老・孝悌・力田爵人二級、流民欲占者人一級（『後漢書』本紀五 安帝紀）。

（一四）『續漢書』志六 禮儀下に、「三公は尚書の顧命を奏し、太子は卽日、天子の位に柩前に卽く。太子の皇帝の位に卽き、皇后の皇太后と爲るを請ふ。奏 可とせられ、羣臣は皆 出で、吉服して入り會すること儀の如くす。太尉は阼階より升り、柩の御坐に當たり、北面して稽首し、策を讀む。畢はれば、傳國の玉璽・綬を以て、東面し跪きて皇太子に授く。皇帝の位に卽く（三公奏尚書顧命、太子卽日、卽天子位于柩前。請太子卽皇帝位、皇后爲皇太后。奏可、羣臣皆出、吉服入會如儀。太尉升自阼階、當柩御坐、北面稽首、讀策。畢、以傳國玉璽・綬、東面跪授皇太子。卽皇帝位）」とある。『全譯後漢書』志（二）禮儀（汲古書院、二〇〇二年）では、西嶋説によりこの部分を以上のように読んだが、『尚書』顧命篇・『白虎通』のいずれもが、即日即位を王としての即位する。したがって、「三公……奏可」の間には、何らかの誤脱があると考えられ、ここのみを論拠に天子即位を主張することは難しい。注（一）所掲金子著書および松浦論文の西嶋説への批判を参照。

（一五）安帝・少帝・順帝・質帝・桓帝・靈帝は、先帝の崩御が異変あるいは政変によるか、無嗣のため王家より入継したため即日卽位ではない。また、前漢では武帝以外で即日卽位が見られないことは、西嶋定生〈一九七五〉の説くとおりである。前漢に比べた場合、後漢の皇帝卽位が『白虎通』の即日卽位の規定に従おうとしていることが分かる。

（一六）永初元（八九）年春正月に、安帝が南郊祭天したことは本紀には見えない。しかし、後漢の皇帝が毎正月に南郊祭天したことは、注（一七）に後掲する『續漢書』志四 禮儀志のとおりである。金子修一《二〇〇六》も参照。

（一七）正月上丁、祠南郊。禮畢、次北郊・明堂・高廟・世祖廟。謂之五供。五供畢、以次上陵（『續漢書』志四 禮儀上）。

（一八）建寧五年正月、車駕上原陵、蔡邕爲司徒掾、從公行。到陵、見其儀、愾然謂同坐者曰、聞、①古不墓祭。②朝廷有上陵之禮、始爲可損。今見威儀、察其本意、③乃知孝明皇帝至孝惻隱、不可易舊。或曰、本意云何。昔京師在長安時其禮、不可盡得聞也。光武卽世、始葬于此。明帝嗣位踰年、羣臣朝正、感先帝不復聞見此禮、乃帥公卿・百僚、就園陵而創焉。尚書階西祭設神坐。天子事亡、如事存之意。苟先帝有瓜葛之屬、男女畢會、王・侯・大夫・郡國計吏、各向神坐而言、④庶幾先帝神魂聞之。今者日月久遠、後生非時、人但見其禮、不知其哀。以、明帝聖孝之心、親服三年、久在園陵、初興此儀、仰察几筵、下顧羣臣、悲切之心、必不可湛（『續漢書』志四 禮儀上 注引謝承『後漢書』）。

（一九）西都舊有上陵。東都之儀、百官・四姓親家婦女・公主・諸王大夫・外國朝者侍子・郡國計吏會陵。晝漏上水、大鴻臚設九賓、隨立寢殿前。鍾鳴、謁者治禮引客、羣臣就位如儀。乘輿自東廂下、太常導出。西向拜、折旋升阼階、拜神坐。退坐東廂、西向。侍中・尚書・陛者、皆神坐後。公卿・羣臣謁神坐、太官上食、太常樂奏食擧、文始・五行之舞。禮樂闋、羣臣受賜食。畢、郡國上計吏以次前、當神軒占其郡國穀價、民所疾苦、欲神知其動靜。孝子事親盡禮、敬愛之心也。周徧如禮。最後親陵、遣計吏、賜之帶佩。八月飲酎、上陵。禮亦如之。凡齋、天地七日、宗廟山川五日、小祠三日。齋日內有汙染、解齋、副倅行禮。先齋一日有汙穢災變、齋祀如儀。大喪唯天郊越紼而齋、地以下皆百日後乃齋、如故事（『續漢書』志四 禮儀上）。

(二〇) 増田清秀《一九七五》。増田によれば、これらの楽曲は、上陵だけではなく、宗廟でも演奏されたという。

(二一) 諡者何也。諡之爲言引也、引列行之跡也。所以進勸成德、使上務節也。故禮特牲曰、古者生無爵、死無諡。此言生有爵、死當有諡也（『白虎通』諡）。

(二二) なお金子修一《二〇〇六》は、後漢において二廟への拜謁が一連の即位行事の最後におかれるようになったことを、策書が用いられることを重視しながら、謁廟そのもので帝位継承者の権威を示す必要が無くなったためである、としている。『白虎通』で踰年改元即位が規定されながらも、謁廟が続いたことは、上陵の禮などの伝統を踏まえた漢家の故事の根強さを示す、と考えられる。

(二三) 漢帝以衆望在魏、乃召羣公卿士、告祠高廟。〈A〉使兼御史大夫張音持節奉璽綬禪位。〈B〉册曰、咨爾魏王。昔者帝堯禪位於虞舜、舜亦以命禹。天命不于常、惟歸有德。漢道陵遲、世失其序、降及朕躬、大亂茲昏、羣凶肆逆、宇内顚覆。賴武王神武、拯茲難於四方、惟淸區夏、以保綏我宗廟。豈予一人獲乂、俾九服實受其賜。今王欽承前緒、光于乃德、恢文武之大業、昭爾考之弘烈。皇靈降瑞、人神告徵、誕惟亮采、師錫朕命、僉曰、爾度克協于虞舜、用率我唐典、敬遜爾位。於戲、天之曆數在爾躬、允執其中。天祿永終。君其祗順大禮、饗茲萬國、以肅承天命。乃爲壇於繁陽。〈C〉庚午、王升壇卽阼、百官陪位。事訖、降壇、視燎、成禮而反。改延康爲黃初、大赦（『三國志』卷二 文帝紀）。

(二四) 冬十月乙卯、詔曰、朕在位三十有二載、遭天下蕩覆、幸賴宗廟之靈、危而復存。然瞻仰天文、俯察民心、炎精之數既終、行運在乎曹氏。是以前王既樹神武之績、今王又光裕明德以應其期。是曆數昭明、亦可知矣。①大道之行、天下爲公、選賢與能。故唐堯不私於厥子而名播於無窮。朕羨而慕之、今其追踵堯典、禪位于魏王。乃告宗廟、〈A〉使御史大夫張音、奉皇帝璽綬、禪位于魏王曰、〈B〉……。〈C〉庚午、②魏王卽皇帝位、改年曰黃初（『後漢紀』卷三十 獻帝紀 建安二十五年）。

(二五) 獻帝遣御史大夫張音、奉皇帝〈A〉璽綬・〈B〉策書、禪帝位於魏。是文帝繼王位、南巡在潁陰。有司乃爲壇於潁陰。〈C〉庚午、登壇、魏相國華歆跪受璽綬、以進於王。王既受畢、降壇視燎、成禮而反（『續漢書』志二十 郡國二 潁川注）。

(二六) 『三國志』については、渡邉義浩〈二〇〇八b〉、『後漢紀』については、中林史朗・渡邉義浩《一九九九》、劉昭については、小林岳〈一九九二〉・〈一九九四〉・〈一九九七〉を参照。

（二七）辛未、①魏王登壇受禪。〈D〉公卿・列侯・諸將・②匈奴單于・四夷朝者、數萬人陪位、燎祭天地・五嶽・四瀆。〈E〉曰、③皇帝臣丕、敢用玄牡、〈F〉昭告于④皇皇后帝。漢歷世二十有四、踐年四百二十有六、四海困窮、王綱不立、五緯錯行、靈祥竝見。推術數者、慮之古道、咸以爲、天之曆數、運終茲世、凡諸嘉祥、民神之意、比昭有漢數終之極、〈G〉⑤魏家受命之符。漢主以神器宜授於臣、憲章有虞、致位于丕。丕震畏天命、雖休勿休。羣公・庶尹・六事之人、外及將士、⑥洎于蠻夷君長、僉曰、天命不可以辭拒、神器不可以久曠。羣臣不可以無主、萬幾不可以無統。丕祗承皇象、敢不欽承。卜之守龜、兆有大横、筮之三易、兆有革兆。謹擇元日、與羣寮登壇、受帝璽綬、告類于爾大神。唯爾有神、尚饗永吉兆民之望、祚于有魏世享。遂制詔三公、上古之始有君也、必崇恩化以美風俗、然百姓順教而刑辟厝焉。今朕承帝王之緒。其以延康元年爲黃初元年、議改正朔、易服色、殊徽號、同律度量、承土行。大赦天下、自殊死以下、諸不當得赦、皆赦除之（『三國志』卷二文帝紀注引『獻帝傳』）。

（二八）於是尚書令桓階等奏曰、……陛下應天受禪、當速卽壇場、〈F〉柴燎④上帝。誠不宜久停神器、拒億兆之願。臣輒下太史令擇元辰。今月二十九日、〈G〉可登壇⑤受命。請詔王公羣卿。具條禮儀別奏。令曰可（『三國志』卷二 文帝紀注引『獻帝傳』）。

第八章　「魏公卿上尊號奏」にみる漢魏革命の正統性

はじめに

宋の洪适『隷釋』巻十九に著録される「魏公卿上尊號奏」は、曹魏の文帝が後漢の禪譲を受けるように臣下が勸進したことを伝える碑である。(一) いまも許昌市の南郊の臨潁県繁城鎮内に現存し、省文物保護単位に指定されている。圭主で穿が有り、額題には篆書で「公卿將軍上尊號奏」の八字が陽刻される。碑文は隷書で三十二行（うち十行は碑陰）四十九字である。本章は、「魏公卿上尊號奏」に現れた漢魏革命の正統性を検討するものである。

一、漢魏革命の経緯

漢魏革命は、王莽のそれに次ぐ史上二度目の禪譲という形式を取った。革命の正統性を形式面で支えた禪譲までの経緯は、『三國志』巻二 文帝紀 注引『獻帝傳』が詳細に伝えている。(二) 番号を附しながら、その概略を整理することから始めよう。

①張魯の部下であった左中郎將の李伏が、孔子の玉版に魏公の子桓（文帝曹丕）の天下統一が予言されている、と

かつて姜合が張魯に伝えていたことを上書して卽位を促す。しかし、曹丕は布令で拒否する。②侍中の劉廙・辛毗・劉曄、尙書令の桓階、尙書の陳矯・陳羣、給事黄門侍郎の王毖・董遇らが、李伏の上書を受けて勸進するが、曹丕は布令で拒否する。③辛亥（九日）、太史丞の許芝が、黄龍が現れたという瑞祥と数多くの緯書、さらには五德終始説・分野説を掲げて、魏が漢に代わるべきことを主張する。④曹丕は布令で、周の文王の事例を掲げ、禪讓を受ける意志のないことを表明する。⑤侍中の辛毗・劉曄、散騎常侍の傅巽・衞臻、尙書令の桓階、尙書の陳矯・陳羣、給事中・博士・騎都尉の蘇林・董巴らが、許芝の上書を受けて勸進するが、曹丕は布令で拒否する。⑥癸丑（十一日）、督軍・御史中丞の司馬懿、侍御史の鄭渾・羊祕・鮑勛・武周らが勸進するが、曹丕は布令で拒否する。

以上①〜⑥は、臣下から曹丕に対して、卽位することを求める動きであり、漢の獻帝が禪讓を言い出すことはない。続いて、獻帝の禪讓の詔からの動きをみていこう。

⑦乙卯（十三日）、漢の獻帝が魏王の曹丕に天下を讓る詔勅を下し、使持節・行御史大夫事・太常の張音に皇帝の璽綬を奉ぜさせる。⑧これを受け、尙書令の桓階が二度にわたり卽位を求めて上奏するが、曹丕は二度とも布令で拒否する。⑨侍中の劉廙・散騎常侍の衞臻らが奏議して受禪臺をつくることを上奏するが、曹丕は布令で拒否する。⑩己未（十七日）、曹丕は璽綬を返上する布令を出す。⑪輔國將軍の劉若（三）たち百二十人が二度にわたり上書して勸進するが、曹丕は拒否する。⑫侍中の劉廙は卽位を求めて上奏するが、曹丕は布令で拒否する。⑬庚申（十八日）、曹丕は漢の獻帝に上書して、正式に⑦による受禪を拒否した。

以上⑦〜⑬は、獻帝の一回目の⑦禪讓の詔を曹丕が⑬拒否するまでの動向である。⑪に名が掲げられる劉若は、本章の中心となる「魏公卿上尊號奏」中にも、五番目という高位の順序で名を連ねている。

⑭辛酉（十九日）、給事中・博士の蘇林と董巴が分野説に加え、魏の氏族が顓頊から出て、舜と祖先を同じくするこ

とを上奏して勸進するが、曹丕は布令で拒否する。⑮壬戌（二十日）、漢の獻帝は、第二次の禪位の詔書を下す。⑯これを受け、尙書令の桓階は卽位を求めて上奏するが、曹丕は拒否する。⑰甲子（二十二日）、曹丕は、⑮壬戌の詔書を正式に拒否する。

以上⑭～⑰が、獻帝の二回目の⑮禪讓の詔を曹丕が⑰拒否するまでの動向である。

⑱侍中の劉廙たちは卽位を求めて上奏するが、曹丕は拒否する。⑲丁卯（二十五日）、漢の獻帝は第三次の册詔を下して禪位を伝える。⑳それを受けて相國の華歆、太尉の賈詡、御史大夫の王朗および九卿は卽位を求めて上書するが、曹丕は布令で拒否する。㉑己巳（二十七日）、曹丕は⑲による受禪を正式に辞退する上書を漢の獻帝に提出する。

以上⑱～㉑が、獻帝の三回目の⑲禪讓の詔を曹丕が㉑拒否するまでの動向である。ここまでのやりとりにより、「三讓」の形は整った。

㉒相國の華歆、太尉の賈詡、御史大夫の王朗および九卿は、勸進文を上奏する。㉓庚午（二十八日）、漢の獻帝からの第四次の禪位の詔勅が出される。㉔これを受けた尙書令の桓階の卽位を求める上奏が行われる。㉕受諾の布令が出される。

以上㉒～㉕が、禪讓の受諾であり、『獻帝傳』の記載はここで終わる。

尾形勇《一九七九》によれば、この後、㉖同日（庚午（二十八日））、獻帝は張音を使者として「皇帝璽綬」と禪位の「册」を曹丕に遣る。㉗同日（庚午（二十八日））、「皇帝璽綬」の拝領を内容とする儀禮を挙行して皇帝に卽位する。㉘辛未（二十九日）、皇帝として上帝に対峙し、燔燎告天の祭祀を挙行する。「受命の禮」を行って天子として卽位する。こうして、皇帝→天子の順で曹丕が卽位し、漢魏禪讓は完了する、という。

以上のような繁雜な手続きの中で、曹丕は、⑦・⑮・⑲・㉓と四次にわたり漢の獻帝に禪位の詔勅を出させ、⑬・

⑰・㉑と「三讓[四]」の形を整えて漢からの禪讓を受け、曹魏を建国したのである。かかる経緯の中で、曹魏の臣下団が受禪の正統性を奉る最も重要な機会は、㉒臣下団からの最終的な勸進文となる。その証拠に㉒の勸進文は、碑に刻まれ後世に伝えられた。『隷釋』巻十九に著録される勸進文「魏公卿上尊號奏」であり、それを刻んだ「魏公卿上尊號奏」碑は、現在も受禪臺の傍らに保管されている。

二、「魏公卿上尊号奏」

『隷釋』巻十九に著録される勸進文「魏公卿上尊號奏」は、字句の欠落が多い。そこで『三國志』巻二 文帝紀 注引『獻帝傳』により補正し、その部分を〔 〕、渡邉による訂正を〈 〉・補を（ ）により示し、七段落に分けて原文を掲げておく。なお、冒頭と末尾に掲げられた四十六名の連名部分は、行論上、三で考察することにしたい。

相國安樂侯臣（華）歆。大〈太〉尉都亭侯臣（賈）詡。御史大夫安陵亭侯臣（王）朗。使持節行都督督軍車騎將軍陳侯臣（曹）仁。輔國將軍清苑鄉侯臣（劉）若。虎牙將軍南昌亭侯臣（鮮于）輔。輕車將軍都亭侯臣（王）忠。冠軍將軍好畤侯臣（楊）秋。渡〈度〉遼將軍都亭侯臣（閻）柔。衞將軍國明亭侯臣（曹）洪。使持節行都督督軍鎭西將軍東鄉侯臣（曹）眞。使持節行都督督軍領揚州刺史征東將軍安陽鄉侯臣（曹）休。使持節行都督督軍征南將軍平陵亭侯臣（夏侯）尙。使持節行都督督軍徐州刺史鎭東將軍武安鄉侯臣（臧）霸。使持節左將軍中鄉侯臣（張）部。使持節右將軍建鄉侯臣（徐）晃。使持節前將軍都鄉侯臣（張）遼。使持節後將軍華鄉侯臣（朱）靈。匈奴南單于臣（呼廚）泉。奉常臣（邢）貞。郎中令臣（和）洽。衞尉安國亭侯臣（程）昱。大〈太〉僕臣（何）夔。大理東武亭侯臣（鍾）繇。大農臣（袁）霸。少府臣（常）林。督軍御史將作大匠千秋亭侯臣（董）照〈昭〉。中領軍中陽鄕侯臣（夏侯）楙。中護軍臣（?）陟。屯騎校尉都亭侯臣（郭）祖。長水校尉關內侯臣（戴）淩〈陵〉。步兵校尉關內侯臣（任）福。射聲校尉關內侯臣（胡）質。振威將軍鄕亭侯臣（?）題。征虜將軍都亭侯臣（焦）觸。振武將軍尉猛亭侯臣（?）當。忠義將軍樂鄕亭侯臣（溫）（五）生。建節將軍平樂亭侯臣（閻）圃。安衆將軍元就亭侯臣（?）神。翼衞將軍都亭侯臣（趙）衢。討夷將軍成遷亭侯臣（?）愼。懷遠將軍關內侯臣（傅）巽。綏邊將軍常樂亭侯臣（李）俊。安夷將軍高梁亭侯臣（?）昺。奮武將軍長安亭侯臣（?）豐。武衞將軍安昌亭侯臣（許）楮〈褚〉等稽首言、

臣等前上言、漢帝奉天命以固禪、羣臣因天命以固請、而陛下違天命以固辭。臣等頑愚、猶知其不可、況神祇之心乎。宜蒙納許、以福海內欣戴之望。而丁卯制書詔臣等曰、〔以德、則孤不〕足、以時、則虜未滅。若以羣賢之靈、得保首領終君魏國、於孤足矣。若孤者胡足以辱四海、至乎天瑞・人事皆先王聖德遺慶、孤何有焉。是以未敢聞命。

臣等伏讀詔書、於邑益甚。臣等聞易稱、聖人奉天時、而論曰、君子畏天命、〔天命有去就〕、然後帝者有禪代。是以唐之禪虞、命以在爾。虞之順唐、謂之受終。堯知天命去已、故不得不禪。舜知歷數在躬、故不〔敢不受、不得〕不禪、奉天時也。不敢不受、畏天命也。漢朝雖承季末陵遲之餘。猶務奉天命、以則堯道。是以禪帝位、而歸二女。陛下正於大魏受命之初、抑虞夏之達節、尙延陵之讓體。所枉者大、所直者小。所詳者輕、所略者重。中人・凡士、〔猶爲〕陛下陋之。歿者有靈、則重華必忿憤於倉梧之神墓、大夏必鬱悒於會稽之山陰。武王必不悅於高陵之玄宮矣。是以臣等敢以死請。

且漢政在奄宦、祿去帝室七世矣。遂集矢石于其宮殿、而二京爲之丘虛。〔當是之時、四海蕩〕覆、天下分崩。武王親衣甲而冠胄、沐雨而櫛風、爲民請命、則活萬國、爲世撥亂、則致升平、鳩民而立長、築宮而置吏、元〔元

無過、罔〕於〔前業、而始有〕造於華裔。

陛下即位、光昭文德、以翊武功、勤恤民隱、視之如傷、懼者寧之、勞者休之、寒者以煖、飢者以充、遠人以德服、冠敵以〔恩降〕、邁恩種德、光被四表、稽古篤睦、茂于放勳、罔漏吞舟、裕于周文。是以布政未朞、人神並和、皇天則降甘露而臻四靈、〔后土則〕挺芝〔草而〕吐醴泉、虎・豹・鹿・兎、咸素其色、雉・鳩・燕・爵、亦白其羽、連理之木、同心之瓜、五采之魚、珍祥・瑞物、雜遝於其間者、無不畢備。〔古〕人有言、微〔禹〕、吾其魚乎。微大魏、則臣等之白骨、既交横于曠野矣。

伏省羣臣內外前後章奏、所以陳敍陛下之符命者、莫不條河洛之圖書、授天地之瑞應、因漢朝之款誠、宣萬方之景附、可謂信矣。著矣。□矣。裕矣。高矣。郡矣。〔三王〕無以及、五帝無以加、民命之懸於魏邦、民心之繫於魏政、世有餘年矣。〔此〕乃千世時至之會、萬載壹遇之秋、達節廣〔度、宜昭〕於〔斯際、拘〕攣狹〔節〕、不施於此時、久稽天命、罪在臣等、輙營壇場、具禮儀、擇吉〔日〕、昭告昊天上帝、秩羣神之禮、須禋祭畢、〔會群寮〕于朝〔堂〕、議年號・正朔・服色、當所以施行。臣謹拜表朝堂。

臣歆・臣詡・臣朗・臣仁・臣若・臣輔・臣忠・臣秋・臣柔・臣洪・臣眞・臣休・臣尙・臣霸・臣郃・臣晃・臣遼・臣靈・臣泉・臣貞・臣洽・臣昱・臣夔・臣繇・臣霸・臣林・臣照〈昭〉・臣楙・臣陟・臣祖・臣淩〈陵〉・臣福・臣質・臣題・臣觸・臣當・臣生・臣圃・臣神・臣衢・臣愼・臣巽・臣俊・臣昺・臣豊・臣楮〈褚〉、誠惶誠懼、頓首頓首、死罪死罪。

それでは、「魏公卿上尊號奏」の本文を便宜上、五段落に分けて書き下し、検討していこう。行論と係わる部分には番号をつけた傍線を附し、また（　）により字句を補った。なお、冒頭と末尾に掲げられた四十六名の連名は、三で扱うことにする。

⑴臣ら 前に上言すらく、「漢帝は天命を奉じて以て固く禪し、羣臣は天命に因りて以て固く請ふも、陛下は天命に違ひて以て固く辭す。臣ら頑愚なるも、猶ほ其の不可なるを知る。況んや神祇の心をや。宜しく納許を蒙むり、以て海內 欣戴の望に福ふるべし」と。而るに丁卯の制書もて臣らに詔して曰く、「德を以てすれば、則ち孤は足りず、時を以てすれば、則ち虜は未だ滅びず。若し羣賢の靈を以て、首領を得保し終に魏國に君たれば、孤に於て足る。孤の若き者は、胡ぞ以て四海を辱むるに足らんや。天瑞・人事に至りては 皆 先王の聖德の遺慶ならん。孤は何ぞ焉有らんや」と。是を以て未だ敢へて聞命せず。

第一段落では、これまでの経緯が確認される。「前の上言」すわなち⑳相國の華歆・太尉の賈詡・御史大夫の王朗および九卿が行った上書の概略を述べ、それを拒否する曹丕の布令を「丁卯の制書」と呼んで、それへの無念を語る。そして、続く第二段落の冒頭で「詔書」、すなわち㉑己巳（二十七日）、曹丕が受禪を正式に辞退する上書を漢の獻帝に提出したことを悲嘆することから勸進は始まる。

⑵臣ら伏して詔書を讀むに、於邑すること益〻甚だし。臣ら聞く、易（巻一 乾）に稱すらく、「聖人は天の時を奉ず」、と。而して論（語の季氏）に曰く、「君子は天命を畏る」と。天命には去就有り、然る後 帝には禪代有り。是を以て唐の虞に禪るや、命 以て爾に在りとす。❶虞の唐に順ふや、之を受終と謂ふ。堯は天命の去り已はるを知る、故に禪らざるを得ず。❷舜は歷數の躬に在るを知る、故に敢へて受けずんばあらず。禪らざるを得ずは、天の時を奉ずればなり。敢へて受けずんばあらざるは、天の命を畏るればなり。漢朝 季末の陵遲の餘を承くると雖も、猶ほ務めて天命を奉じ、以て堯の道に則らんとす。❸是を以て帝位を禪りて、二女を歸す。陛下正に❹大魏の受命の初に於て、虞夏の達節を抑へ、延陵の讓體を尙ばんとするは、枉する所は大にして、直する所は小なり、詳する所は輕く、略する所は重し。中人・凡士すら、猶ほ陛下の爲に之を陋とす。歿者に靈有らば、

則ち重華は必ず倉梧の神墓に忿懥し、大夏は必ず會稽の山陰に鬱悒し、武王は必ず高陵の玄宮に悦ばざらん。是を以て臣ら敢へて死を以て請ふ。

第二段落では、堯から舜への禪讓を典範として、漢からの禪讓を受けるべきことが主張される。引用する經典の中では、出典が明示される『易經』『論語』ではなく、傍線部❶の『尚書』を踏まえた記述が重要である。前二者は、聖人・君子が天命を重んじることを説くだけで、直接的に革命の正統性を論証しない。これに対して、傍線部❶が典拠とする『尚書』の經文は、(六)

正月上日、終はりを文祖に受く。璿璣玉衡を在《み》て、以て七政を齊《ただ》す。肆《つひ》に上帝に類し、六宗に禋し、山川に望し、羣神に徧くす。

である。周知のように『尚書』は、今文の「堯典」が、古文では「堯典」と「舜典」とに分けられている。当該字句は、今文・古文のいずれにもあり、古文であれば「舜典」に属する。自己を舜に準えて受命する曹丕には、重要な典拠となるのである。実は、傍線部❷の前にある「唐の虞に禪るや、命 以て爾に在りとす」も、『尚書』を典拠とするのであろうが、現存する『僞古文尚書』舜典にのみ含まれる字句であるため、(七)ここでは取り上げない。

傍線部❶が典拠とする「終はりを文祖に受く」に関して、馬融は、「文祖とは天なり。天は文爲りて、萬物の祖なり、故に文祖と曰ふ」と注を附し、(八)鄭玄は、「文祖なる者は、五府の大名、猶ほ周の明堂のごときなり」と注を附す。(九)漢は、堯の後継者たることを支配の正統性に置いていた。漢儒たる馬融・鄭玄は、「文祖」を直接的には堯に結びつけない。(一〇)これに対して、東晉に成立したとされる僞孔傳には、「終とは、堯 帝位の事を終はるを謂ふ。文祖とは、堯の文德の祖廟たり」とあり、(一一)堯の治世が終わり、堯の祖廟である「文祖」において舜が帝位を継承すべきことが明確に述べられる。傍線部❶も僞孔傳に従って解釈すべきことは、続く傍線部❷が、『論語』に、「堯曰く、咨《ああ》 爾《なんじ》舜、天の暦數爾の躬に在り。允に其の中を執れ。四海困窮し、天祿永終せんとある」、堯から舜への受命の文を典拠とすることに明らかである。(一二)すなわち、堯から舜への革命に準えて漢魏革命の正統性を主張しているのである。

また、傍線部❸に記された堯舜の関係と同様に、獻帝が二人の娘を曹丕に降嫁させたことは、⑦第一次詔書の際に既に述べられている。傍線部❹が前提とする曹魏が虞舜の後裔であることも⑭に既出である。つまり、第二段落では、堯舜革命に準えることにより、漢魏革命の正統性が繰り返し述べられているのである。漢魏革命を虞舜革命に準えることは、『後漢紀』巻三十　獻帝紀　建安二十五年に、(一三)

冬十月乙卯、詔して曰く、「朕位に在ること三十有二載、天下蕩覆するに遭ふも、幸にも宗廟の靈に頼り、危ふくして復た存す。然れども天文を瞻仰し、民心を俯察するに、炎精の數は既に終はり、行運は曹氏に在り。是を以て前王は既に神武の績を樹て、今王は又明德を光裕して以て其の期に應ず。是れ曆數昭明たること亦た知る可し。『大道の行はれしや、天下を公と爲し、賢を選び能に與す』と。故に唐堯は厥の子を私せずして、名は無窮に播かる。朕羨みて之を慕ひ、今其れ踵を堯典に追ひ、位を魏王に禪らん」と。

とある。漢魏禪讓の規範とされた堯舜革命は、『「大道の行はれしや、天下を公と爲し、賢を選び能に與す」』と。故に唐堯は厥の子を私せずして、名は無窮に播かる」と述べられる「公」と「私」の捉え方に基づき正統化されていた。かかる「公」の規定は、『禮記』禮運に、(一四)

大道の行はれしや、天下を公と爲し、賢を選び能に與し、講ずること信にして脩むること睦なり。故に人は獨り其の親を親とせず、獨り其の子を子とせず。

とある「天下爲公」という論理により支えられている。鄭玄は、「公は猶ほ共のごときなり。位を禪り聖に授け、これを家《せしゅう》せざるなり」と注を附し、(一五)天下が公なのではなく、天下に対して君主が公であるべきなのだとする。公でなければ、君主は交替すべきなのである。思想的に禪讓が準備されたと考えてよい。漢魏革命は、漢の衰退を背景に禪讓を許容するに至った『禮記』禮運の「天下爲公」という論理により正統化された堯舜革命を論拠に、正統化されているのである（渡邉義浩〈二〇〇三ａ〉）。

⑶且つ漢の政は奄宦に在り、祿は帝室より去ること七世なり。遂に六石を其の宮殿に集め、而して二京 之が爲に丘虚たり。是の時に當たりて、四海 蕩覆し、天下 分崩す。武王 親ら甲を衣て冑を冠り、雨に沐して風に櫛り、民の爲に命を請ひ、則ち萬國を活かし、世の爲に亂を撥め、則ち升平を致す。民を鳩めて長を立て、宮を築きて吏を置き、元元 過無くも、前業 罔きも、而して始めて華裔を造る有り。

第三段落では、後漢の支配が衰退して混乱を極めた世の中を武王の曹操が平定したことが述べられる。

⑷陛下 即位し、文德を光昭し、以て武功を翊け、民隱を勤恤し、之を視ること傷の如し。懼るる者は之を寧んじ、勞せる者は之を休め、寒き者には煖を以てし、飢ゆる者には充を以てす。遠人は德を以て服し、冠敵は恩を以て降る。恩を邁め德を種ゑ、光は四表を被ふ。稽古・篤睦たるは、放勳より茂《すぐ》れ、罔漏・呑舟たるは、周文より裕し。是を以て布政 未だ朞ならずも、人神 並に和らぎ、❺皇天は則ち甘露を降らして四靈を臻《いた》し、后土は則ち芝草を挺して醴泉を吐く。虎・豹・鹿・兎は、咸 其の色を素《しろ》くし、雉・鳩・燕・爵も、亦た其の羽を白くす。連理の木、同心の瓜、五采の魚、珍祥・瑞物、其の間に雜遝するは、畢備せざる無し。古人（『春秋左氏傳』昭公 傳元年）に言有り、「禹 微《な》かりせば、吾 其れ魚とならん」と。大魏 微かりせば、則ち臣らの白骨、既に曠野に交横せん。

第四段落では、これを受けて卽位した曹丕の政治が文德に滿ちたものであり、❺瑞祥の現れたことが述べられる。

⑸伏して羣臣の內外前後の章奏を省るに、陛下の符命を陳敍する所以は、❻河洛の圖書を條し、❼天地の瑞應を授

け、漢朝の款誠に因り、萬方の景附を宣べざるは莫し。信なり、著なり、□なり、裕なり、高なり、郡なり、と謂ふ可し。三王も以て及ぶ無く、五帝も以て加ふる無し。民命の魏邦に懸けられ、民心の魏政に繫がるるは、世ゝ餘年有り。此れ乃ち千世時至の會、萬載壹遇の秋なり。節に達し度を廣げ、宜しく斯の際に昭かにすべし。攣に拘はり節を狹くし、此の時に施さず、久しく天命を稽するは、罪は臣等に在り。輙ち壇場を營み、禮儀を具へ、吉日を擇びて、昭かに昊天上帝に告げ、羣神の禮を秩《ととの》へ、禋祭の畢りを須ちて、群寮を朝堂に會し、年號・正朔・服色を議し、當に以て施行する所とせん。臣 謹みて表を朝堂に拜す。

最後の第五段落では、そうした曹丕の受命を正統化する❻河圖・洛書と❼天地の示す瑞応が述べられ、即位が懇願される。小林春樹〈二〇〇二〉によれば、前者の緯書・讖緯思想に関しては、「當塗高」という一語に、曹魏の独自性が集約されるという[一六]。受禪への経緯の中で、最も多くの緯書を引く③太史丞の許芝の上言は、『三國志』巻二 文帝紀注引『獻帝傳』[一七]に、

春秋玉版讖に曰く、「赤に代はる者は魏公子なり」と。春秋佐助期に曰く、「漢は許昌を以て天下を失ふ」と。故に白馬令の李雲 事を上して曰く、「許の昌んなる氣は、當塗高に見はる。當塗高なる者は、當に許に於て昌へん。當塗高なる者は、魏なり。象魏なる者は、兩觀の闕 是なり。道に當たりて高大なる者は魏なり、魏 當に漢に代はらん」と。今 魏の基は許に昌んなれど、漢の徵は許に絕つ。乃ち 今 效 見はる。李雲の言の如く、許昌は相應ずるなり。

とある。許芝が李雲の言に加えて、「赤に代はる者は魏公子なり」という讖緯書の『春秋玉版讖』の言葉を挙げるように、當塗高が漢に代わり得る根拠の淵源は、赤をシンボルカラーとする火德の堯の子孫たる漢が、黄色の土德である舜の子孫に代わられるという終始五德説に求められている[一八]。第二段落で掲げられた堯から舜への禪讓を典範とし

て、漢からの禪讓を受けるべきことが、曹魏受禪の正統化の中核に置かれているのである。また、後者の天地の示す瑞応、すなわち天文・分野説に関して小林春樹〈二〇〇一〉は、大梁が曹魏の分野で、そこに歲星が位置することで曹魏の受命は正統化されているという。これを詳細に説くものは、⑭給事中・博士の蘇林と董巴の上奏である。『三國志』巻二 文帝紀 注引『獻帝傳』[一九]に、

> 今十月 斗の建、則ち顓頊 受命の分なり。始め魏 十月を以て受禪するは、此れ符を始祖の受命の驗と同じくするなり。魏の氏族、顓頊より出で、舜と祖を同じくするは、春秋世家に見ゆ。舜は土德を以て堯の火を承ぎ、今魏も亦た土德を以て漢の火を承ぐ。行運に於て、堯舜の授受の次に會す。

とあるように、天文・分野説においては、曹魏の氏族が顓頊から出て、舜と祖先を同じくすることが『春秋』を典拠に挙げて明記されている。分野説に基づく正統化もまた、堯から舜への革命に漢魏革命を準える理論にその源を求めているのである。

緯書や瑞応が単独ではなく、第二段落の堯舜革命に漢魏革命を準える記述とともに語られるのは、緯書や瑞応が漢を正統化していたものの換骨奪胎に他ならず、曹魏の独自性を主張し得ないためである。漢と同質に、曹魏の支配は正統化されるものの、なぜ漢が曹魏に代わられなければならないのか、という漢魏革命の正統性は、緯書や瑞応単独では十分に保障し得ない。第三段落・第四段落に掲げられた曹操・曹丕の善政・第五段落にまとめられた緯書や瑞応は、第二段落に掲げられた堯から舜への革命に漢魏革命を準えることを俟って、はじめて十全にその正統性を保障し得るのである。

漢魏革命の正統性は、堯舜革命に準えることにより獲得され、さらにそれは、『禮記』禮運の「天下爲公」という概念により正統化されていた（渡邉義浩〈二〇〇三ａ〉）。「魏公卿上尊號奏」では、後者を典拠とすることは直接的に

は見受けられなかったが、前者の正統化の論理を確認することができるのである。

三、人的構成の分析

「魏公卿上尊號奏」の本文の検討に続き、冒頭と末尾に掲げられた四十六名の連名部分の人的構成を考察しよう。碑文に掲げられる氏名・官・爵に加えて、本貫・出仕した時期の君主・豪族的勢力の有無・祖先の就官・名声・荀彧との関係を附したものが、左に掲げた表一「魏公卿上尊號奏」である[二〇]。

〔表一　魏公卿上尊號奏〕

	氏名	官	爵	本貫	君主	族	祖	名	彧	備考	典拠
1	華　歆	相國	安樂鄉侯	青州平當高唐	操Ⅲ	―	―	○	○		三13傳
2	賈　詡	太尉	都亭侯	涼州武威姑臧	操Ⅱ	―	―	○	―		三10傳
3	王　朗	御史大夫	安陵亭侯	徐州東海郯	操Ⅱ	―	―	○	○		三13傳
4	曹　仁	使持節行都督督軍車騎將軍	陳侯	豫州沛國譙	操Ⅰ	○	○	―	―	操の従弟	三9傳
5	劉　若	輔國將軍	清苑鄉侯	？	？	？	？	？	？	漢の宗室	三1紀
6	鮮于輔	虎牙將軍	南昌亭侯	幽州漁陽	操Ⅱ	○	―	―	―	瓚を打倒	三1紀
7	王　忠	輕車將軍	都亭侯	司隷扶風	操Ⅱ	？	？	？	？		三1紀
8	楊　秋	冠軍將軍	好畤侯	？	操Ⅳ	？	？	？	？	関中諸將	三1紀

9	閻　柔	度遼將軍	都亭侯	幽州廣陽	操Ⅲ	?	?	?	?	烏桓討伐	三30列
10	曹　洪	衞將軍	國明亭侯	豫州沛國譙	操Ⅰ	○	○	—	—	操の従弟	三9傳
11	曹　眞	使持節行都督督軍鎭西將軍	東鄉侯	豫州沛國譙	操Ⅰ	○	○	—	—	操の族子	三9傳
12	曹　休	使持節行都督督軍領揚州刺史征東將軍	安陽鄉侯	豫州沛國譙	操Ⅰ	○	○	—	—	操の甥	三9傳
13	夏侯尚	使持節行都督督軍征南將軍	平陵亭侯	豫州沛國譙	操Ⅲ	○	○	—	—	淵の甥	三9伝
14	臧　霸	使持節行都督督軍徐州刺史鎭東將軍	武安鄉侯	兗州泰山華	操Ⅱ	—	—	—	—		三18傳
15	張　郃	使持節左將軍	中鄉侯	冀州河間鄚	操Ⅲ	—	—	—	—		三17傳
16	徐　晃	使持節右將軍	建鄉侯	司隷河東楊	操Ⅰ	—	—	—	—		三17傳
17	張　遼	使持節前將軍	都鄉侯	幷州鴈門馬邑	操Ⅱ	—	—	—	—		三17傳
18	朱　靈	使持節後將軍	華鄉侯	冀州清河	操Ⅰ	—	—	—	—		三17伝
19	呼廚泉	匈奴南單于		匈奴の南単于	操Ⅳ	○	?	?	?		三1紀
20	邢　貞	奉常		?	?	?	?	?	?		三1紀
21	和　洽	郎中令		豫州汝南西平	操Ⅳ	—	—	○	—		三23傳
22	程　昱	衞尉	安國亭侯	兗州東郡東阿	操Ⅰ	—	—	○	△		三14傳
23	何　夔	太僕		豫州陳郡陽夏	操Ⅱ	—	—	○	—		三23傳
24	鍾　繇	大理	東武亭侯	豫州潁川長社	操Ⅱ	○	○	○	○		三13傳
25	袁　霸	大農		豫州陳郡扶樂	操Ⅱ	○	○	○	—	渙の従弟	三11伝

26	常　林	少府		司隷河內溫	操Ⅲ	×	×	○	—		三23傳
27	董　昭	督軍御史將作大匠	千秋亭侯	兗州濟陰定陶	操Ⅱ	—	—	—	—	魏公勸進	三14傳
28	夏侯楙	中領軍	中陽鄉侯	豫州沛國譙	操Ⅲ	○	○	—	—	惇の次子	三9伝
29	□　陟	中護軍		？	？	？	？	？	？		—
30	郭　祖	屯騎校尉	都亭侯	青州？	？	？	？	？	？	海賊	三12列
31	戴　陵	長水校尉	關內侯	？	？	？	？	？	？		三2紀
32	□　福	步兵校尉	關內侯	？	？	？	？	？	？		—
33	胡　質	射聲校尉	關內侯	揚州楚國壽春	操Ⅱ	—	△	○	—		三27傳
34	□　題	振威將軍	鄉亭侯	？	？	？	？	？	？		—
35	焦　觸	征虜將軍	都亭侯	？	操Ⅲ	？	？	？	？		三1紀
36	□　當	振武將軍	尉猛亭侯	？	？	？	？	？	？		—
37	溫　生	忠義將軍	樂鄉亭侯	幷州太原祁	操Ⅱ	○	○	○	—	恢の子	三15傳
38	閻　圃	建節將軍	平樂亭侯	益州巴西	操Ⅳ	—	—	—	—	魯の部下	三8列
39	□　神	安衆將軍	元就亭侯	？	？	？	？	？	？		—
40	趙　衢	翼衞將軍	都亭侯	益州犍爲南安	操Ⅳ	？	？	？	？		三9列
41	□　愼	討夷將軍	成遷亭侯	？	？	？	？	？	？		—
42	傅　巽	懷遠將軍	關內侯	涼州北地泥陽	操Ⅳ	—	—	○	—		三6列

43	李　俊	綏邊將軍	常樂亭侯	涼州武都	操Ⅳ	?	?	?	?	関中諸將	三25列
44	□　昺	安夷將軍	高梁亭侯	?	?	?	?	?	?		—
45	□　豐	奮武將軍	長安亭侯	?	?	?	?	?	?		—
46	許　褚	武衞將軍	安昌亭侯	豫州譙國譙	操Ⅰ	○	—	—	—		三18傳

表一「魏公卿上尊號奏」の第一の特徴は、名を連ねる人士の出身地域の広がりである。司隸3・豫州11・冀州2・兗州3・徐州1・青州2・揚州2・益州2・涼州3・幷州2・幽州2と、荊州・交州を除くすべての州から幅広く勸進する者を集めている。矢野主税〈一九七六〉は、曹操集団が華北地帯を中心としながらも、後漢末期の全国的性格の京師社交界の成立を背景に、その出身地域に超郷党性が現れた、とこれを理解する。しかし、豫州が11と突出するように、曹操集団が豫州沛國の一族・宗族と豫州潁川郡の「名士」を中心とする、という当初の性格を失ったわけではない(二二)。それでも、後掲表二・三と比較してみると、漢魏禪讓の勸進という文章の性格上、広い地域からの支持を示すため、出身地域の広がりが大きくなっていると言えよう。

第二の特徴は、將軍號を持つ者の多さにある。1華歆・2賈詡・3王朗は三公、5劉若は漢の宗室、19呼廚泉は南匈奴の單于であり異民族代表、20～27は卿にあたる。それ以外は、4車騎將軍の曹仁を頂点に、すべて將軍號を持つ者である。「魏公卿上尊號奏」における將軍號の多さは、建安十八（二一三）年、曹操が魏公となった際に勸進を行った際の人士の官爵と比較することにより、さらに鮮明となる。

『三國志』巻一　武帝紀注引『魏書』に掲げられる、曹操が魏公となるように勸進を行った三十名の氏名・官・爵に、表一の表番号・本貫・出仕した時期の君主・豪族的勢力の有無・祖先の就官・名声・荀彧との関係を附したものが、左に掲げた「表二　魏公國勸進奏」である。

〔表二　魏公國勸進奏〕

	氏名	表一	官	爵	本貫	君主	族	祖	名	彧	備考	典拠
1	荀攸		中軍師	陵樹亭侯	豫州潁川潁陰	操Ⅰ	○	◎	○	◎		三10傳
2	鍾繇	24	前軍師	東武亭侯	豫州潁川長社	操Ⅱ	○	○	○	○		三13傳
3	涼茂		左軍師		兗州山陽昌邑	操Ⅱ	—	—	○	—	文帝の八友	三11傳
4	毛玠		右軍師		兗州陳留平丘	操Ⅰ	—	—	○	—		三12傳
5	劉勳		平虜將軍	華鄕侯	徐州琅邪	操Ⅱ	○	?	?	?	正しくは征虜將軍	三51列
6	劉若	5	建武將軍	清苑亭侯	?	?	?	?	?	?		三1紀
7	夏侯惇		伏波將軍	高安侯	豫州沛國譙	操Ⅰ	○	○	—	—		三9傳
8	王忠	7	揚武將軍	都亭侯	司隸扶風	操Ⅱ	?	?	?	?		三1紀
9	劉展		奮威將軍	樂鄕侯	?	?	?	?	?	?	正しくは鄧展	三2紀
10	鮮于輔	6	建忠將軍	昌鄕亭侯	幽州漁陽	操Ⅱ	○	—	—	—		三1紀
11	程昱	22	奮武將軍	安國亭侯	兗州東郡東阿	操Ⅰ	—	—	○	△		三14傳
12	賈詡	2	太中大夫	都鄕侯	涼州武威姑臧	操Ⅱ	—	—	○	—		三10傳
13	董昭	27	軍師祭酒	千秋亭侯	兗州濟陰定陶	操Ⅱ	—	—	—	—		三14傳

14	薛洪			都亭侯	?	操Ⅰ	?	?	?	?	張楊の長史	三1紀
15	董蒙			南鄉亭侯	?	?	?	?	?	?		三1紀
16	王粲			關內侯	兗州山陽高平	操Ⅳ	○	◎	○	—		三20傳
17	傅巽	42		關內侯	涼州北地泥陽	操Ⅳ	?	?	?	?		三25列
18	王選		祭酒		?	?	?	?	?	?		三1紀
19	袁渙		祭酒		豫州陳郡扶樂	操Ⅱ	○	○	○	—		三11傳
20	王朗	3	祭酒		徐州東海郯	操Ⅱ	—	—	○	○		三13傳
21	張承		祭酒		司隸河內脩	操Ⅲ	○	◎	○	—	張範の弟	三13列
22	任藩		祭酒		?	?	?	?	?	?		三1紀
23	杜襲		祭酒		司隸馮翊高陵	操Ⅱ	○	○	○	○		三23傳
24	曹洪	10	中護軍	國明亭侯	豫州沛國譙	操Ⅰ	○	○	—	—		三9傳
25	韓浩		中領軍	萬歲亭侯	司隸河內	操Ⅱ	○	●	○	—		三9伝
26	曹仁	4	行驍騎將軍	安平亭侯	豫州沛國譙	操Ⅰ	○	○	—	—		三9傳
27	王圖		領護軍將軍		?	?	?	?	?	?		三1紀
28	萬潛		長史		兗州	操Ⅰ	?	?	?	?		三1紀
29	謝奐		長史		?	?	?	?	?	?		三1紀
30	袁霸		長史		?	?	?	?	?	?		三1紀

表二「魏公國勸進奏」は、表一「魏公卿上尊號奏」に比べて將軍號を持つ者の比率が低く、代わって「名士」の比重が高い。三十名中、名声を持つ者は十二名に及び、その中に荀彧との関わりを持つ者が五名含まれる。曹操の魏公就任に反対した荀彧が死に追い込まれた後に行われた勸進という、当該時期における政治状況の反映を見ることができよう。表一の方が比率として「名士」が少ないことは当然であるとも言えよう。しかし、表一には、29□陟・32□福・34□題・36□當・39□神・41□愼・44□昺・45□豐という『三國志』など編纂史料に名を残さない將軍までが含まれる。「魏公卿上尊號奏」は、曹丕の卽位が、將軍號を持つ者の幅広い支持を得ていることを示す役割を持っていたことを理解できよう。それと共に、当該時期における将軍号が散官化したことの結果として、將軍號を持つ者が多いという官僚制度の変遷も考えなければならないであろう。

第三の、そして表二にも共通する「魏公卿上尊號奏」の特徴は、官位の低位の者が、並び順において高位を占める部分を含むことである。具体的には、表一であれば、5輔國將軍の劉若・6虎牙將軍の鮮于輔・7輕車將軍の王忠・8冠軍將軍の楊秋・9度遼將軍の閻柔の部分である。彼らの將軍号は、10曹洪の衞將軍や、11曹眞の使持節行都督督軍鎭西將軍などに比べると明らかに低位である。それにも拘らず、彼らが上位に置かれる現象は、表二からも窺い得る。すなわち、5平虜將軍の劉勳、6建武將軍の劉若、7の夏侯惇は飛ばして、8揚武將軍の王忠、9奮威將軍の劉展、10建忠將軍の鮮于輔と続く、この五名は低位でありながら並び順では高位に置かれている。表二の建安十八（二一三）年から表一の延康元（二二〇）年までの間に、夏侯惇らが死去していることを考えると、二つの表には明確な連関性が認められる。表一で言えば5～9までの人士は、低位の官でありながら、席次としては上位に置かれ続けているのである。

こうした官位を超えた優遇措置は、その功績により太祖曹操の廟庭に配祀された功臣には見られない現象である。

それは、青龍元（二三三）年・正始四（二四三）年・正始五（二四四）年・嘉平三（二五一）年・景元三（二六二）年の五回にわたって、太祖曹操の廟庭に配祀された功臣の氏名に、表一・表二の番号・配祀の年・最高官・爵・出仕した時期の君主・豪族的勢力の有無・祖先の就官・名声・荀彧との関係を附してまとめた表三「廟庭に配祀された功臣」により明らかである。[二二]

〔表三　廟庭に配祀された功臣〕

	氏名	表一	表二	年	官	爵	本貫	君主	族	祖	名	彧	備考	典拠
1	夏侯惇		7	青龍元年	大將軍	高安侯	豫州沛國譙	操Ⅰ	○	○	―	―		三9傳
2	曹仁	4	26		大司馬	陳侯	豫州沛國譙	操Ⅰ	○	○	―	―		三9傳
3	程昱	22	11		車騎將軍	安國亭侯	兗州東郡東阿	操Ⅰ	―	―	○	△		三14傳
4	曹眞	11		正始四年	大司馬	東鄕侯	豫州沛國譙	操Ⅰ	○	○	―	―		三9傳
5	曹休	12			大司馬	安陽鄕侯	豫州沛國譙	操Ⅰ	○	○	―	―		三9傳
6	夏侯尚	13			征南大將軍	平陵亭侯	豫州沛國譙	操Ⅰ	○	○	―	―		三9傳
7	桓階				太常	安樂鄕侯	荊州長沙臨湘	操Ⅳ	○	○	○	―		三22傳
8	陳羣				司空	潁陰侯	豫州潁川許昌	操Ⅱ	○	○	○	◎		三22傳
9	鍾繇		2		太傅	東武亭侯	豫州潁川長社	操Ⅱ	○	○	○	○		三13傳
10	張郃	15			車騎將軍	中鄕侯	冀州河間鄚	操Ⅲ	―	―	―	―		三17傳
11	徐晃	16			左將軍	建鄕侯	司隸河東楊	操Ⅰ	―	―	―	―		三17傳

12	張遼	17			前將軍	都鄉侯	幷州鴈門馬邑	操Ⅱ	—	—	—	—		三17傳
13	樂進				右將軍	廣昌亭侯	兗州陽平衞國	操Ⅰ	—	—	—	—		三17傳
14	華歆	1			太尉	安樂侯	青州平當高唐	操Ⅲ	—	—	○	○		三13傳
15	王朗	3	20		司徒	安陵亭侯	徐州東海郯	操Ⅱ	—	—	○	○		三13傳
16	曹洪	10	24		驃騎將軍	國明亭侯	豫州沛國譙	操Ⅰ	○	○	—	—		三9傳
17	夏侯淵			正始四年	征西將軍	博昌亭侯	豫州沛國譙	操Ⅰ	○	○	—	—		三9傳
18	朱靈	18			後將軍	華鄉侯	冀州清河	操Ⅰ	—	—	—	—		三17伝
19	文聘				後將軍	新野侯	荊州南陽宛	操Ⅳ	—	—	—	—		三18傳
20	臧霸	14			執金吾	武安鄉侯	兗州泰山華	操Ⅱ	—	—	—	—		三18傳
21	李典				破虜將軍	都亭侯	兗州山陽鉅野	操Ⅰ	○	—	—	—		三18傳
22	龐德				立義將軍	關門亭侯	益州南安狟道	操Ⅳ	—	—	—	—		三18傳
23	典韋				武猛校尉		兗州陳留夷吾	操Ⅰ	—	—	—	—		三18傳
24	荀攸		1	正始五年	尚書令	陸樹亭侯	豫州潁川潁陰	操Ⅰ	○	◎	○	◎		三10傳
25	司馬懿			嘉平三年	太傅	舞陽侯	司隸河內溫	操Ⅲ	○	○	○	△		晉1紀
26	郭嘉			景元三年	軍祭酒	洧陽亭侯	豫州潁川陽翟	操Ⅰ	—	—	○	△		三14傳

表三「廟庭に配祀された功臣」には、表一で言えば5～9までの人士は、含まれない。表一・表二に見られたよう

な曹魏政権への貢献度の必ずしも高くない者が、高位に居るという特徴は現れないのである。それは、最初の配祀である青龍元（二三三）年でも、漢魏革命よりすでに十三年が経過しているためであろう。曹操以来、必要であった低位の官職の者を高い席次に置かなければならない事情から、すでに自由となっていたのである。それでは曹操政権はなぜ高い席次を彼らに与えたのであろうか。

5輔國將軍の劉若は、第一節で検討した漢魏禪讓の経緯の中で、漢の宗室を代表する形で⑪輔國將軍の劉若ら百二十人として、二度にわたり勸進を行っている。曹魏政権は、劉若を優遇する必要性を持つ。6虎牙將軍の鮮于輔は、公孫瓚を打倒する中心となった者であり（『三國志』巻二十六　田豫傳）、7輕車將軍の王忠は、荊州の婁圭を破って曹操に降伏した外部勢力であり（『三國志』巻一　武帝紀注引『魏略』）、8冠軍將軍の楊秋は、關中の諸將の一人で、馬超が敗れた後に曹操に直接降伏した者であり（『三國志』巻一　武帝紀）、9度遼將軍の閻柔は、烏桓討伐に功績があった者である（『三國志』巻八　公孫瓚傳）。すなわち、彼らの共通点は外部勢力から曹操に帰順した点にあり、曹操としては優遇する必要があった者達なのである。曹操政権の内部において実際に功績があった者は、表三に現れるように、官位と爵位を共に高く有する。それに対して、功績ではなく政権として優遇せざるを得ない者には、通常は爵位が与えられるが、それに加えて朝廷における席次、すなわち班位が与えられたのではないだろうか。『三國志』巻三十八　糜竺傳[二三]に、

> 益州既に平らぎ、拜して安漢將軍と爲り、班は軍師將軍の右に在り。竺は雍容敦雅なれども、而れども幹翮は長ずる所に非ず。是を以て之を待すに上賓の禮を以てするも、未だ嘗て統御する所有らず。然るに賞賜優寵せらるること、與に比を爲す無し。

とある。糜竺は徐州より劉備に従い、その妹は劉備に嫁いでいた。ゆえにその「班」は軍師將軍である諸葛亮の上に

あったという。將軍號を持ちながらも軍を統御したことは一度もない驫笁が、その「班」により「上賓の禮」を受けていたのである。表一「魏公卿上尊號奏」・表二「魏公國勸進奏」に現れた官職が低いにも拘らず席次の高い者達は、驫笁のように班位の高い者と考えることができるのである。

おわりに

四百年の長きにわたって継続し、春秋公羊學からは「聖漢」と神聖視されていた漢を滅ぼすにあたって、曹丕は入念な漢魏禪讓の準備を行った。それは、父の曹操から開始されたものであった。（二四）漢魏禪讓の最終段階に提出され、石に刻まれて今日まで伝世した「魏公卿上尊號奏」は、漢の臣下としての曹丕が、漢魏革命を行い得る正統性を示すためのものであった。

「魏公卿上尊號奏」に記録された漢魏革命の正統性は、第一に、それが堯舜革命を規範とすることに求められた。そして、堯舜革命そのものは、『禮記』禮運の「天下を公と爲す（天下爲公）」という經義に基づいていた（渡邉義浩〈二〇〇三a〉）。後漢「儒教國家」を滅ぼすためには、經義による正統性が必要とされたのである。第二に、漢魏革命の正統性は、緯書や圖讖といった讖緯思想に求められた。漢代における儒教の神秘性の高さは、その崩壊時にも残存し続けたのである。このほか、列挙された勸進の主体となった人々の構成からは、漢魏革命が広範な支持により行われることを示そうとする意図を読み取り得た。

後漢は、黄巾の乱を機に、国家支配のための権力を完全に喪失していた。それでも後漢が「儒教國家」として有する権威を否定し、禪讓を行うためには、儒教の經義に基づく正統性と讖緯思想の神秘性とが必要とされたのである。

《注》

（一）「魏公卿上尊號奏」に関する歴代の注釈は、王昶『金石萃編』巻二十三　魏一　上尊號表にまとめられている。また、井波陵一《二〇〇五》・葉程義《一九九七》も参照。

（二）宮川尚志〈一九五六〉は、①魏國の臣僚が符瑞圖讖に拠り魏王に勸進する。②十三日乙卯、天子は第一次の詔書もて禪位の意志を表示し、張音をして璽綬を魏王に奉ぜしめ、これに基き尚書令・侍中らが勸進し、魏王は拒絶し続けその意志を表明し、十八日庚申、正式に辞意を上書する。③二十日壬戌、第二次の禪位の詔書に基づき、尚書令・侍中らが魏王に勸進し、王は拒絶し続ける。④二十五日丁卯、第三次の册詔あり、これに基づき、相國華歆以下九卿が勸進し、魏王は勅使張音の召還を請う。相國以下九卿は最終的に勸進し、即位改制の手筈を進行させる。ここで魏王は始めて受諾を表示する。⑤二十八日庚午、天子の册詔につづき尚書令らは翌二十九日に登壇の大禮を行うべきを上奏し裁可される、と『獻帝傳』の記載を五段階に分けて整理している。

（三）劉若という劉氏が筆頭となり、百二十名もの臣下が名を連ねることに関して、宮川尚志〈一九五六〉は、宗室の劉氏と人数の多さにより、禪代が多数の公論で私情ではないことを示したものである、とする。

（四）「三讓」の形式に拘った理由は、直接的には前漢の文帝の卽位に倣ったためであろう。代王であった文帝は、帝位に就く際、「代王 西に鄕《むか》ひて讓る者《こと》三たび、南鄕して讓に者再《ふた》たび（代王西鄕讓者三、南鄕讓者再）」（『史記』巻十　孝文本紀）と「三讓」の形式を整えてから卽位している。

（五）王旭『金石萃編』巻二十四　上尊號碑は、溫生が樂鄕侯となった記録が『三國志』にないことを理由に溫生ではない、と主張する。しかし、『三國志』にすべての爵位が記録されている保証はないため、ここでは溫生とする。

（六）正月上日、受終于文祖。在璿璣玉衡、以齊七政。肆類于上帝、禋于六宗、望于山川、徧于羣神（『尚書』堯典）。

（七）「魏公卿上尊號奏」の「唐の虞に禪るや、命 以て爾に在りとす」は、『僞古文尚書』の「曰若稽古帝舜、曰重華、協于帝。濬哲文明、溫恭允塞。玄德升聞、乃命以位」の最後の四字を踏まえているが如くである。ただし、この二十八字は、古来議論の多いところで、通常、南齊の姚玄輿が始めの十二字を增し、隋の劉炫が以下の十六字を僞造したと考えられている。漢末の碑文に、その典拠とも考え得る記述が殘存することは、『古文尙書』の性格を檢討する際に留意すべきこととなろうが、今回は扱わないこととする。小林信明《一九五九》・加藤常賢《一九六四》を參照。

（八）文祖天也。天爲文、萬物之祖、故曰文祖（『尙書正義』卷三　舜典）。

（九）文祖者、五府之大名、猶周之明堂（『史記』卷一　五帝本紀集解）。

（一〇）もちろん、鄭玄らが舜から堯への禪讓を理解していなかったわけではない。鄭玄は、正月上日に注をつけて「帝王 代を易はるに、改正せざるは莫し。堯は建丑を正とし、舜は建子を正とす。此の時 未だ堯の正を改めず、故に正月上日と云ふ。卽位し、乃ち堯の正を改む、故に月正元日と云ひ、故に以て文を異にす（帝王易代、莫不改正。堯正建丑、舜正建子。此時未改堯正、故云正月上日。卽位、乃改堯正、故云月正元日、故以異文）」（『尙書正義』卷三　舜典）と述べている。漢の祖である堯の世の終わりをなるべく語らないようにしているのである。

（一一）終、謂堯終帝位之事。文祖者、堯文德之祖廟（『尙書正義』卷三　舜典）。

（一二）堯曰、咨爾舜、天之・數在爾躬。允執其中。四海困窮、天祿永終（『論語』堯曰）。

（一三）冬十月乙卯、詔曰、朕在位三十有二載、遭天下蕩覆、幸賴宗廟之靈、危而復存。然瞻仰天文、俯察民心、炎精之數既終、行運在乎曹氏。是以前王既樹神武之績、今王又光裕明德以應其期。是曆數昭明亦可知矣。大道之行、天下爲公、選賢與能。故唐堯不私於厥子、而名播於無窮。朕羨而慕之、今其追踵堯典、禪位于魏王（『後漢紀』卷三十　獻帝紀　建安二十五年）。

（一四）大道之行也、天下爲公。選賢與能、講信脩睦。故人不獨親其親、不獨子其子（『禮記』禮運）。

（一五）公猶共也。禪位授聖、不家之（『禮記注疏』卷二十一　禮運）。

（一六）このほか、文帝の卽位と讖緯思想については、平秀道〈一九七四〉・孟昭晋〈一九八六〉も參照。

（九）春秋玉版讖曰、代赤者魏公子。春秋佐助期曰、漢以許昌失天下。故白馬令李雲上事曰、許昌氣見于當塗高。當塗高者、當昌於許。當塗高者、魏也。象魏者、兩觀闕是也。當道而高大者魏、魏當代漢。今魏基昌于許、漢・・于許。乃今效見。如李雲之言、許昌相應也（『三國志』巻二 文帝紀 注引『獻帝傳』）。

（一八）小林春樹〈二〇〇一〉は、これ以外の特徴として、『後漢書』列傳三 公孫述傳には、「漢に代はる者は當塗高なり」とあるように、本来は漢に代わるべき姓名であった當塗高が、ここでは両側に望楼のある宮門である象魏、つまり魏という国名を象徴するものに変容されたことを挙げている。

（一九）今十月斗之建、則顓頊受命之分也。始魏以十月受禪、此同符始祖受命之驗也。魏之氏族、出自顓頊、與舜同祖、見于春秋世家。舜以土德承堯之火、今魏亦以土德承漢之火。於行運、會于堯舜授受之次（『三國志』巻二 文帝紀 注引『獻帝傳』）。

（二〇）表一「魏公卿上尊號奏」の凡例は次のとおりである。


〔凡例〕族の項目〜〇は豪族としての勢力あるいは経済力のある者を表す。×はそれがないものを表す。

祖の項目〜◎は二代以上三公を出した家かそれに準ずる家、〇は二代以上二千石を出した家かそれに準ずる家、
●は父・祖父が官に就いていた家かそれに準ずる家、△は父あるいは祖父が官に就いていた家、
×は祖先が官に就いたとは考えられない家を表す。

名の項目〜〇は名声があり、「名士」と考え得る者を表す。備考には具体的な名声や人物評価を記している。

×は名声のない者を表す。なお、すべての項目にわたって、記載なきものは－、不明は？とした。

彧の項目〜◎は荀彧の一族・親族、〇は荀彧の推挙を受けた者、△は荀彧と評価や交友関係があったことを示す。

典拠の項目〜傳は專傳を有することを、伝は附傳を有することを、紀は本紀に記録があることを示す。以下同。

（二一）曹操集団の形成において荀彧を中心とする潁川の「名士」集団が大きな役割を果たしたことは、渡邉義浩〈二〇〇一 a〉を参照。

（二二）表三「廟庭に配祀された功臣」を分類した矢野主税〈一九七六〉は、これらの功臣を『三國志』の列傳の性格とともに、次の五つに分類する。すなわち、⑴荀攸が荀彧（漢臣のため入らず）・賈詡とともに構成する『三國志』巻十は曹操の政治・

軍事の参謀。⑵司馬懿は、政治的にも軍事的にも実際活動面の中心人物。⑶桓階・陳羣・鍾繇・華歆・王朗は、主として政治の実際運用の中心。⑷程昱・郭嘉・張遼・樂進は、才策謀略の人。⑸張郃・徐晃・朱靈・李典・臧霸・文聘・典韋・龐德は、『三國志』巻十七・十八に掲げられる名將。そして、配祀決定時の政治状況については、⑴青龍元年は、陳羣と司馬懿が政治の中心の際の配祀である。⑵正始四年は、曹爽政権が政権を掌握しており、荀氏は司馬氏に接近していたため、荀攸の配祀が遅れた。⑶正始五年は、いまだ曹爽政権であったため、曹爽一派を攻撃した董昭は配祀されず。⑷嘉平三年は、司馬師政権、⑸景元三年は、司馬昭政権下における配祀であるとする。

（二三）益州既平、拜爲安漢將軍、班在軍師將軍之右。竺雍容敦雅、而幹　非所長。是以待之以上賓之禮、未嘗有所統御。然賞賜優寵、無與爲比（『三國志』巻三十八　糜竺傳）。

（二四）曹操が始めた漢魏禪讓の準備を「魏武輔漢の故事」と称することについては、石井仁《二〇〇〇》を参照。

第九章　「受禪表」における『尚書』の重視

はじめに

延康元（二二〇）年十月、曹丕は、父曹操以来の拠点であった許の南郊に造営した受禪臺において、後漢の獻帝より禪讓を受けて曹魏を建国した。『水經注』卷二十二 潁水（一）に、

　繁昌縣の城内に三臺有り。時人 之を繁昌臺と謂ふ。壇の前に二碑有り。昔 魏の文帝 此に受禪し、壇よりして降りて曰く、「舜禹の事、吾 之を知る」と。故に其の石の銘に曰く、「遂に繁昌に於て靈壇を築く」と。

と記録された受禪臺、および「魏公卿上尊號奏」「受禪表」の二碑は、河南省臨潁県繁城鎮に現存する。本章は、二碑のうち、「受禪表」碑を『尚書』との関係を中心に論ずるものである（二）。

一、「受禪表」碑にみる漢魏革命の正統性

「受禪表」碑は、本文は隷書、二十二行で行ごとに四十九字、額は篆書で「受禪表」と題され、碑の下段は磨滅して読み取り得ないが、全体としては未だ明瞭である。

洪适の『隷釋』巻十九に部分的に著録されるほか、王昶『金石萃編』巻二十三に全文が、井波陵一《二〇〇五》に拓本と訓注が掲げられる。黄初元（二二〇）年十月辛未の紀年はあるが、碑を建てた年代は確定できず、梁鵠あるいは鍾繇の書とも伝えられるが、確証はない。原文は、章末に後掲することにし、四段落に分けて書き下し、検討していこう（段落の冒頭に⑴〜⑷の括弧付き数字を、『尚書』堯典・『尚書』顧命・『尚書』その他の篇・『論語』堯曰を典拠とする部分には、通し番号をつけた四種の傍線を附した）(三)。

⑴維《こ》れ黄初元年冬十月辛未、皇帝 漢氏より受禪す。上は儀極を稽み、下は前訓を考《はか》るに、書契の録する所、帝王の遺事なり。義は禪德より顯らかなるは莫く、美は[1]受終より盛んなるは莫し。故に[2]書は大鹿に納るるを陳べ、傳は歴□□□□を稱す。是を以て世を降ること且《まさ》に二百、年は三千に幾《ちか》く、堯舜の事、復た今に存す。允《まこと》に皇代の上儀にして、帝者の高致なり。故に斯の表を立てて、以て德を昭らかにし義を□す。

第一段落は、立碑の理由を述べる。黄初元（二二〇）年冬十月辛未に、皇帝（曹丕）が漢氏（獻帝）から受禪したことを「堯舜の事、復た今に存す」と、堯舜革命に準えて正統化し、それを讚えるため、この表は石に刻んで立てられた。漢魏革命を堯舜革命に準えて正統化することは、共に立てられた「魏公卿上尊號奏」碑にも見られ、『三國志』からも論証し得る漢魏革命全体の特徴である(四)。そこで、ここでは、「美は受終より盛んなるは莫し」とある「受終」が『尚書』堯典（古文では『尚書』舜典）を典拠とするように、『尚書』、ことに波線を附した『尚書』堯典の典拠が多いことを、「受禪表」碑に固有の第一の特徴として指摘したい。

⑵皇帝 乾剛の懿姿を體し、有虞の黄裔を紹《つ》ぐ。[1]九德 既に該《そな》はり、欽明 文は塞《み》つ。光を日月に齊しくし、材は三極を兼ぬ。位を先皇より嗣ぎ、龍興して國を饗《う》くるに及び、[2]烝民を撫柔し、化するに[3]醇德を以てす。[4]在寬の政を崇び、愷悌の教に邁《つと》め、[1]重光を宣《し》きて以て下を照らし、陽春に擬して以て惠を播《し》く。禁倉を開き、滯

積を散じ、冢臣□□は、□□の錫を□す。衆兆陪臺は、賙餼の養を蒙る。遺勳を興し、[1]絶世を繼ぎ、廢忘の勞は、金爵の賞を獲《う》け、襁褓の孤は、舊德の祿を食む。善は微なれども旌《あら》はさざるは無く、功は細なれども□ざるは無し。戎士を□□し、[3]庶獄を哀矜し、戍役を罷め、丹書を焚く。囹圄は虛靜にして、外に曠夫無く、玄澤は雲行して、沾渥せざる罔《な》し。若し夫れ覆載は簡易、剛柔は允宜、乾巛の德、陰陽□□□。□□□類、[5]育物は奮庸、造化の道、四時の功なり。寛容にして淵嘿、恩は羣黎に洽《あまね》し。皇戲の質、堯舜の姿なり。[4]孜孜[5]業業、德を邁《めぐ》らせて民を濟ふ。[6]伯禹の勞、□□□□□。叡智神武、敵を料りて兵を用ふ。殷湯の略、周發の明なり。廣大は天地に配し、茂德は衆聖を苞《つつ》む。鴻恩は[6]區夏に洽く、仁聲は八荒に播《およ》ぶ。雖象胥所□□□□□和して[7]來王す。是を以て[8]休徵は屢〻集まり、和氣烟熅し、上は乾祉を降し、下は巛珍を發す。天闕は闈を啓き、四靈は具に臻《いた》る。涌醴横流して、山に黃人を見る。受命の□□を顯らかにし、□□の期運を□する所以なり。其の餘　甘露は豐草に零《ふ》り、野蠶は茂樹に繭す。嘉禾・神芝・奇禽・靈獸、祥を窮め瑞を極むる者は、朞月の間、蓋し七百餘見なり。自金天以□□□□□、嘉祥の降、未だ今の若きの盛んなる者有らざるなり。

第二段落は、曹丕の善政とそれに感応した天の瑞祥を述べる。それらの中で、皇帝（曹丕）が「有虞の黃裔」、すなわち黃德である虞舜の末裔である、との主張は、第一段落から述べられている、漢魏革命を堯舜革命に準えるための前提条件となる。火（赤）德である堯の子孫たる漢から、土（黃）德である舜の子孫たる魏が、禪讓を受けたことを主張しているのである。また、「在寬の政を崇」ぶ、すなわち「寬」治を尊重すべきとの主張は、「猛」政を展開していた曹操の路線を曹丕が転換したことを示す[五]。『尚書』堯典を典拠とする「寬」治は、『尚書』を重視する「受禪表」碑に掲げる支配理念に相応しい。そうした中で、瑞祥を掲げながらも、圖讖（緯書）を引用しないことは、本碑の性格を考えるうえで重要な第二の特徴である。これについては、第三節で述べよう。

⑶是を以て漢氏は歴數の己を去るを覩《み》、神器の歸する有るを知り、唐の虞に禪るに稽み、天の[9]明命を紹ぎ、[7]二女を釐嬪し、欽んで天位を授けんとす。皇帝は謙退し、[8]德嗣がざるを讓り、[10]再に至り三に至る。是に於て羣公卿士僉曰く、「陛下は聖德にして、懿は兩儀に侔《ひと》しく、皇村は昭晰、受命は咸宜なり。且つ有熊の興るや、地は大螻を出し、夏后の承統するや、木は榮し冬に敷く。殷湯の革命するや、白狼は鉤を銜み、周武の觀□、□□□□。之を今日に方《くら》ぶるに、未だ以て喩ふるに足らず。而して猶ほ一至の慶を以て、神を寵して時に當たり、天を紹ぎ祚に卽き、依を負にして治む。況んや大魏の靈瑞茲の若き者に於てをや。蓋し天命は以て辭□す可からず、神器は以て意距す可からず、大統は以て久曠す可からず、萬國は以て乏主す可からず。宜しく民神に順ひ、速やかに天序を承くべし」と。

第三段落は、卽位までの経緯を述べる。漢の獻帝が曆數が尽きたことに鑑み、二女を嫁がせたことは、堯舜革命に準えてのことであるが、その典拠は『尙書』堯典にある。『尙書』が重視されているのである。その一方で、「羣公卿士」以下にまとめられる臣下の勸進の部分において、例えば「魏公卿上尊號奏」では掲げられていた圖讖を引用しないことは、第二段落でも指摘したとおり、「受禪表」碑の第二の特徴である。漢代儒教の特徴である神秘性・宗教性は抑制されているのである。

⑷是に於て皇帝は乃ち思を回《めぐ》らせ慮を遷し、旁《あまね》く[11]庶徵を觀、上に[9]璿機を在《み》、之を周易に筮し、卜するに守龜を以てす。龜・筮襲《とも》に吉、五たび反《かへ》して違ふこと靡し。乃ち公卿の議を覽《う》け、皇天の命に順ひ、吉日を練《えら》びて□□□。唐典の明憲に□し、[10]大鹿の遺訓に遵ひ、遂に繁昌に於て、靈壇を築き、壝宮を設け、圭璧を踏へ、犧牲を儲む。公侯、卿士、[12]常伯、常任、[11]納言、[13]諸節、嶽牧、邦君、虎□□□、匈奴南單于、東夷・南蠻・西戎・北狄の王侯・君長の羣を延き、入るに旗門よりし、咸位に旅《なら》ぶ。皇帝は乃ち天子の藉を受け、通天を冠《かむ》

り、袞龍を襲《き》、穆穆たり皇皇たり、物に其の容有り。上公 策祝し、棫樸を燔燎し、上帝に告類し、五嶽に望秩し、[12]六宗に烟し、羣神に徧《あまね》くす。□□□晏んじ、祥風は來り臻《あつ》まる。乃ち有司に詔し、天下に大赦し、元を改め始を正す。皇綱を開き、[13]帝載を闡《あらは》し、徽幟を殊にし、器械を革め、[2]廢官を脩め、瑞節を班かち、[14]律量衡を同じくし、姓を更め物を改む。崇を勒して鴻を垂れ、□を創めて則と作す。永く天祿を保ち、之を罔極に傳へん。

第四段落は、曹丕の天子としての卽位を述べる。漢代以降の中国における君主の称号は、皇帝と天子とが併用される。皇帝は、王朝の創始者・受命者から血統により継承した権力を象徴し、天子は、天からの受命という権威の由来を説明する稱號である（西嶋定生〈一九七五〉）。「受禪表」碑の第三の特徴は、漢代以降の君主が行う皇帝と天子の卽位のうち、天子卽位を記録していることにある。「皇帝は乃ち天子の藉を受け、通天を冠《かむ》り、袞龍を襲《き》」るという記述によれば、すでに皇帝であった曹丕が、天子となるために衣冠を整えている。漢魏禪讓における君主の卽位は、皇帝卽位↓天子卽位の順で行われていたのである（本書第七章参照）。それと共に、ここには、尾形勇《一九七九》も指摘するように、天子卽位時の衣冠を見ることができる。蔡邕の『獨斷』卷下に、[七]

天子は通天冠を冠り、諸侯は遠遊冠を冠る。

とあるように、通天冠は天子の冠であった。『後漢書』列傳三十下 班固傳下に、[八]

永平の際に至り、重ねて熙きて累ねて洽く、三雍の上儀を盛んにし、袞龍の法服を修む。

とあるように、天子の法服（規定された正式な禮服）である袞龍を定めたのは、後漢の明帝の永平二（五九）年のことであった。「受禪表」碑は、皇帝が、天子としての衣冠をつけ、内臣だけではなく四夷の外臣を謁見し、「上帝に告類し」て天子に卽位したことを伝える一次史料なのである。

以上のように、「受禪表」碑は、漢魏革命全体の特徴である堯舜革命に準えて漢魏禪讓を正統化する論理を共有している。それに加えて「受禪表」碑に固有の特徴として、第一に『尙書』、なかでも堯典篇の典拠を多用すること、第二に、『尙書』の多用とは対照的に圖讖（緯書）を引用しないこと、第三に、皇帝が天子として即位する場面を記録していることを掲げ得る。漢魏革命を堯舜革命に準えることは、渡邉義浩〈二〇〇三a〉・本書第八章で、第三の皇帝即位と天子即位の問題は、本書第七章ですでに論じている。そこで本章では、第一と第二の特徴について、『尙書』が多用される理由から検討していこう。

二、『尙書』顧命篇に記される即位の二重性

「受禪表」碑に描かれた黃初元（二二〇）年冬十月辛未の天子即位の状況は、『三國志』本紀二 文帝紀の注に引かれる『獻帝傳』にも詳細に伝えられている。両者の記述内容の比較により、「受禪表」碑の特徴をさらに検討していこう。『三國志』本紀二 文帝紀注に、(九)

獻帝傳に曰く、「辛未、魏王 壇に登り受禪す。公卿・列侯・諸將・匈奴單于・四夷の朝する者、數萬人 位に陪し、天地・五嶽・四瀆を燎祭す。曰く、『皇帝たる臣丕、敢て玄牡を用て、皇皇后帝に昭告す。漢 世を歷《ふ》ること二十有四、年を踐《ふ》むこと四百二十有六なるも、四海は困窮し、王綱は立たず、五緯は行を錯ひ、靈祥は竝びに見はる。術數を推す者、之を古道に慮り、咸 以爲へらく、天の曆數、運 茲の世に終はり、凡そ諸〻の嘉祥、民神の意は、比《しき》りに有漢の數終の極、魏家の受命の符を昭らかにす。漢主 神器を以て宜しく臣に授くべしとし、有虞に憲章して、位を丕に致す。丕 天命を震畏し、休すと雖も休する勿し。羣公・庶尹・六事の人、外は將士に

及び、蠻夷の君長に洎び、僉 曰く、「天命は以て辭拒す可からず、神器は以て久曠す可からず。羣臣は以て主無かる可からず、萬幾は以て統無かる可からず」と。丕 祗《つつし》みて皇象を承く、敢て欽承せざらんや。之を守龜に卜するに、兆に大横有り、之を三易に筮するに、兆に革兆有り。謹みて元日を擇び、羣寮と壇に登り、帝の璽綬を受け、爾《なんぢ》大神に告類す。唯だ爾 神有らば、尙《ねが》はくは永吉に兆民の望を饗《う》け、有魏の世享を祚めよ』と。遂に三公に制詔し、『上古 始めて君有るや、必ず恩化を崇びて以て風俗を美とし、然らば百姓 敎に順ひて而して刑辟厝く。今 朕 帝王の緒を承く。其れ延康元年を以て黃初元年と爲し、正朔を改め、服色を易へ、徽號を殊にし、律度量を同にし、土行を承くることを議せ。天下に大赦し、殊死より以下、諸の當に赦を得られざるべきも、皆赦して之を除け』と」と。

とあり、天子卽位の状況が詳細に記録される。

「受禪表」碑と『獻帝傳』との第一の違いは、告代祭天文の有無にある。『獻帝傳』に傍線を附した禪讓を天に告げる告代祭天文が、「受禪表」には収録されていないことにある。これは、文体の違いにより、説明できる。『獻帝傳』が「皇帝たる臣丕」より始まる告代祭天文を史書として記録することに対して、「受禪表」碑は、受禪「表」を石に刻んだ碑文である。表という文体は、有名な諸葛亮の「出師表」のように、事理を明白にして君主に献言するためのものである[一〇]。皇帝が臣称する告代祭天文を引用することは、不敬となる。このため、曹丕の卽位を記念した石碑でありながら、卽位を天に報告する告代祭天文を含んでいないのである。

第二の違いは、同じ内容を述べる場合に、『獻帝傳』の文章の方が簡潔なことにある。これに対して、ともに建てられた「魏公卿上尊號奏」碑は、前後に附された群臣を列挙する部分を除けば、『三國志』本紀二 文帝紀の注に引かれる『獻帝傳』と同文である（本書第八章）。「受禪表」碑は、装飾の施された美文なのである。どのように改作され

たのかを考えるため、天子即位への列位者を記述した部分を比べてみよう。『獻帝傳』には、

　公卿・列侯・諸將・匈奴單于・四夷の朝する者、數萬人 位に陪し、(天地・五嶽・四瀆を燎祭す)。

とある。これを「受禪表」碑は、

　公侯、卿士、[12]常伯、常任、[11]納言、[13]諸節、嶽牧、邦君、虎□□□、匈奴南單于、東夷・南蠻・西戎・北狄の王侯・君長の羣を延き、入るに旗門よりし、咸 位に旅《なら》ぶ。

と記している。列侯・諸將の部分が、[12]常伯、常任、[11]納言、[13]諸節、嶽牧、邦君、虎□□□と改められているのである。しかも、下線で示した[12]は『尙書』立政篇、[11]は『尙書』堯典篇、[13]は『尙書』康誥篇を典拠とする。「受禪表」碑が『尙書』を典拠として美文を作りあげていることは明らかである。「受禪表」碑全体としては、第一節に掲げた全文に番号を附した傍線で示したように、堯典だけで実に十四ヵ所、他の篇(顧命篇一とその他十三)をあわせると二十八ヵ所に及ぶ『尙書』の引用は、天子の即位における『尙書』という經典の重要性を端的に示している。

「受禪表」碑が、曹丕の天子即位を『尙書』を典拠に飾りたてる理由はどこに求められるであろうか。第一は、漢魏革命を堯舜革命に準えて正統化するためである。典拠の50%が堯典に集中することは、そのほとんどが文飾のための断章引句に過ぎないにせよ、それを明確に物語る。しかし、同じく堯から舜への禪讓に觸れる『論語』の堯曰が、二ヵ所しか典拠とされていないことは、第一の理由だけでは説明し得ない天子即位に関する『尙書』自体の重要性が存することを傍証する。第二の理由となる『尙書』顧命篇が持つ君主の即位の典範としての重要性である。それでは、『尙書』顧命篇には、君主の即位がどのように描かれているのであろう。

『尙書』顧命は、西周の成王の崩御を受けて、康王が即位するまでの過程を描く篇である。古くは馬融・鄭玄本から現在の僞孔傳本まで顧命篇と康王之誥篇に分けられてきたが、後漢の官學である歐陽・大小夏侯本は別篇として扱

っていない。曹魏において鄭玄の学が受容されるのは明帝期からであるため（古橋紀宏〔二〇〇五〕）、本章では康王之誥篇も顧命篇に含めて取り扱う。すると顧命篇は、⑴成王の顧命を群臣が受け、⑵康王が冊命により王として即位し、⑶治朝で天子の位を践む、という大きく分けて三つの部分から成り立つ。順に検討していこう（⑴〜⑶の括弧付き数字により三つの部分を示し、丸番号をつけた傍線を附した）。

⑴病が篤くなった成王は、太保の召公奭以下に顧命を託す。『尚書正義』巻十八 顧命篇に、(一二)

王曰く、「嗚呼、疾《やまひ》大いに漸《すす》み、惟《すなは》ち幾《あやふ》し。病 日に臻《いた》らば、既に彌留して、恐らくは言嗣を誓《の》ぶるを獲《え》ざらん。茲《ここ》に予《われ》審かに汝に訓命せん。昔君①文王・武王、重光を宣《あらは》し、麗を奠《さだ》め教を陳べて、則ち肄肄《いい》として違はず、用《もつ》て克《よ》く殷に達して大命を集《な》せり。後の侗に在りても、敬みて②天威を迓《むか》へ、①文・武の大訓を嗣守して、敢て昏《みだ》りに逾《か》ふる無し。今②天 疾を降し、殆ど興《た》たず悟らず。爾《なんぢ》尚《ねがは》くは朕が言を明め時《つと》けて、用て元子の釗を敬保し、弘《そ》れ艱難より濟《すく》ひ、遠きを柔げ邇《ちか》きを能《やす》んじ、安《そ》れ小大の庶邦を勸《をし》へ、夫《か》の人が自ら威儀を亂《をさ》むるを思ひ、爾は釗を以て非幾に冒貢せしむる無らんことを」と。

とある。成王の顧命には、①成王が継承してきた文王・武王の功績を受け継いでいくべきこと、②成王の支配そして崩御は天によるため従うべきことが述べられ、成王の天下が①王朝の創始者・受命者の権力と②天からの受命による権威という二面より支えられていたことが示される。翌日、成王は崩御し、太保の召公奭らは太子の釗（のちの康王）を迎える一方で、喪事の準備を整えた。

⑵七日後、康王は冊命により即位する。『尚書正義』巻十八 顧命篇に、(一三)

王は麻冕黼裳《まべんほしやう》して、賓階より隮《のぼ》る。卿士・邦君は、麻冕蟻裳《ぎしやう》して、入りて位に即く。太保・太史・太宗は、皆麻冕彤裳《とうしやう》す。太保は介圭を承け、上宗は同を奉じて、阼階より隮る。太史は書を秉りて、賓階より隮り、王を御《むか》へて冊命す。曰く、「皇后 玉几に憑り、末命を道揚して、汝に訓を嗣ぎ、①周邦に臨君し、大卞《たいはん》に率循して、天下を燮《せふ》和《わ》し、用て①文・武の光訓を答揚せんことを命ず」と。王は再拝し、興《た》ちて、答へて曰く、「眇眇《べうべう》たる予《われ》末《まつ》小《せう》子《し》、其《あに》能く而《もっ》て①四方を亂《をさ》め、以て②天威を敬忌せんや」と。

とある。成王の冊命により康王に命ぜられたことは、①周の邦に君臨し、文王・武王の大いなる「訓」にこたえることである。「訓」を正義は教えではなく「道」と解釈する（一三）。いずれにせよ、冊命には、成王が有していた②天からの受命を継承せよ、という内容は含まれない。天命を受けた天子としての即位は、冊命による王としての即位とは別に後ほど行われるためである。これに対して、康王の答えの中に、①四方を治めることとならんで、②天命を恐れる、とする部分が含まれることは興味深い。冊命と答えが呼応しないためである。ただ、天命に関わる言辞は、ここ一ヵ所だけであり、(2)冊命による王の即位は、王朝の創始者・受命者からの権力の継承という側面を強く持っていると言えよう。

冊命を受けた後は、酒禮が行われる。『尚書正義』巻十八 顧命篇に（一四）、

乃ち同を受《さづ》く。王 三たび宿《すす》み、三たび祭り、三たび咤《しりぞ》く。上宗曰く、「饗《う》けよ」と。太保 同を受けて、降り、盥《くわん》す。異同を以《もち》ひ、璋を秉りて以て酢《むく》い、宗人に同を授けて、拝す。王 答拝す。太保 同を受けて、祭り、嚌《な》めて、宅《しりぞ》き、宗人に同を授けて、拝す。王 答拝す。太保 降り、収む。諸侯 廟門を出でて俟つ。

とある。ここまでが王としての即位を描いた部分である。「同」は、酒の器のことで、『白虎通』爵に引用される『尚書』顧命篇では、「銅」につくる。『三國志』巻五十七 虞翻傳注引『虞翻別傳』によれば、今文『尚書』は「銅」につくり、その訓詁は天子の副璽とされていたという。皇帝即位の際に、策文とともに璽綬の授受を行った後漢の現実が『尚書』の解釈に投影されたのであろうが、「同」を「銅」とし、それを天子の副璽と解釈しては、あとの文が意

味をなさない。「同」は酒器とすることが正しい。酒がまわって冊命による王の即位の儀禮は終わる。太保は堂下に降りる。諸侯は廟門を出て、続けて行われる天子としての即位の儀禮に出席するため、王や太保たちを待つ。ちなみに、ここまでの場所を鄭玄は「殯所」とするが、王国維《一九五九》は「廟」とする。池田末利《一九七六》は鄭玄説を是とするが、後漢では皇帝即位は、柩前で行われている。今文説だけではなく鄭玄の説にも、後漢の現実が反映していると言えよう。

(3)続いて、天子即位の儀禮である。『尚書正義』巻十八 顧命篇に、(一五)

王 出でて應門の内に在り。太保は西方の諸侯を率ゐ、應門を入りて左す。畢公は東方の諸侯を率ゐ、應門を入りて右す。皆 布乘・黄朱す。賓 圭の幣を兼《あは》せたるを稱《あ》げ奉げて曰く、「一二の臣衞、敢て壤奠を執る」と。皆 再拜稽首す。王 義嗣は德《のぼ》りて答拜す。

とある。「壤奠」とは、即位に際して諸侯が来見して「壤地」を天子に献じて天子の後命を待つ行為であり、臣服の意を示す。太保が率いる西方の諸侯と畢公が率いる東方の諸侯は、周の直臣ではない。王としての即位の際には、應門の外で待っていた外臣が、天子の即位には参列を許され、その場において臣従を誓っているのである。『尚書正義』巻十八 顧命篇に、(一六)

太保暨《およ》び芮伯は、咸《みな》進みて相揖《いふ》し、皆 再拜稽首して曰く、「敢て敬みて②天子に告ぐ、②皇天 大邦たる殷の命を改め、①惟《こ》れ周の文・武、誕《そ》れ羑《そ》の若《かくのごと》きを受け、克く西土を恤《うれ》ふ。惟れ新たに陟れる王は、畢く賞罰を協せ、戡《よ》く厥の功を定めて、用て敷《あまね》く後人に休を遺す。今王 之を敬《つつし》まんかな。六師を張皇し、我が高祖の寡命を壊つこと無かれ」と。

とある。(2)の冊命が①文王・武王の大訓、すなわち①王朝の創始者・受命者の権力の継承を命じていたことに対して、⑶では、王ではなく②天子に告げられる文中で、②皇天が殷への命を改めて（革命）周に授けたことが述べられる。⑶の卽位が天からの受命に基づく天子としての卽位であることが分かろう。むろん②皇天の命とともに①文王・武王が命を受けて国内を統治したことも掲げられるが、それも「若《かくのごと》き」という言葉で表現された天命を受けてのことである。最後に高祖（文王）が天から受けられた天命を壊さないように、と述べられるように、⑶では、天からの受命という権威の継承が行われている。

　これに応えて卽位した王は、諸侯たちに次のように命ずる。『尚書正義』巻十八 顧命篇に、(一七)

王若《か》く曰く、「庶邦の侯・甸・男・衞よ、惟《こ》れ予一人釗 報誥せん。昔君《せきくん》文・武、丕《おほ》いに富を平《な》して、咎を務めずして、齊信に厎至す。用て天下に昭明なり。則ち亦た熊羆の士、心を二にせざるの臣有り、①王家を保乂して、用て端《はじ》めて②上帝に命ぜらる。皇天用《もっ》て厥の道を訓《つ》げて、四方を付畀し、乃ち命じて侯を建て屛を樹てしめ、我が後の人を在《み》しむ。今 予が一二の伯父よ、尙《ねが》くは胥曁《あひとも》に顧《おも》ひて、爾が先公の先王に臣服せしを綏《つ》げよ。爾の身は外に在りと雖も、乃《なんぢ》の心は王室に在らざること罔《な》かれ。用て厥の若を奉恤し、鞠子に羞を遺《おく》ること無かれ」と。羣公 既に皆 命を聽き、相揖して、趨り出づ。王 冕を釋きて喪服に反《かへ》る。

とある。王が諸侯に応えた文では、文王・武王が、①王家を保《やす》んじたことにより、はじめて②上帝に（天子になることを）命ぜられたことが述べられる。王として卽位をした後に、天子として卽位をする理由は、ここにあるのだろう。王としての権力が、天からの天命という権威により支えられて磐石な支配が目指されるのである。三公や諸侯が退いたのち、康王は喪服にもどる。いまだ成王の喪中なためである。

　以上のように、『尚書』顧命篇には、成王から康王への傳位の過程が描かれ、それは王卽位から天子卽位への二段階卽位と解釈されていた。殯所で顧命を受けて王となり、治朝で天を祭って天子となるのである。これは中国古代における君主が、王朝の創始者・受命者の権力と天からの受命による権威という二つの正統性を有していたことに呼応するものである。皇帝と天子という称号の使いわけが成立していた後漢でもまた、君主の卽位は、皇帝卽位から天子卽位へという二重性を持って行われていた（本書第七章）。卽位儀禮に對する『尙書』の影響力の大きさを理解できよう。「受禪表」碑に、『尙書』からの引用が多く見られたのは、卽位儀禮に關する『尙書』の圧倒的な影響力のためなのである。

しかしながら、漢魏革命では、1堯舜革命による卽位の正統化以外にも、2天文曆數による正統化、および3讖緯思想（緯書）による正統化が行われていた（渡邉義浩〈二〇〇三ａ〉・本書第八章）。「受禪表」碑は、『尙書』堯典を多く典拠とするように、1はきわめて重視するが、3には触れない。そこにはいかなる思想史的意義があるのだろうか。

三、圖讖から『尙書』へ

二で掲げた『三國志』巻二 文帝紀注引『獻帝傳』に記された、曹魏の文帝の告代祭天文の模範となったものは、後漢の光武帝の告代祭天文である。『後漢書』本紀一上 光武帝紀上に(一八)、

> 光武 是に於て有司に命じて壇場を鄗の南の千秋亭の五成陌に設けしむ。六月己未、皇帝の位に卽く。燔燎して天に告げ、六宗に禋し、羣神に望す。其の祝文に曰く、「皇天上帝・后土神祇、眷顧して命を降し、秀に黎元を屬し、人の父母と爲すも、秀は敢て當たらず。羣下・百辟、謀らずして辭を同じくし、咸曰く、『王莽 位を簒ひ、秀 憤りを發して兵を興し、王尋・王邑を昆陽に破り、王郞・銅馬を河北に誅し、天下を平定し、海內 恩を蒙る。上は天地の心に當たり、下は元元の歸する所と爲る』と。①識記に曰く、『劉秀 兵を發し不道を捕へ、卯

金 德を修めて天子と爲らん』と。秀 猶ほ固辭すること②再に至り三に至る。羣下 僉曰く、『皇天の大命、稽留す可からず』と。敢て敬承せざらんや」と。是に於て元を建てて建武と爲し、天下に大赦し、鄗を改めて高邑と爲す。

とある。「其の祝文に曰く」から始まる光武帝の告代祭天文を文帝のそれと比べた場合の第一の特徴は、「秀 猶ほ固辭すること②再に至り三に至る」の前に、①「讖記に曰く、『劉秀 兵を發し不道を捕へ、卯金 德を修めて天子と爲らん』と」と、讖記を引用することである。圖讖を天下に宣布して自己の正統性とした光武帝劉秀は、告代祭天文にも讖記を引用して、即位の正統性を讖緯思想に求めているのである。(一九) これに対して、文帝の告代祭天文は、緯書を引用することはない。「受禪表」碑も、「皇帝は謙退し、⑧德 嗣がざるを讓り、⑩再に至り三に至る」とあるように、光武帝と同じく『尚書』多方篇を典拠とする「再に至り三に至る」を引用しながらも、緯書を引用することはない。この意味については後述しよう。

光武帝の告代祭天文の第二の特徴は、『尚書』の引用が見られることにある。告代祭天文だけではない。その前に掲げる「燔燎して天に告げ、六宗に禋し、羣神に望す」という行為もまた、『尚書』堯典の「上帝に肆類し、六宗に禋し、山川に望す（肆類于上帝、禋于六宗、望于山川）」を踏まえている。(二〇) 光武帝は、王莽に対して挙兵する前、太學で尚書を学んでおり、その子の明帝には、歐陽尚書博士の桓榮を侍講、太子少傅として經學を学ばせている（『後漢書』列傳二十七 桓榮傳）。『後漢書』本紀二 明帝紀に、(二一)

（永平）二年春正月辛未、光武皇帝を明堂に宗祀し、帝及び公卿・列侯 始めて冠冕・衣裳・玉佩・絇履を服して以て事を行ふ。

とあるように、明帝は、永平二（五七）年、光武帝への祭祀と禮制の整備を開始するが、このとき歐陽尚書博士であった桓榮は、太常としてなお存命である。後漢の、そしてそれを継承した曹魏文帝期の禮制や「受禪表」碑に『尚書』の影響が大きいことは偶然ではないのである。

明帝期に創られた制度は、章帝が主宰した白虎觀會議で經義により正統化された。君主の即位は、二で検討した『尚書』顧命篇に描かれた王即位から天子即位を後漢の現実とすり合わせながら、皇帝即位から天子即位へと定められた。そしてそれは、『尚書』顧命篇や『春秋公羊傳』文公九年、『禮記』王制篇のほかに、『白虎通疏證』に陳立が繁を厭わず注記する多くの緯書により正統化される。光武帝の告代祭天文に見られた緯書と『尚書』による即位の正統化は、白虎觀會議により後漢一代の制度として規定されたのである(二二)。

緯書による即位の正統化理論を持つ後漢より禪讓を受ける漢魏革命の際には、文帝曹丕の即位を促す臣下からの勸進文のなかで、曹丕の即位を正統化する多くの緯書が掲げられた。

『三國志』巻二　文帝紀　注引『獻帝傳』(二三)に、

春秋玉版讖に曰く、「①赤に代はる者は魏公子なり」と。春秋佐助期に曰く、「漢は許昌を以て天下を失ふ」と。故に白馬令の李雲事を上して曰く、「許の昌んなる氣は、當塗高に見はる。當塗高なる者は、當に許に於て昌へん。②當塗高なる者は、魏なり。象魏なる者は、兩觀の闕 是なり。道に當たりて高大なる者は魏なり。魏 當に漢に代はらん」と。今 魏の基は許に昌んなれど、漢の徵は許に絕たる。乃ち今 效 見はる。李雲の言の如く、許昌は相 應ずるなり。

とあるように、太史令の許芝は、勸進文のなかで、①「赤に代はる者は魏公子なり」、②「當塗高なる者は、魏なり。……魏 當に漢に代はらん」という圖讖を引用して文帝の即位を求めている。省略した引用部分の前後も含めると、許芝は『春秋漢含孳』『春秋玉版讖』『春秋佐助期』『孝經中黃讖』『易運期讖』という多くの緯書を引用している。しかしながら、平秀道も説くように、これらはすべて曹魏のために新たに偽作されたもので、白馬令の李雲の言として掲げられる「當塗高」の讖だけが、光武帝・公孫述のころから伝えられる、ある程度の説得力を持つものである（平秀道〈一九七四〉）。

緯書の中でも未来の予言を告げる讖は、孔子あるいは天が作成したものとされ、外れるはずのないものであった。しかし、漢に代わる②「當塗高なる者は、魏」だけのはずであるのに、現実には劉備も孫權も独立国を樹立していた。中でも劉備は漢魏禪讓を認めず、卽位することが予想された。のちに孫權も卽位したので、天子は三人となり、天は三つに分かれてしまうのである。こうした中で、漢の神聖性と儒教の神秘性を支えていた緯書は、急速に力を失っていく。

文帝が告代祭天文の中に、光武帝のように緯書を引用させなかったのは、曹魏のために新たに偽作された緯書に納得がいかなかったこともあろう。文帝の卽位に対抗して、やがて卽位する蜀漢の劉備は、臣下からの勸進文に、蜀伝統の「讖緯の學」を総動員して、多くの緯書を書きつらねた（渡邉義浩〈二〇〇八ｂ〉を参照）。それは、本来、光武帝劉秀のために用意された緯書を劉備にあわせて修正したものが多く、新たに偽造された文帝の依拠する緯書よりも「伝統的」で「正統的」であった。

一方で、緯書を捨て去るべしとの主張も強まっていた。後漢末、荊州牧の劉表の下、宋忠・司馬徽を中心に発達した反鄭玄的な經學である荊州學の流れを受けた王肅は、明確に緯書を否定した（加賀栄治《一九六四》）。王肅の經學を官學とした西晉は、泰始三（二六七）年、「星氣讖緯の學」を禁止している（安居香山〈一九六一〉）。隋まで続く緯書への断続的な禁圧は間近に迫っていたのである。

文帝は、漢を正統化していた宗教的な讖緯思想から脱却して、自らの卽位の正統性を『尙書』の論理性に求めようとした。宗教性・神秘性から「理」へ、という魏晉の時代風潮の中に文帝も生きていたのである。「受禪表」碑は、その文帝の思いを受けとめて作られた。全文に『尚書』の典拠を散りばめた美文を石に刻んで、『尚書』による文帝即位の正統性を論理的に後世に伝えたのである。

「受禪表」碑における漢魏革命は、王莽や光武帝が依拠した圖讖を捨て去り、皇帝即位と天子即位という二重即位を正統化し得る『尚書』の論理に基づいて、正統化されているのである。ここに漢代の儒教の特徴であった讖緯思想に基づく宗教性の軛から脱却を試みる儒教の姿を見ることができる。

おわりに

「受禪表」碑は、皇帝即位と天子即位という漢代の君主即位を正統化する『尚書』に基づき、漢魏革命を堯舜革命に準えることにより正当化した。しかも、王莽の禪讓革命や光武帝の告代祭天文に比べて讖緯思想を含まないところに、漢代の儒教の宗教性からの脱却への試みを見ることができる。

漢代における儒教の集大成と言われる鄭玄の經典解釈は、緯書をその中核に置く宗教性の高いものであった。加賀栄治《一九六四》によれば、最初に反鄭玄的立場を取った荊州學は、讖緯思想を否定する王肅へと繋がる「理」に基づく經典解釈を行っていく。

受禪表に現れた『尚書』の重視と讖緯思想の無視は、かかる「理」へと向かう時代風潮を大きく反映したものと考えることができるのである。

《注》

（一）繁昌縣城內有三臺。時人謂之繁昌臺。壇前有二碑。昔魏文帝受禪於此、自壇而降曰、舜禹之事、吾知之矣。故其石銘曰、遂於繁昌築靈壇也（『水經注』巻二十二 潁水）。『水經注』は、楊守敬《一九八九》を底本とした。

（二）二碑のうち、「魏公卿上尊號奏」碑については、本書第八章を参照。なお、許昌に残る漢魏故城については、塩沢裕仁〈二〇〇二〉・〈二〇〇四〉が詳細である。

（三）典拠となっている『尙書』は、後漢の官學である今文學に基づき、堯典と舜典をあわせて堯典篇、顧命と康王之誥をあわせて顧命篇として傍線を附した。

（四）曹魏の禪譲が堯舜革命に基づきながら、『禮記』禮運の「天下爲公」という理念により正統化されていたことについては、渡邉義浩〈二〇〇三a〉を参照。

（五）曹操が後漢「儒敎國家」の支配理念である「寬」治に対して、法刑を重視する「猛」政を自らの支配理念として掲げたことについては、渡邉義浩〈二〇〇一〉を参照。

（六）同じく石刻文でありながら、臣下からの勸進を刻んだ「魏公卿上尊號奏」では、「伏して羣臣の內外前後の章奏を省るに、陛下の苻命を陳敍する所以は、河洛の圖書を條し、天地の瑞應を授け、漢朝の款誠に因り、萬方の景附を宣べざるは莫し（伏省羣臣內外前後章奏、所以陳敍陛下之苻命者、莫不條河洛之圖書、授天地之瑞應、因漢朝之款誠、宣萬方之景附）」（『隷釋』巻十九 魏公卿上尊號奏）とあるように、「陛下の苻命」「河洛の圖書」という表現により、圖讖による革命の是認が掲げられている。漢代における儒教の特徴である神秘的・宗教的な側面が、そのまま表現されているのである。

（七）天子冠通天冠、諸侯冠遠遊冠（『獨斷』巻下）。また、『續漢書』志三十 輿服下には、「通天冠は、……乘輿の常に服する所なり（通天冠、……乘輿所常服）」とある。

（八）至于永平之際、重熙而累洽、盛三雍之上儀、修袞龍之法服（『後漢書』列傳三十下 班固傳下）。また、『後漢書』本紀二

明帝紀に、「（永平）二年春正月辛未、光武皇帝を明堂に宗祀し、帝及び公卿・列侯始めて冠冕・衣裳・玉佩・絇履を服して以て事を行ふ（二年春正月辛未、宗祀光武皇帝於明堂、帝及公卿・列侯始服冠冕・衣裳・玉佩・絇履以行事）」とあり、李賢注に引く徐廣の『車服注』に、「漢の明帝は古禮を案じ其の服章を備へ、天子の郊廟の衣は上を皁にし下を絳にし、前は三幅、後は四幅、衣は畫きて裳は繡す（漢明帝案古禮備其服章、天子郊廟衣皁上絳下、前三幅、後四幅、衣畫而裳繡）」とある。

（九）獻帝傳曰、辛未、魏王登壇受禪。公卿・列侯・諸將・匈奴單于・四夷朝者數萬人陪位、燎祭天地・五嶽・四瀆。曰、皇帝臣丕、敢用玄牡、昭告于皇皇后帝。漢歷世二十有四、踐年四百二十有六、四海困窮、王綱不立、五緯錯行、靈祥竝見。推術數者、慮之古道、咸以爲、天之曆數、運終茲世、凡諸嘉祥、民神之意、比昭有漢數終之極、魏家受命之符。漢主以神器宜授於臣、憲章有虞、致位于丕。丕震畏天命、雖休勿休。羣公・庶尹・六事之人、外及將士、洎于蠻夷君長、僉曰、天命不可以辭拒、神器不可以久曠。羣臣不可以無主、萬幾不可以無統。丕祗承皇象、敢不欽承。卜之守龜、兆有大横、筮之三易、兆有革兆。謹擇元日、與羣寮登壇、受帝璽綬、告類于爾大神。唯爾有神、尚饗永吉兆民之望、祚于有魏世享。遂制詔三公、上古之始有君也、必崇恩化以美風俗、然百姓順教而刑辟厝焉。今朕承帝王之緒。其以延康元年爲黄初元年、議改正朔、易服色、殊徽號、同律度量、承土行。大赦天下、自殊死以下、諸不勸得赦、皆赦除之（『三國志』卷二　文帝紀注引『獻帝傳』）。なお、孫険峰〈二〇〇七〉は、告代祭天文における『論語』堯曰の鄭玄注の重要性を主張している。

（一〇）『文選』卷三十七　表上の李善注に、「表なる者は、明なり、標なり。物の標表の如く、言ひて事序を標著し、之を明白にして以て主上に曉らかにし、其の忠を盡くすを得しむを表と曰ふ（表者、明也、標也。如物之標表、言標著事序、使之明白以曉主上、得盡其忠曰表）」とある。

（一一）王曰、嗚呼、疾大漸、惟幾。病日臻、既彌留、恐不獲誓言嗣。茲予審訓命汝。昔君①文王・武王、宣重光、奠麗陳敎、則肄肄不違、用克達殷集大命。在後之侗、敬②迓天威、①嗣守文武大訓、無敢昏逾。今②天降疾、殆弗興弗悟。爾尚明時朕言、用敬保元子釗、弘濟于艱難、柔遠能邇、安勸小大庶邦、思夫人自亂于威儀、爾無以釗冒貢于非幾（『尚書正義』卷十八　顧命篇）。

（一二）王麻冕黼裳、由賓階隮。卿士・邦君、麻冕蟻裳、入即位。太保・太史・太宗、皆麻冕彤裳。太保承介圭、上宗奉同、由阼階隮。太史秉書、由賓階隮、御王册命。曰、皇后憑玉几、道揚末命、命汝嗣訓、①臨君周邦、率循大卞、燮和天下、用①答揚文・武之光訓。王再拜、興、答曰、眇眇予末小子、其能而①亂四方、以②敬忌天威（『尚書正義』卷十八　顧命篇）。

（一三）『尚書正義』巻十八　顧命篇に、「訓を以て道と為す。汝に命ず其の道を繼嗣せよとは、父の道を繼ぎて天下の主と為るをいう。言ふこころは任ずる所の者は重く、因りて以て戒を託するなり（以訓爲道。命汝繼嗣其道、繼父道爲天下之主。言所任者重、因以託戒也）」とある。

（一四）乃受同。王三宿、三祭、三咤。上宗曰、饗。太保受同、降、盥。以異同、秉璋以酢、授宗人同、拜。王答拜。太保受同、祭、嚌、宅、授宗人同、拜。王答拜。太保降、收。諸侯出廟門俟（『尚書正義』卷十八　顧命篇）。

（一五）王出在應門之內。太保率西方諸侯、入應門左。畢公率東方諸侯、入應門右。皆布乘黃朱。賓稱奉圭兼幣曰、一二臣衞、敢執壤奠。皆再拜稽首。王義嗣德答拜（『尚書正義』卷十八　顧命篇）。

（一六）太保暨芮伯、咸進相揖、皆再拜稽首曰、敢敬②告天子、②皇天改大邦殷之命、①惟周文・武誕受羑若、克恤西土。惟新陟王、畢協賞罰、戡定厥功、用敷遺後人休。今王敬之哉。張皇六師、無壞我高祖寡命（『尚書正義』卷十八　顧命篇）。

（一七）王若曰、庶邦侯・甸・男・衞、惟予一人釗報誥。昔君文・武、丕平富、不務咎、厎至齊信。用昭明于天下。則亦有熊羆之士、不二心之臣、①保乂王家、用端②命于上帝。皇天用訓厥道、付畀四方、乃命建侯樹屛、在我後之人。今予一二伯父、尚胥暨顧、綏爾先公之臣服于先王。雖爾身在外、乃心罔不在王室。用奉恤厥若、無遺鞠子羞。羣公既皆聽命、相揖、趨出。王釋冕反喪服。

（一八）光武於是命有司設壇場於鄗南千秋亭五成陌。六月己未、即皇帝位。燔燎告天、禋于六宗、望於羣神。其祝文曰、皇天上帝・后土神祇、眷顧降命、屬秀黎元、爲人父母、秀不敢當。羣下・百辟、不謀同辭、咸曰、王莽簒奪位、秀發憤興兵、破王尋・王邑於昆陽、誅王郎・銅馬於河北、平定天下、海內蒙恩。上當天地之心、下爲元元所歸。①讖記曰、劉秀發兵捕不道、卯金修德爲天子。秀猶固辭②至于再至于三。羣下僉曰、皇天大命、不可稽留。敢不敬承。於是建元爲建武、大赦天下、改鄗爲高邑（『後漢書』本紀一上 光武帝紀上）。

（一九）光武帝による讖緯思想の尊重については、安居香山〈一九六四〉を参照。

（二〇）肆類于上帝、禋于六宗、望于山川（『尚書』堯典）。このほか「百辟」も『尚書』洛誥を典拠としている。また、光武帝の儒教尊重については、渡邉義浩《一九九五》を参照。なお、『漢書』巻二十五下 郊祀志下に、「(匡)衡言ふに、『甘泉の泰畤は、紫壇八觚にして、宣通して八方に象る。五帝の壇は其の下を周環し、又 羣神の壇有り。尚書に、六宗を禋し、山川を望し、羣神の義を偏すとあるを以てす。……』と(匡)衡言、甘泉泰畤、紫壇八觚、宣通象八方。五帝壇周環其下、又有羣神之壇。以尚書、禋六宗、望山川、偏羣神之義。……」とあるように、『尚書』の当該部分は、すでに甘泉の泰畤の制度でも典拠とされていた。

（二一）二年春正月辛未、宗祀光武皇帝於明堂、帝及公卿・列侯始服冠冕・衣裳・玉佩・絇屨以行事（『後漢書』本紀二 明帝紀）。また、金子修一《二〇〇六》は、後漢における禮制の本格的な出発点は、光武帝死後の明帝期に求めるべきとしている。

（二二）白虎觀會議の位置づけについては、本書第一章を、君主の即位儀禮と『白虎通』については、本書第七章を参照。

（二三）春秋玉版讖曰、①代赤者魏公子。春秋佐助期曰、漢以許昌失天下。故白馬令李雲上事曰、許昌氣見于當塗高、當塗高者當昌於許。②當塗高者、魏也。象魏者、兩觀闕是也。當道而高大者魏。魏當代漢。今魏基昌于許、漢徵絶于許。乃今效見。如李雲之言、許昌相應也（『三國志』本紀二 文帝紀）。

「受禪表」碑

1 維黄初元年冬十月辛未、
2 皇帝受禪于漢氏。上稽儀極、下考前訓、書摯所錄、帝王遺事。義莫顯於禪德、美莫盛於受終。故書陳納于大鹿、傳稱歷□□□□。
3 是以降世且二百、年幾三千、堯舜之事、復存于今。允皇代之上儀、帝者之高致也。故立斯表、以昭德□義焉。

4皇帝體乾剛之懿姿、紹有虞之黄裔。九德既該、欽明文塞。齊光日月、材兼三極。及嗣位
5先皇、龍興饗國、撫柔烝民、化以醇德。崇在寬之政、邁愷悌之教、宣重光以照下、擬陽春以播惠。開禁倉、散滯積、冢臣□□、□□□
6之錫。衆兆陪臺、蒙賙饁之養。興遺勳、繼絶世、廢忘之勞、獲金爵之賞、襁褓之孤、食舊德之祿。善無微而不旌、功無細而不□。□□
7戎士、哀矜庶獄、罷戍役、焚丹書。囹圄虛靜、外無曠夫、玄澤雲行、罔不沾渥。若夫覆載簡易、剛柔允宜、乾巛之德、陰陽□□□。□□
8□類、育物奮庸、造化之道、四時之功也。寬容淵嘿、恩洽羣黎。皇戲之質、堯舜之姿也。孜孜業業、邁德濟民。伯禹之勞、□□□□□。
9叡智神武、料敵用兵。殷湯之略、周發之明也。廣大配天地、茂德苞衆聖。鴻恩洽於區夏、仁聲播於八荒。雖象胥所□□□□□
10和而來王。是以休徵屢集、和氣烟熅、上降乾祉、下發巛珍。天關啓闈、四靈具臻。涌醴横流、山見黄人。所以顯受命之□□、□□□
11之期運也。其餘甘露零於豐草、野蠶繭於茂樹。嘉禾・神芝・奇禽・靈獸、窮祥極瑞者、朞月之間、蓋七百餘見。自金天以□□□□□、
12嘉祥之降、未有若今之盛者也。是以漢氏覩歷數之去已、知神器之有歸、稽唐禪虞、紹天明命、釐嬪二女、欽授天位。
13皇帝謙退、讓德不嗣、至于再至于三。於是羣公卿士僉曰、
14陛下聖德、懿侔兩儀、皇村昭晰、受命咸宜。且有熊之興、地出大螻、夏后承統、木榮冬敷。殷湯革命、白狼銜鉤、周武觀□、□□□□。
15方之今日、未足以喩。而猶以一全之慶、寵神當時、紹天卽祚、負依而治。况於大魏靈瑞若茲者乎。蓋天命不可以辭□、神器不可
16以意距、大統不可以久曠、萬國不可以乏主。宜順民神、速承天序。於是
17皇帝乃回思遷慮、旁觀庶徵、上在璿機、筮之周易、卜以守龜。龜・筮襲吉、五反靡違。乃覽公卿之議、順皇天之命、練吉日□□□。□
18唐典之明憲、遵大鹿之遺訓、遂於繁昌、築靈壇、設壝宮、蹐圭璧、儲犧牲。延公侯、卿士、常伯、常任、納言、諸節、嶽牧、邦君、虎□□□□、
19匈奴南單于、東夷・南蠻・西戎・北狄王侯・君長之羣、入自旗門、咸旅于位。
20皇帝乃受
子之藉、冠通天、襲袞龍、穆穆皇皇、物有其容。上公策祝、燔燎柭樸、告類上帝、望秩五嶽、烟于六宗、徧于羣神。□□□
21晏、祥風來臻。詔乃有司、大赦天下、改元正始。開皇綱、闡帝載、殊徽幟、革器械、脩廢官、班瑞節、同律量衡、更姓改物。勒崇垂鴻、創□
22作則。永保天祿、傳之罔極。

結論

結論　後漢における「儒教國家」の成立

はじめに

本書の目的は、後漢における「儒教國家」の成立を論証することにある。論証の結果を整理する前に、序論で掲げた、儒教、および「儒教國家」成立の四つの指標を再度掲げておこう。

○　儒教

儒教とは、儒家の教説の総称である。その中心となる經典解釈は、經學と呼ばれるが、本書では、漢代儒教の特徴をその宗教性の高さに求める立場から、經學を含めた儒家の教説全体を儒教と呼ぶ。

○　「儒教國家」成立の指標

1　思想内容としての体制儒教の成立
2　制度的な儒教一尊体制の確立
3　儒教の中央・地方の官僚層への浸透と受容
4　儒教的支配の成立

以上のような儒教と「儒教國家」の定義に基づいて、本書は九章にわたって、後漢における「儒教國家」の成立を論証した。以下、本書の到達点と「儒教國家」の展開を提示しておきたい。

一、漢代儒教の宗教性

後漢における「儒教國家」完成の契機となった白虎觀會議の内容を班固がまとめた『白虎通』は、皇帝と併用される天子という称号を、緯書を論拠として、天に仕える「天の子」であると規定し、天の持つ宗教性により天子が支えられる、と理解した。その具体的な現れが、天人相関論である。主宰者である天は、天子の政治・倫理に対して、悪ならば災異を善ならば瑞祥を示して天子を支える、とされたのである。天が理と等値され、上帝の意志とは理にほかならない、とされる宋學の特徴と比べたときに、漢代の儒教が、強い宗教性を持つことは明らかである。また、『白虎通』における天人相関論が、孝經緯を論拠としているように、儒教の宗教性を支えるものは讖緯思想であり、天と天子を結ぶものは孝であった（第二章）。

後漢における讖緯思想の尊重は、光武帝より始まった。光武帝は、中元元（五六）年、明堂・靈臺・辟雍・北郊を完成すると共に、「圖讖を天下に宣布」したのである。後漢の儒者の中には、圖讖の猥雑さを批判する者もあった。しかし、かれらはその圖讖批判を国家に容認されることはなかった（渡邉義浩〈一九九五ａ〉）。讖緯思想は、後漢国家の支配の正統性をその神秘主義により支えたのである。

後漢を代表する儒者である鄭玄もまた、緯書の神秘性を自らの「六天説」の論拠に置いていた。詩緯の『詩含神霧』に、劉邦は赤帝赤熛怒の精に感じて生まれた感生帝である、と記載されていることが、鄭玄の六天説を根底で支えたのである（第五章）。六天説とは、至高神である昊天上帝のほかに、五行を主り、歴代の王者の受命帝となる蒼帝靈威仰・赤帝赤熛怒・黃帝含樞紐・白帝白招拒・黑帝汁光紀の五帝という、六種類の天帝を想定する思想である。鄭玄は六天説に基づき、天の祭祀を二つに分け、⑴昊天（昊天上帝）を圜丘に祭り（圜丘祀天）、⑵上帝（五天帝）を南郊で祭る（南郊祭天）べきだとしたのである。それにより、皇帝・天子という二つの称号により表現される「天下爲公」・「天下爲家」という後漢の君主權を支える相矛盾した二つの正統性を、感生帝説により止揚して、天子と受命者と天とを孝を媒介に一体化することにより、郊祀において表現しようとしたのであった。『孝經』に記された天への天子の孝を感生帝説で直結することが、六天説を創設した思想史的な要因なのである（第六章）。

鄭玄が皇帝・天子という称号の矛盾に苦しんだように、本来、中国を統一した功績という權力を淵源とする皇帝という称号と、天の神秘性に支えられた天の子という權威を淵源とする天子という称号とは、起源を異にするものであった。しかし、秦の始皇帝を起源とする皇帝號だけでは、漢の君主は、その十全なる正統性を担保されると考えなかった。そこで、『尙書』顧命篇に記され、『白虎通』にも規定されるように、皇帝即位の後に天子即位を行うことによって、天の神聖性を支配の正統性の根本に置こうとしたのである（第七章）。

したがって、漢魏禪讓は、神秘性の強い讖緯思想を背景に、「天下爲公」を天下が公なのではなく、天下に対して君主が公であるべしとする鄭玄の解釈に従い、堯舜革命に準えることにより行われた（第八章）。その一方で、漢の神聖化のために、漢との関係が密接に過ぎた今文學説の神秘主義は、「理」を尊重する經典解釈に押され始める。「受禪表」碑は、讖緯思想を取り入れずに、皇帝即位から天子即位へという漢代の君主即位を正統化する『尙書』に基づき、漢魏革命を堯舜革命に準えることにより正統化している。受禪表に現れた『尙書』の重視と讖緯思想の無視は、かかる「理」へと向かう時代風潮を大きく反映したものと考えることができるのである（第九章）。

以上のように、後漢における儒教の宗教性は高く、それは鄭玄や漢魏革命まで継続していくが、後漢の滅亡の中から、「理」による經典解釈への指向が現れてくるのである。

二、後漢「儒教國家」の四つの指標

後漢における「儒教國家」の成立時期は、以下に掲げる1〜4の指標を満たす大きな契機となった章帝期の白虎觀會議に求めることができる。そして後漢「儒教國家」の成立により、「儒教の国教化」は完成を迎えるのである。

1 思想内容としての体制儒教の成立

思想内容としての体制儒教の整備は、前漢の景帝期に始まった。『春秋公羊傳』隱公元年の「母以子貴」の事例が、景帝に用いられたのである。続く、武帝も匈奴との戦いを『春秋公羊傳』莊公四年の「春秋の義」である復讐の是認によって正当化した。班固が『漢書』で春秋公羊學者である董仲舒の献策による五經博士の設置を武帝期に仮託する所以である。しかし、班固が説くほどには、前漢と公羊傳との結びつきは安定していなかった（第一章）。武帝に続く宣帝は、匈奴の單于に「稱臣不名」の待遇を与えることを正当化する『春秋穀梁傳』を石渠閣會議で公認するが、その一方で法刑を重視する「王覇雜揉」の政治が、漢家の伝統であるとして、儒者の専用を目指す皇太子（のちの元帝）をたしなめた。元帝が即位すると、国政運用の論拠として儒教を中心に据えることが本格化し、それに伴い、かえって儒教の經義の相互矛盾や現実との齟齬が顕在化した。後漢のような一尊体制を儒教は未だ築きあげておらず、郊祀は儒教の經義に基づく南北郊と、漢家の伝統に従い經義にそぐわない甘泉・汾陰での祭祀との間で右往左往した。かかる混乱は、王莽によって解決されるが、莽新は長続きせず、王莽から始まる「中国の古典的国制」

と儒教教義とのすり合わせは、後漢に持ち越されたのである（第一章）。

白虎觀會議では、王莽の定めた禮制である「元始の故事」を中心とする古典的国制が、經義により正統化された。具体的には①洛陽遷都・②畿内制度・③三公設置・④十二州牧設置・⑤南北郊祀・⑥迎氣（五郊）・⑦七廟合祀・⑧官稷（社稷）・⑨辟雍（明堂・靈臺）・⑩學官・⑪二王後・⑫孔子子孫・⑬樂制改革・⑭天下之號（王朝名）のほとんどが、白虎觀會議において、今文學の經義により正統化され直したのである。匈奴政策の方針転換を正当化する穀梁傳を公認することを主目的とした石渠閣會議に対して、漢の国政全般を公羊傳および公羊學説で正統化した白虎觀會議は、思想内容としての体制儒教の完成を象徴する會議であったと言えよう（第二章）。ここに、「儒教國家」の第一の指標である思想内容としての体制儒教の成立を定めることができる。

しかし、『白虎通』に依拠して、後漢のすべての国政を運用し得たわけではない。例えば、經義で定められた三年喪について、後漢「儒教國家」は、「文帝の故事」を典拠として、禮制上の經義である二十五ヵ月の喪禮と現実社会とをすり合わせていた。最初の「儒教國家」である後漢の儒教は、その經義に、中でも禮制において、いまだ現実とは乖離した理想論を含む原初的な形態を留めていた。經義とすり合わせるための故事の存在は、こうした後漢「儒教國家」の禮制の特徴を示している（第三章）。

しかしながら、經義と現実との乖離をすべて故事で解決できるわけではない。そのため、思想内容としての体制儒教は、政治状況において、国政の正統化のために変容していく。匈奴との対立関係が続いた前漢武帝期までは、公羊傳の激しい攘夷思想と復讐の是認という特徴が、匈奴との戦いを正当化した。宣帝期に呼韓邪單于が帰順すると、華夷混一の理想を説く穀梁傳が石渠閣會議で公認された。これに対して、匈奴の侵攻に苦しんだ後漢の白虎觀會議では、夷狄を生まれで差別する左氏傳の内容を導入することにより、「稱臣」させると侵攻する匈奴を「不臣」として、匈奴の侵攻に苦しむ後漢の政治的要請に応えている。こうして春秋学は、傳の違いや注の解釈によって、その時々の政治状況に対応して、体制儒教として後漢の支配を正統化し続けたのである（第四章）。

やがて体制儒教は、後漢という特定の国家の支配体制を正統化するのではなく、自らの理想とする国家体制を観念化するに至った。鄭玄は、革命を可能にする六天説の正しさを感生帝説を通じて実証し、漢に代わる新たな体制の規範を準備した。漢のために孔子が『春秋』を著したように、自らが後王のために、經典に注を付けていったのである（第六章）。鄭玄の經學は、後漢に代わった曹魏の支配体制のために用いられていくことになる。

2　制度的な儒教一尊体制の確立

制度的な儒教一尊体制の確立は、従来、董仲舒の献策によって太學に五經博士が置かれた前漢の武帝期である、とされてきた。しかし、それが『漢書』の偏向であることは、序論で述べたとおりである。福井重雅〈一九九五〉が明らかにしたように、宣帝期の石渠閣會議において、「五經の異同」を討議するため、五經のそれぞれに初めて博士が出揃うようになる。制度的な儒教一尊体制への第一歩である。しかし、福井重雅〈一九九五〉によれば、宣帝以降、前漢後期に至っても、なお依然として公的に博士の名目や定員などを記録した一定の文言を見出すことはできず、光武帝の建武年間に、はじめて五經とは易・書・詩・禮・春秋の五種類の經典を指し、一經ごとに所定の家法が立てられ、各家法に博士が置かれるという制度が決定した、という。博士弟子制度としての儒教一尊体制は、後漢の光武帝期に完成するのである（第一章）。

後漢の光武帝は、左氏傳に代表される古文學派の成長を背景に、左氏傳の博士として李封を立てた。だが、その後も立學の是非が絶え間なく論じられ、光武帝はたまたま卒した李封の後任を置かず、以後、左氏傳が學官に立てられることはなかった。こうして後漢の光武帝期には、今文學派を博士官に立てることが定まり、それは後漢一代変わることはなかった（第一章）。

制度的な儒教一尊体制は、官僚登用制度にもみることができる。漢代の官僚登用制度である郷擧里選の常擧である孝廉科は、漢代における『孝經』の普及に大きな影響を及ぼした。後漢では『孝經』を誦し得ることが察擧の最低限の条件となっていたのである。渡辺信一郎〈一九八七〉は、95％の小吏層が、5％の長吏以上の命官に撰抜されるに際し、孝の徳目が最も重視されたところに、漢代における『孝經』のイギオロギーとしての最大の機能を認め得る、とする。後漢の訓詁學を集大成した鄭玄も、『孝經』を天下の「大本」・「百行の本」と理解している。後漢「儒教國家」の文化的価値の根底には「孝」が置かれていたのである（渡邉義浩〈二〇〇二〉）。

「儒教國家」の第二の指標である制度的な儒教一尊体制は、博士弟子制度としては光武帝期、孝廉科を併せて考えても、後漢初期には確立していたと考えることができよう。

3　儒教の中央・地方の官僚層への浸透と受容

中央官僚層への儒教の浸透については、渡邉義浩〈一九九五b〉において、太傅・三公・錄尚書事・大將軍、九卿・尚書令という後漢政権枢要官を対象に、「家學」を持つ儒家・「通儒」「儒宗」など一世を風靡する儒者・儒教を講じ弟子を持つ儒者・儒教的教養を持つ者の占める割合を、後漢の初期（光武帝〜章帝）・中期（和帝〜黨錮の禁）・後期（黨錮の禁〜黄巾の乱）・末期（黄巾の乱以降）に分けて考察した。その結果、後漢政権枢要官は、初期より70％以上の人士が、儒教的教養を持つものであった。これを前漢時代の儒教の浸潤の最盛期である元帝期の約27％に比べれば、後漢における公卿層への儒教の浸潤度の高さを理解できる。また、浸潤した儒教の内容では、「家學」の重要性が高く、またその「家學」は今文學が大部分であった。儒教官僚は、「利祿の道」としての今文學により自己の地位を世襲化し、門閥化傾向を有するに至るのである。こうして豫州汝南郡や司隸弘農郡を本貫とする儒教官僚は、次第に南陽の功臣や三輔の外戚を驅逐していくのである。

かかる儒教官僚は、儒教を媒介とする後漢国家の察擧が、在地勢力である豪族に儒教的な存在形態を取らせたことにより出現した。後漢国家の儒教的察擧体制は、表層的には門生・故吏による「名儒」への支持を生み出し、それが「四世三公」を称された弘農の楊氏や汝南の袁氏の「家學」を中心とする門閥化傾向を支えた。さらに、具体的な察擧の場において顕在化した儒教は、在地勢力たる豪族に儒教的存在形態をとらせ、それを儒教官僚として、国家の支配層に取り込んでいくのであった。つまり、後漢「儒教國家」の儒教的察擧体制により、豪族層は儒教を受容していったのである（渡邉義浩〈一九九五b〉）。

また、地方祭祀としての孔子廟祭祀の変遷からは、後漢「儒教國家」の衰退とともに、儒教的祭祀の権限が、君主権力から次第に儒教官僚や在地勢力へと移行したことを理解し得る。後漢「儒教國家」の完成期である章帝までの三代は、皇帝自らが孔子廟を訪れて親祭を行い、祭祀権を一元的に掌握していた。しかし、外戚・宦官の専横による国政の私物化とともに、国家による孔子廟祭祀が衰退すると、祭祀権の掌握により在地社会への権威の確立指向を本来的に有する在地勢力は、儒教的な祭祀を次第に自己のもとに収斂していく。後漢末の在地勢力は、儒教を受容すると共に自己の権威を在地社会に確立するための重要な一手段として、儒教的祭祀権の掌握を目指したのである（渡邉義浩〈一九九三b〉）。

「儒教國家」の第三の指標である儒教の中央・地方の官僚層への浸透と受容もまた、後漢初期には確立していたと言えよう。

4　儒教的支配の成立

渡辺信一郎〈二〇〇二〉は、中国における古典的国制、すなわち天下型国家は、天下観念の完成に即応して前漢元帝初元元（前四六）年の翼奉による洛陽遷都の上言にはじまり、後漢明帝永平二（五九）年の典章制度の確立に終わる、ほぼ百十余年にわたる期間に成立した、とする。そして、それを經義により正統化したものが、章帝期の白虎觀會議である。その結果をまとめた『白虎通』には、中国における古典的国制の大部分が規定されていた。儒教的支配の基本となる經義による国制の正統化は、章帝期の白虎觀會議で確立したのである（第二章）。

こうした国制と經義との緊密化が、漢の支配を変えていった。前漢では、国政を運用する際の先例である故事は、法制と並んで用いられていた。これに対して、後漢では、故事と經典が国政運用の規範として並用されていく（第三章）。こうして成立した儒教的支配が、後漢「儒教國家」の支配の具体的な場に現れていくのである。

後漢時代の儒教を媒介とする支配の在り方である「寬」治は、豪族の在地社会に有する規制力を容認し、むしろ積極的に利用していく支配形態である。こうした支配は、今文『尙書』堯典の「五教在寬」を典拠に正当化されていた（渡邉義浩〈一九九三ａ・一九九四〉）。また、後漢時代の外戚は、光武帝・明帝らの外戚抑制策にも拘わらず政治に参与し、特定の家柄が外戚を輩出するという再生産構造を有していた。こうした外戚の再生産は、白虎觀會議において、春秋公羊學派の「娶先大國」という「春秋の義」により正当化されていた（渡邉義浩〈一九九〇〉）。

「儒教國家」の第四の指標である儒教的支配の成立は、章帝期の白虎觀會議に求めることができる。

以上のように、「儒教國家」の四つの指標のうち、第一・第四の指標は、章帝期の白虎觀會議に、第二・第三の指標は、後漢の初期に確立していた。すなわち、後漢における「儒教國家」の成立は、章帝期の白虎觀會議に求めることができるのである。

三、「儒教國家」の展開

後漢「儒教國家」の簒奪を目指した曹操は、後漢の神聖性を支え、その政策を正当化する儒教の文化としての価値を相対化することを目指した。それは、幼少期より学んだ後漢を神聖視する儒教を身体化し、自らの文化資本の根底に据える「名士」の価値基準をも相対化するためであった。曹操は、文學・兵法・儒教・音樂に優れた才能を有するほか、草書・圍碁が得意で、養生の法を好み薬や処方に詳しかったという。曹操は、これらの中から、「名士」に対抗し得る文化的価値として「文學」を選択し、これを宣揚した。建安文學である。これに対して、「名士」は、曹丕・曹植の後継者争いに関わりながら、「文學」という新しい文化的価値に対抗して、自己の儒教的価値を保全するため、嫡長子である曹丕の後継を支援した。蜀漢や孫呉の存在もあり、曹操は「文學」の宣揚による新たな価値基準の創設を断念するとともに、曹丕を後継者に定めた（渡邉義浩〈二〇〇三a〉）。

こうした状況下で即位した曹丕は、必要以上に「文學」を尊重できなかった。さらに曹丕は、漢を纂奪して魏を建国する際、儒教に基づく禪讓革命を遂行した。自己の帝位の正当性を儒教に求めた曹丕は、そののち「唯才主義」や「文學」の重要性を一切説かず、儒教の宣揚を繰り返した。曹魏政権における「文學」の興隆は、こうして幕を閉じたのである（渡邉義浩〈二〇〇三a〉）。しかし、文帝曹丕・明帝曹叡の死後、政権を掌握した曹爽は、曹室の君主権力を立て直すため、「名士」の価値基準の根底にある儒教に対抗して玄學を宣揚した。これに対して、正始の政変で曹爽を打倒した司馬懿は、州大中正の制を提唱して「名士」の既得権を守り、儒教の尊重を明確にした（渡邉義浩〈二〇〇七a〉）。司馬懿の孫である司馬炎は、曹魏を打倒して西晉を樹立するとともに、西晉「儒教國家」を成立させたのである。

そこで、西晉で再編された「儒教國家」と、後漢「儒教國家」との違いを四つの指標を中心に概観しておこう。

1　体制儒教としての思想内容

宗教性の強い鄭玄の經典解釈を尊重した曹魏に対して、西晉では、司馬炎の外祖父にあたる王肅の經典解釈を尊重した。王肅の祭天思想は、鄭玄の六天説に基づく曹魏の郊祀を批判しながら形成されたもので、感生帝説を批判するなど「理」に基づいた經典解釈に特徴を持つ（渡邉義浩〈二〇〇八ａ〉）。後漢「儒教國家」の宗教性を強く残す鄭玄説と「理」を尊重する王肅説という、以後の中国国家で選択的に継承される体制儒教の二つの大きな潮流がここに成立したのである。

2　制度的な儒教一尊体制

漢から曹魏までの太學に加えて、西晉は國子學を創設した。貴族の子弟のみを教育対象とし、祭酒・博士に代表的な学者を揃えた西晉の國子學は、貴族の基盤である儒教を習得させることにより、貴族の再生産を守る教育機関であった。また、多様な文化が尊重される中で、国家の保護する文化が儒教であることを視覚的に認識させる機関でもあった（渡邉義浩〈二〇〇六ｂ〉）。さらに、官僚登用制度である九品中正の価値基準の根底には「孝」が置かれ、孝に違背した場合には、郷品が貶され、士の階層から除名されることもあった（渡邉義浩〈二〇〇二〉）。また、九品という制度の発想そのものが、儒教の性三品説を起源としていた（渡邉義浩〈二〇〇六ｃ〉）。西晉「儒教國家」では制度のみならず、官僚登用制度の発想そのものに、儒教の經義が置かれているのである。

3　儒教の中央・地方の官僚層への浸透と受容

三國時代の「名士」の価値基準の中核であった儒教は、西晉以降の貴族制の時代には、基礎教養となった。貴族は四學三教の兼修を尊重したが、その文化資本の根底に置かれるものが儒教なのであった（渡邉義浩〈二〇〇三ｃ〉）。西晉においては、官僚層への浸透や受容はもはや問題とはならず、儒教を身につけることは、士であることの最低条件となっているのである。

4　儒教的支配

西晉「儒教國家」の支配は、儒教經典の典拠を持つ点において、後漢「儒教國家」の儒教的支配よりも、明確に儒教に依拠している。儒教に基づく国家支配の三本の柱である封建・井田・學校に関して言えば、王の封建は『春秋左氏傳』僖公 傳十一年に（渡邉義浩〈二〇〇五ｂ〉）、異姓への五等爵の封建は『禮記』王制篇に（渡邉義浩〈二〇〇七ｂ〉）、占田・課田制も『禮記』王制篇に（渡邉義浩〈二〇〇五ａ〉）、國子學の設置は『禮記』學記篇に（渡邉義浩〈二〇〇六ｂ〉）、その正統性の論拠を置いているのである。

「儒教國家」の初発形態である後漢「儒教國家」に比べて、再編された西晉「儒教國家」が、より儒教に依拠した国家として、その支配の正統性を儒教に求めていることを理解できよう。

おわりに

本書の問題関心は、中国社会を構成する様々な原理の一つとして、とくに儒教に着目し、儒教的な国家の支配や社会の在り方が成立した時代を後漢に求めることにある。そして、後漢時代に形成された「儒教國家」の支配形態と社会構造を解明することにより、中国社会の根源的な在り方を闡明しようと試みたものである。この問題関心は、前著である渡邉義浩《一九五五》と同じである。

かかる問題を解明していくための方法論として、本書は、「儒教國家」の四つの指標を掲げ、それらすべての指標を満たすとき「儒教國家」の成立と称し、それによって「儒教の国教化」が完成する、という仮説を提示し、その論証を行った。論証結果は、以上に整理したとおりであり、後漢の章帝期の白虎觀會議において、「儒教國家」の四つの指標は満たされ、「儒教國家」が成立するとともに、「儒教の国教化」が完成した。

西晉「儒教國家」との比較を掲げたように、「儒教國家」は後漢に終わるものではない。むしろ、儒教によりその支配を正統化される皇帝が、儒教の教養を持つ文人官僚と、その出身母体である在地勢力を利用した支配を行う、という伝統中国に固有な国家支配体制は、道教や佛教の隆盛後も引き継がれていく。かかる意味において、後漢「儒教國家」の国家支配と儒教との関係は、伝統中国の国家支配と理念の原基となっていくのである。

文献表

文献表

この文献表は、本書中に言及し、また略記した文献を採録したものである。本文中における表記は、単行本を《 》、論文を〈 〉により分け、出版時の西暦年を附して弁別の基準とした。その際、単行本などに再録された論文も初出の西暦年を附し、同一年に複数の単行本・論文のある場合には、ａｂなどを附し、弁別できるように心がけた。文献表でも、それを踏襲するが、単行本には※を附し、単行本に収められた論文は、その直後に＊を附して収録論文であることを示し、論文の初出雑誌を掲げた。また、論題が変更されている場合は、原則として、変更前の論題に統一した。邦文文献は編著者名の五十音順に、中文文献も、便宜的に日本読みによる五十音順に配列し、邦訳は邦文の項目に入れ訳者は省き、旧字体・簡体字は原則として常用漢字に統一した。

〔邦　文〕

浅野　裕一※『黄老道の成立と展開』（創文社、一九九二年）
浅野　裕一＊「秦の皇帝観と漢の皇帝観――「秦漢帝国論」批判」（『島根大学教育学部紀要』一八、一九八四年）
浅野　裕一＊「董仲舒・天人対策の再検討――儒学の国教化をめぐって」（『正統と異端――天皇・天・神』角川書店、一九九一年）
鐙屋　　一「孔教会と孔教の国教化――民国初期の政治統合と倫理問題」（『史峯』四、一九九〇年）
安倍　建夫「中国人の天下観念――政治思想史的試論」（『東方文化講座』六、一九五六年、『元代史の研究』創元社、一九七二年）
飯島　良子「莽新政権の国家統合論――后稷神話と王莽のまつり」（『アジア文化研究（国際基督教大学）』二一、一九九五年）

池田　秀三　「劉向の学問と思想」（『東方学報』（京都）五〇、一九七八年）
池田　秀三　「緯書鄭氏学研究序説」（『哲学研究』五四八、一九八三年）
池田　秀三　『白虎通義』と後漢の学術」（『中国古代礼制研究』京都大学人文科学研究所、一九九五年）
池田　秀三　『自然宗教の力――儒教を中心に』（岩波書店、一九九八年）
池田　秀三　「鄭学における「毛詩箋」の意義」（渡邉義浩（編）『両漢における詩と三伝』汲古書院、二〇〇七年）
池田　末利※『中国古代宗教史研究――制度と思想』東海大学出版会、一九八一年）
池田　末利＊「古代中国思想における宗教の性格――模索的描写」（『中国哲学史の展望と模索　木村英一博士頌寿記念論集』創文社、一九七六年）
池田　末利＊「高禖信仰の成立――古代中国の原始母神」（『広島大学文学部紀要』二四―一、一九六五年）
池田末利（訳）『尚書』（集英社、全釈漢文大系、一九七六年）
池田　知久　「中国古代の天人相関論」（『世界像の形成』東京大学出版会、一九九四年）
池田　知久　「儒教国教化と道教・仏教」（溝口雄三・池田知久・小島毅『中国思想史』東京大学出版会、二〇〇七年）
池田　知久　『道家思想の新研究――『荘子』を中心として』（汲古書院、二〇〇九年）
石井　　仁　「漢末州牧考」（『秋大史学』三八、一九九二年）
石井　　仁　『曹操 魏の武帝』（新人物往来社、二〇〇〇年）
石井　　仁　「虎賁班剣考――漢六朝の恩賜・殊礼と故事」（『東洋史研究』五九―四、二〇〇一年）
石合　　香　「秦漢期の受命改制――五徳終始説と三正説による検討」（『東方学の新視点』五曜書房、二〇〇三年）
板野　長八　「前漢末に於ける宗廟・郊祀の改革運動」（『中国古代における人間観の展開』岩波書店、一九七二年）
板野　長八※『儒教成立史の研究』（岩波書店、一九九五年）
板野　長八＊「儒教の成立」（『岩波講座　世界歴史』四、一九七〇年）
板野　長八＊「図讖と儒教の成立（一）（二）」（『史学雑誌』八四―二、三、一九七五年）
板野　長八＊「公羊学による春秋の図書化」（『史学雑誌』八七―一〇、一九七八年）
板野　長八＊「班固の漢王朝神話」（『歴史学研究』四七九、一九八〇年）
伊藤　　計　「董仲舒の災異説――高廟園炎対という上奏文を中心にして」（『集刊東洋学』四一、一九七九年）

伊藤　徳男「前漢の宗廟制――七廟制の成立を中心にして」（『東北学院大学論集』歴史学・地理学一三、一九八三年）
伊藤　敏雄「中国古代における蛮夷支配の系譜――税役を中心として」（『堀敏一先生古稀記念 中国古代の国家と民衆』汲古書院、一九九五年）
伊藤　円「黄帝研究――漢代思想史研究分野を中心に」（『中国思想史研究』二八、二〇〇六年）
稲葉　一郎「呉楚七国の乱について」（『立命館文学』三六九・三七〇、一九七六年）
稲葉　一郎※『中国史学史の研究』（京都大学学術出版会、二〇〇六年）
稲葉　一郎＊「何休『春秋公羊経伝解詁』の歴史観」（『史林』五〇―三、一九六七年）
井波　陵一『魏晋石刻資料選注』（京都大学人文科学研究所、二〇〇五年）
井上　亘「漢代の書府――中国古代における情報管理技術」（『東洋学報』八七―一、二〇〇五年）
岩野　忠昭「前漢後期の郊祭論」（『東洋大学中国哲学文学科紀要』一二、二〇〇四年）
岩本　憲司「公羊三世説の成立過程」（『日本中国学会報』三二、一九八〇年）
岩本　憲司『春秋公羊伝何休解詁』（汲古書院、一九九三年）
岩本　憲司「義から事へ」（渡邉義浩（編）『両漢における詩と三伝』汲古書院、二〇〇七年）
内田　吟風『北アジア史研究』匈奴篇（同朋舎出版、一九七五年）
内山　俊彦「尭舜の君子を知るや――読公羊小記」（『山口大学文学会誌』三四、一九八三年）
内山　俊彦「董仲舒における歴史意識の問題」（『哲学研究』五五九、一九九三年）
内山　俊彦「魏晋の改制論と正統論」（『中村璋八博士古稀記念東洋学論集』汲古書院、一九九六年）
内山　俊彦「何休の考えた歴史」（『中国思想史研究』二四、二〇〇一年）
宇野　精一『中国古典学の展開』（北隆館、一九四九年、『宇野精一著作集』第二巻、明治書院、一九八六年に所収）
宇野　哲人『儒学史』上巻（宝文館、一九二四年）
大川　尚節『三家詩より見たる鄭玄の詩経学』（関書院、一九三七年）
大久保隆郎「後漢章帝建初の治世について――『論衡』著作の史的背景」（『福島大学教育学部論集』（社会科学部門）三八、一九八五年）
大久保隆郎「「古今」と「華夷」」（『中国読書人の政治と文学』創文社、二〇〇二年）

尾形　勇※『中国古代の「家」と国家』（岩波書店、一九七九年）
尾形　勇＊「漢唐間の「殊礼」について」（『山梨大学教育学部研究紀要』二四、一九七四年）
王　家驊『日中儒学の比較』東アジアのなかの日本歴史　五（六興出版、一九八八年）
岡安　勇「中国古代における『二王之後』の礼遇について」（『早稲田大学大学院文学研究科紀要』別冊七、一九八〇年）
岡安　勇「中国古代における「客礼」の礼遇形式――匈奴呼韓邪単于への礼遇を手掛かりとして」（『東方学』七四、一九八七年）
岡安　勇「匈奴呼韓邪単于の対漢「称臣」年代について」（『東方学』八〇、一九九〇年）
小倉芳彦※『中国古代政治思想研究――『左伝』研究ノート』（青木書店、一九七〇年）
小倉芳彦＊「孔子から董仲舒へ」（『古代史講座』一二、一九六五年）a
小倉芳彦＊「裔夷の俘――『左伝』の華夷観念」（『中国古代史研究』第二、吉川弘文館、一九六五年）b
小倉芳彦＊「華夷思想の研究」（『思想』五〇三、一九六六年）
小島祐馬「公羊家の三科九旨説」（『支那学』一―一、二、一九二〇年）
越智重明「華夷思想の成立」（『久留米大学比較文化研究所紀要』一一、一九九二年、『戦国秦漢史研究』2、中国書店、一九九三年に所収）
加賀栄治『中国古典解釈史』魏晋篇（勁草書房、一九六四年）
加賀栄治「『春秋』経伝の成立をめぐって、承前、三続」（『国学院大学漢文学会会報』三六、三七、『国学院中国学会報』三八、一九九〇、九一、九二年）
影山　剛「前漢の酷吏をめぐる二・三の問題」（『福井大学学藝学部紀要』Ⅲ社会科学六、一九五七年）
加地伸行『儒教とは何か』（中央公論社、一九九〇年）
加藤常賢『真古文尚書集釈』（明治書院、一九六四年）
金谷　治「漢初儒生の活動（二）――賈誼と賈山と経典学者たち」（『秦漢思想史研究』日本学術振興会、一九六〇年）
金谷　治「鄭玄と論語」（『唐抄本鄭氏注論語集成』平凡社、一九七八年）
金子修一『古代中国と皇帝祭祀』（汲古書院、二〇〇一年）
金子修一※『中国古代皇帝祭祀の研究』（岩波書店、二〇〇六年）

金子修一＊「唐代における郊祀・宗廟の制度」（『中国古代皇帝祭祀の研究』岩波書店、二〇〇六年、初出は一九七九年）
金子修一＊「中国――郊祀と宗廟と明堂及び封禅」（『東アジアにおける日本古代史講座』九、学生社、一九八二年）
金子修一＊「漢代における郊祀・宗廟制度の形成とその運用」（『中国古代皇帝祭祀の研究』岩波書店、二〇〇六年）
狩野直喜『中国哲学史』（岩波書店、一九五三年）
狩野直喜『両漢学術考』（筑摩書房、一九六四年）
狩野直喜『春秋研究』（みすず書房、一九九四年）
鎌田重雄※『秦漢政治制度の研究』（日本学術振興会、一九六二年）
鎌田重雄＊「循吏と酷吏――地方官の二つの型とその配置」（『史学雑誌』五九―四、一九五〇年）
鎌田重雄＊「相国と丞相」（『秦漢政治制度の研究』日本学術振興会、一九六二年）
鎌田正『左伝の成立と其の展開』（大修館書店、一九六三年）
川原秀城『中国の科学思想』（創文社、一九九六年）
北村良和「前漢末の改礼について」（『日本中国学会報』三三、一九八一年）
木全徳雄「儒教の本質」（『漢文教室』七六、一九六六年）
楠山春樹「衍聖公の発端――褒成侯と殷紹嘉侯」（『斯文』一〇〇、一九九一年、『道家思想と道教』平河出版社、一九九二年）
熊谷滋三「後漢の羌族内徙策について」（『史滴』九、一九八八年）
栗原朋信「文献にあらわれたる秦漢璽印の研究」（『秦漢史研究』吉川弘文館、一九六〇年）
小島毅「郊祀制度の変遷」（『東洋文化研究所紀要』一〇八、一九八九年）
小島毅「天子と皇帝――中華帝国の祭祀体系」（『王権の位相』弘文堂、一九九一年）
小南一郎「天命と徳」（『東方学報』（京都）六四、一九九二年）
小林岳「劉昭と『集注後漢』」（『史滴』一三、一九九二年）
小林岳「劉昭の後漢書補志について――後漢書補成考」（『早稲田大学高等学院研究年誌』三八、一九九四年）
小林岳「劉昭の後漢書注について――集注後漢の内容をめぐって」（『史学雑誌』一〇六―七、一九九七年）
小林聡「後漢の少数民族統御官に関する一考察」（『九州大学東洋史論集』一七、一九八九年）

小林　聡　「漢代における中国周辺民族の内属について」（『東方学』八二、一九九一年）
小林信明　『古文尚書の研究』（大修館書店、一九五九年）
小林春樹　「三国時代の正統理論について」（『東洋研究』一三九、二〇〇一年）
斎木哲郎　「董仲舒の生涯・対策の年次、及び儒教国教化の実際について」（『東洋文化（無窮会）』七七、一九九六年、『秦漢儒教の研究』汲古書院、二〇〇四年に所収）
佐川　修※『春秋学論考』（東方書店、一九八三年）
佐川　修＊「董仲舒の改制説」（『集刊東洋学』六、一九六一年）
佐川　修＊「武帝の五経博士と董仲舒の天人三策について――福井重雅氏『儒教成立史上の二三の問題』に対する疑義」（『集刊東洋学』一七、一九六七年）
佐川繭子　「光武帝による火徳堯後の漢再興について」（『後漢経学研究会論集』二、二〇〇五年）
沢田多喜男　「董仲舒天譴説の形成と性格」（『文化』三一―三、一九六八年）
沢田多喜男　『黄帝四経　馬王堆漢墓帛書老子乙本巻前古佚書』（知泉書館、二〇〇六年）
塩沢裕仁　「漢魏許昌の所在と許昌の遷移」（『山名弘史教授還暦記念　法政大学東洋史論集』二〇〇二年）
塩沢裕仁　「漢魏の都城〝許昌〟」（『法政史学』六二、二〇〇四年）
重澤俊郎　「穀梁伝の思想と漢の社会」（『支那学』九―四、一九四二年）
重澤俊郎　「董仲舒研究」（『周漢思想研究』弘文堂書房、一九四三年）
重澤俊郎　『原始儒家思想と経学』（岩波書店、一九四九年）
志田不動麿　「赤眉の賊と漢城陽景王祠との関係」（『歴史教育』五―六、一九三〇年）
島　邦男　『五行思想と礼記月令の研究』（汲古書院、一九七一年）
任継愈（講）、吉川忠夫（訳）「儒家と儒教」（『東洋史研究』三八―三、一九七九年）
関口　順　「「儒教国教化」論への異議」（『中国哲学』二九、二〇〇〇年）
孫　険峰　「皇帝即位の禅譲文――三国・晋・南北朝における経学の一側面」（『筑波中国文化論叢』二六、二〇〇七年）
平　秀道　「後漢光武帝と図讖」（『龍谷大学論集』三七九、一九六五年）

平　秀道「魏の文帝と圖緯」(『龍谷大学論集』四〇四、一九七四年)
高津　純也「春秋三伝に見られる「華夷思想」について」「同続」(『史料批判研究』一、五、一九九八年、二〇〇〇年)
高津　純也「春秋公羊伝何休注の「中国」と「夷狄」について――公羊伝文との比較から」(『史料批判研究』七、二〇〇六年)
武内　義雄『儒教の倫理』(岩波書店、一九四三年、『武内義雄全集』第二巻　儒教篇一　角川書店、一九七八年に所収)a。
武内　義雄『中国思想史』(岩波書店、一九四三年、『武内義雄全集』第八巻　思想史篇一　角川書店、一九七八年に所収)b。
田中麻紗巳※『両漢思想の研究』(研文出版、一九八六年)
田中麻紗巳＊「『白虎通』の三綱説」(『集刊東洋学』二六、一九七一年)
田中麻紗巳＊「漢代の自然観について――董仲舒の説を中心として」(『日本中国学会報』二六、一九七四年)
田中麻紗巳＊「何休の夷狄観について――「進」を中心として」(『日本中国学会報』三四、一九八二年)
田中麻紗巳＊「『母以子貴』をめぐって――両漢の用例と何休の解釈」(『人文論叢』三三、一九八五年)
田中麻紗巳『春秋公羊解詁』緯書関連個所」(『緯学研究論叢』平河出版社、一九九三年)
田中麻紗巳※『後漢思想の探究』(研文出版、二〇〇三年)
田中麻紗巳＊『春秋公羊解詁』の「太平」について」(『人文論叢』京都女子大学　三六、一九八八年)
田中麻紗巳＊『漢書』の「春秋の義」について」(『東方学』八八、一九九五年)
田中麻紗巳＊「後漢初期の春秋学について」(『中村璋八博士古稀記念東洋学論集』汲古書院、一九九六年)
田中麻紗巳＊『白虎通』の「或曰」「一説」」(『人文論叢』(京都女子大学)三八、一九九〇年)
田中麻紗巳「漢代の穀梁伝」(渡邉義浩(編)『両漢における詩と三伝』汲古書院、二〇〇七年)a
田中麻紗巳『後漢書』所引春秋三伝」(渡邉義浩(編)『両漢における詩と三伝』汲古書院、二〇〇七年)b
津田左右吉『儒教の実践道徳』(岩波書店、一九三八年)
津田左右吉「太一について」(『白鳥博士還暦記念　東洋史論集』岩波書店、一九二四年)
津田左右吉「上代支那人の宗教思想」(『満鮮歴史地理研究報告』六、一九二〇年、『津田左右吉全集』第二十八巻　日本・シナ思想の研究、岩波書店、一九六六年に所収)
津田左右吉『儒教の実践道徳』(岩波書店、一九三八年)

津田左右吉 「漢代政治思想の一面」（『儒教の研究』第二、岩波書店、一九五〇年）
鉄井 慶紀 『「社」についての一試論」（『東方学』六一、一九八一年）
戸川芳郎・蜂屋邦夫・溝口雄三『儒教史』（山川出版社、一九八七年）
鄧 紅 『董仲舒思想の研究』（人と文化社、一九九五年）
藤堂 明保 「鄭玄研究」（蜂屋邦夫（編）『儀礼士昏疏』東京大学東洋研究所、一九八六年）
冨谷 至 「西漢後半期の政治と春秋学―『左氏春秋』と『公羊春秋』の対立と展開」（『東洋史研究』三六―四、一九七八年）
冨谷 至 「白虎観会議前夜――後漢讖緯学の受容と展開」（『史林』六三―六、一九八〇年）
冨谷 至 『『儒教の国教化』と『儒学の官学化』』（『東洋史研究』三七―四、一九七九年）
豊田 久 「周王朝の君主権の構造について――「天命の膺受」者を中心に」（『西周の青銅器とその国家』東京大学出版会、一九八〇年）
中江 丑吉 「公羊伝及公羊学に就いて」（『中国古代政治思想史』岩波書店、一九五〇年）
中嶋 隆蔵 「何休の思想」（『集刊東洋学』一九、一九六八年）
中林史朗・渡邉義浩『後漢紀』（明徳出版社、一九九九年）
南部 英彦 「何休の覇道観――陳蕃等の経世意識を手掛かりに」（『山口大学教育学部研究論叢』五三―一 人文科学・社会科学、二〇〇三年）
西川 利文 「漢代の儒学と国家――武帝期「官学化」議論を中心に」（『史学論集――仏教大学文学部史学科創設三十周年記念』一九九九年）
西嶋 定生 『秦漢帝国』（講談社、一九七四年、『西嶋定生東アジア史論集』第二巻 秦漢帝国の時代、岩波書店、二〇〇二年に所収）
西嶋 定生※『中国古代国家と東アジア世界』（東京大学出版会、一九八三年）
西嶋 定生＊「武帝の死――『塩鉄論』の政治史的背景」（『古代史講座』一一、学生社、一九六五年）
西嶋 定生＊「皇帝支配の成立」（『岩波講座 世界歴史』四、岩波書店、一九七〇年）
西嶋 定生＊「漢代における即位儀礼」（『榎博士還暦記念東洋史論叢』山川出版社、一九七五年）

能田忠亮・藪内清『漢書律暦志の研究』（東方文化研究所、一九五一年）
野間　文史『春秋正義の世界』（溪水社、一九八九年）
野間　文史『春秋学――公羊伝と穀梁伝』（研文出版、二〇〇一年）
服部宇之吉『孔子及孔子教』（明治出版社、一九一七年）
東　　晋次『王莽――儒家の理想に憑かれた男』（白帝社、二〇〇三年）
久野　昇一「前漢末に漢火徳説の称へられたる理由に就いて（上）（下）」（『東洋学報』二五―三、四、一九三八年）
日原　利国『春秋公羊伝の研究』（創文社、一九七六年）
日原利国（編）『中国思想辞典』（研文出版、一九八四年）
日原　利国※『漢代思想の研究』（研文出版、一九八六年）
日原　利国＊『『塩鉄論』の思想的研究」（『東洋の文化と社会』四、一九五三年）
日原　利国＊「春秋公羊学の漢代的展開」（『日本中国学会報』一二、一九六〇年）
日原　利国＊「白虎観論議の思想史的位置づけ」（『漢魏文化』六、一九六七年）
日原　利国＊「災異と讖緯――漢代思想へのアプローチ」（『東方学』四三、一九七二年）
日原　利国＊「王符の人間観」（『池田末利博士古稀記念東洋学論集』記念事業会、一九八〇年）
日原　利国＊「漢代思想研究の現況」（『アジア歴史入門』三、同朋舎出版、一九八三年）
日原　利国＊「華夷観念の変容」（『哲学研究』五五〇、一九八四年）
平井　正士「董仲舒の賢良対策の年次に就いて」（『史潮』一一―二、一九四一年）
平井　正士「漢の武帝時代における儒家任用――儒学国教化の前階として」（『東洋史学論集』三、一九五四年）。
平井　正士「漢代儒教国教化の定説の再検討（附五経博士についての一解釈）」（『杏林大学医学部進学課程研究報告』三、一九七六年）。
平井　正士「漢代の儒学国教化について」（『アジアの教育と社会』不昧堂出版、一九八三年）。
平井　正士「漢代に於ける儒家官僚の公卿層への浸潤」（『歴史における民衆と文化』国書刊行会、一九八二年）
平勢　隆郎『『春秋』と『左伝』――戦国の史書が語る「史実」、「正統」、国家領域観』（中央公論新社、二〇〇三年）
福井　重雅「黄巾の乱と起義の口号」（『大正大学研究紀要』文学部・仏教学部五九、一九七四年）a

福井　重雅　「黄巾集団の組織とその性格」（『史観』八九、一九七四年）b
福井　重雅　「黄巾の乱と伝統の問題」（『東洋史研究』三四―一、一九七五年）
福井　重雅※『漢代官吏登用制度の研究』（創文社、一九八八年）
福井　重雅＊「漢代の官秩制度と秩六百石の上下」（『史観』一〇二、一九八〇年）
福井　重雅※『陸賈『新語』の研究』（汲古書院、二〇〇二年）
福井　重雅＊「蔡邕と独断」（『史観』一〇七、一九八三年）
福井　重雅※『漢代儒教の史的研究』（汲古書院、二〇〇五年）
福井　重雅＊「儒教成立史上の二三の問題――五経博士の設置と董仲舒の事蹟に関する疑義」（『史学雑誌』七六―一、一九六七年）
福井　重雅＊「秦漢時代における博士制度の展開――五経博士の設置をめぐる疑義再論」（『東洋史研究』五四―一、一九九五年）
福井　重雅＊「班固の思想　続論――とくに『左伝』と緯書を中心として」（『史滴』二一、一九九九年）
福井　重雅＊「班固の思想　初探――とくに漢堯後説と漢火徳説を中心として」（『中国古典学論集』汲古書院、二〇〇〇年）
福井　重雅＊「儒教の国教化（稿）――日本における学説史・研究史の整理」（平成九・十年度文部省科学研究費研究成果報告書、株式会社サナエ、二〇〇〇年）b
福永　光司※『道教思想史研究』（岩波書店、一九八七年）
福永　光司＊「封禅説の形成」（『東方宗教』六・七、一九五〇年）
福永　光司＊「昊天上帝と天皇大帝と元始天尊――儒教の最高神と道教の最高神」（『中哲文学会報』二、一九七四年）
藤川　正数※『漢代における礼学の研究』増訂版（風間書房、一九八五年）
藤川　正数＊「大臣奪服の制について」（『漢代における礼学の研究』増訂版、風間書房、一九八五年）
藤田　忠　「上陵の礼よりみた明帝の礼制改革について」（『国士舘史学』一、一九九三年）
藤野　月子　「唐代の和蕃公主をめぐる諸問題について」（『九州大学東洋史論集』三四、二〇〇六年）
古橋　紀宏　「後漢・魏・晋時代における堯舜禅譲に関する経書解釈について」（『後漢経学研究会論集』二、二〇〇五年）
辺土名朝邦　「鄭玄の詩経解釈学」（『中国哲学論集』六、一九八〇年）

保科季子「前漢後半期における儒家礼制の受容——漢的伝統との対立と皇帝観の変貌」(『歴史と方法 五——方法としての丸山真男』青木書店、一九九八年)
保科季子「受命の書——漢受命伝説の形成」(『史林』八八—五、二〇〇五年)
保科季子「図讖・太学・経典——漢代「儒教国教化」論争に対する新たな視座」(『中国史学』一六、二〇〇六年)
保科季子「漢儒の外交構想——「夷狄不臣」論を中心に」(『中国東アジア外交交流史の研究』京都大学学術出版会、二〇〇七年)
保科季子「近年の漢代「儒教の国教化」論争について」(『歴史評論』六九九、二〇〇八年)
堀池信夫『漢魏思想史研究』(明治書院、一九八八年)
堀池信夫「漢代の「権」について」(渡邉義浩(編)『両漢における詩と三伝』汲古書院、二〇〇七年)
牧角悦子『中国古代の祭祀と文学』(創文社、二〇〇六年)
牧角悦子「詩経の文学性——聞一多の古代学を中心に」(渡邉義浩(編)『両漢における詩と三伝』汲古書院、二〇〇七年)
間嶋潤一「両漢に於ける「獲麟」の解釈に就いて」(『漢文学会会報』三六、一九七七年)
間嶋潤一「鄭玄の『六藝論』の「詩論」について」(『北海道教育大学紀要』第一部A人文科学編三二—一、一九八一年)
間嶋潤一「鄭玄の感生帝説に就いて」(『東方』五三、一九八五年)a
間嶋潤一「鄭玄の『魯礼禘祫義』の構造とその意義」(『日本中国学会報』三七、一九八五年)b
間嶋潤一「鄭玄の祭天思想に就いて——『周礼』国家に於ける圜丘祀天と郊天」(『中国文化—研究と教育』四五、一九八七年)
間嶋潤一「『尚書中候』における太平神話と太平国家」(『日本中国学会報』四五、一九九三年)
間嶋潤一「禅譲と太平国家——『尚書中候』における禅譲神話」(『中国文化—研究と教育』五二、一九九四年)
間嶋潤一「禅譲と受命——緯書における夏禹の受命神話」(『中村璋八博士古稀記念東洋学論集』汲古書院、一九九六年)
間嶋潤一「『尚書中候』における周の受命神話について」(『香川大学教育学部研究報告』I—九九、一九九七年)
増田清秀『楽府の歴史的研究』(創文社、一九七五年)
町田三郎『秦漢思想史の研究』(創文社、一九八五年)
松浦千春「漢より唐に至る帝位継承と皇太子—謁廟の礼を中心に」(『歴史』八〇、一九九三年)

松浦　千春「漢代の即位儀礼についての覚え書き――西嶋定生論の検証」（『一関工業高等専門学校紀要』三九、二〇〇四年）
松浦　千春「禅譲儀礼試論――漢魏禅譲儀式の再検討」（『一関工業高等専門学校紀要』四〇、二〇〇五年）
溝口　雄三「中国儒教の一〇のアスペクト」（『思想』七九二、一九九〇年）
南　　昌宏「鄭玄の感生帝説――周の始祖説話を中心として」（『中国研究集刊』一一、一九九二年）
南沢　良彦「『帝王世紀』の成立とその意義」（『日本中国学会報』四四、一九九二年）
宮川　尚志「禅譲による王朝革命の研究」（『六朝史研究　政治・社会篇』日本学術振興会、一九五六年）
宮川　尚志「儒教の宗教的性格」（『宗教研究』一八〇、一九六五年）
目黒　杏子「前漢武帝期における郊祀体制の成立――甘泉泰畤の分析を中心に」（『史林』八六―六、二〇〇三年）
目黒　杏子「漢代国家祭祀制度研究の現状と課題――皇帝権力と宇宙論の視点から」（『中国史学』一五、二〇〇五年）
目黒　杏子「王莽「元始儀」の構造――前漢末における郊祀の変化」（『洛北史学』八、二〇〇六年）
目黒　杏子「後漢郊祀制と「元始故事」」（『九州大学東洋史論集』三六、二〇〇八年）
守屋美都雄「前漢時代の郡国廟に就いて」（『地理歴史研究』一五―四、一九三八年）
守屋美都雄「晉故事について」（『和田博士古稀記念　東洋史論叢』一九五〇年、『中国古代の家族と国家』東洋史研究会、一九
　　　六八年に所収）
安居香山・中村璋八※『緯書の基礎的研究』（漢魏文化研究会、一九六六年）
安居　香山＊「漢魏六朝時代における圖讖と仏教」（『塚本博士頌寿記念　仏教史学論集』一九六一年）
安居　香山＊「王莽と符命」（『漢魏文化』四、一九六三年）
安居　香山＊「図讖の形成とその延用――光武革命前後を中心として」（『東方学』二七、一九六四年）
安居香山・中村璋八（編）『重修　緯書集成』巻五（孝経・論語）（明徳出版社、一九七三年）
安居香山・中村璋八（編）『重修　緯書集成』巻二（書・中候）（明徳出版社、一九七五年）
安居香山・中村璋八（編）『重修　緯書集成』巻一　上（易　上）（明徳出版社、一九八一年）
安居　香山※『緯書の成立とその展開』（国書刊行会、一九七九年）
安居　香山＊「感生帝説の展開と緯書思想」（『緯書の成立とその展開』国書刊行会、一九七九年）a
安居　香山＊「詩緯より見た緯書成立の考察」（『緯書の成立とその展開』国書刊行会、一九七九年）b

矢野　主税「曹操集団の性格の一考察」（『門閥社会成立史』国書刊行会、一九七六年）
山田　勝芳「儒学の国教化——中国的正統の形成」（『正統と異端——天皇・天・神』角川書店、一九九一年）
山田　統「天下という観念と国家の形成」（『共同研究　古代国家』啓示社、一九四九年、『山田統著作集』一、明治書院、一九八一年に所収）
山田　琢※『春秋学の研究』（明徳出版社、一九八七年）
山田　琢「董仲舒と春秋学」（『斯文』六、一九五三年）
山田　琢＊「穀梁伝の成立について」（『日本中国学会報』一〇、一九五八年）a
山田　琢＊「春秋の理想——公羊・穀梁二伝の夷狄観をめぐって」（『斯文』二二、一九五八年）b
山田　琢＊「公羊穀梁二伝の倫理思想について」（『東方学』一六、一九五八年）c
弭　和順「『塩鉄論』に見える対匈奴政策論争をめぐって」（『名古屋大学文学部研究論集』哲学三七、一九九一年）
横畑　茂明「春秋公羊伝の夷狄観」（『町田三郎教授退官記念　中国思想史論叢』一九九五年）
吉岡　義豊『道教と仏教』（日本学術振興会、一九五九年）
吉川幸次郎「中国人と宗教」（『東洋的社会倫理の性格』白日書院、一九四八年、『吉川幸次郎全集』第二巻　中国通説篇下、筑摩書房、一九七三年に所収）
吉川　忠夫※『六朝精神史研究』（同朋舎出版、一九八四年）
吉川　忠夫＊「党錮と学問——とくに何休の場合」（『東洋史研究』三五—三、一九七六年）
吉川　忠夫＊「真人と革命」（『東洋学術研究』一七—五、一九七八年）
吉田　篤志「『穀梁伝』に見る「変之正」——変則的行為の是認」（『大東文化大学漢学会誌』三二、一九九三年）
好並　隆司※『前漢政治史研究』（研文出版、二〇〇四年）
好並　隆司＊「前漢後半期の古制・故事をめぐる政治展開」（『別府大学大学院紀要』三、二〇〇一年）
好並　隆司＊「「称臣而不名」再考」（『史学研究』二三三、二〇〇一年）
好並　隆司＊「光武帝と匈奴——後漢王朝に臣従した単于」（『史学研究』二三七、二〇〇二年）
渡辺　恵理「前漢における華夷印制の形成——『有漢言章』の印文に関する一考察」（『古代文化』四六—一一、一九九四年）
渡邊さおり「王莽の易姓禅譲革命について」（『東海史学』二九、一九九五年）

渡辺信一郎※『中国古代国家の思想構造――専制国家とイデオロギー』（校倉書房、一九九四年）
渡辺信一郎＊「孝経の国家論――孝経と漢王朝」（『中国貴族制社会の研究』京都大学人文科学研究所、一九八七年）
渡辺信一郎※『中国古代の王権と天下秩序――日中比較史の視点から』（校倉書房、二〇〇三年）
渡辺信一郎＊「天下観念と中国における古典的国制の成立」（『中国の歴史世界――統合のシステムと多元的発展』東京都立大学出版会、二〇〇二年）
渡辺信一郎＊「古代中国の王権と郊祀――南郊祭天儀礼を中心に」（『中国古代の王権と天下秩序――日中比較史の視点から』校倉書房、二〇〇三年）
渡邉 義浩※『後漢国家の支配と儒教』（雄山閣出版、一九九五年）
渡邉 義浩＊「後漢時代の外戚について」（『史峯』五、一九九〇年）
渡邉 義浩＊「僤考」（『東方学』八五、一九九三年）a
渡邉 義浩＊「中国古代における祭祀権――後漢時代の孔子廟祭祀を中心に」（『北海道教育大学紀要』第一部B 社会科学編 四三―二、一九九三年）b
渡邉 義浩＊「「徳治」から「寛治」へ」（『中国史における教と国家』雄山閣出版、一九九四年）
渡邉 義浩＊「白虎通」（『後漢国家の支配と儒教』雄山閣出版、一九九五年）a
渡邉 義浩＊「官僚」（『後漢国家の支配と儒教』雄山閣出版、一九九五年）b
渡邉 義浩※『三国政権の構造と「名士」』（汲古書院、二〇〇四年）
渡邉 義浩＊「曹操政権の形成」（『大東文化大学漢学会誌』四〇、二〇〇一年）a
渡邉 義浩＊「「寛」治から「猛」政へ」（『東方学』一〇二、二〇〇一年）b
渡邉 義浩＊「浮き草の貴公子 何晏」（『大久保隆郎教授退官紀念論集 漢意とは何か』東方書店、二〇〇一年）c
渡邉 義浩＊「九品中正制度における『孝』」（『大東文化大学漢学会誌』四一、二〇〇二年）
渡邉 義浩＊「三国時代における「公」と「私」」（『日本中国学会報』五五、二〇〇三年）a
渡邉 義浩＊「死して後已む――諸葛亮の漢代的精神」（『大東文化大学漢学会誌』四二、二〇〇三年）b
渡邉 義浩＊「所有と文化――中国貴族制研究への一視角」（『中国―社会と文化』一八、二〇〇三年）c
渡邉 義浩 「井田の系譜――占田・課田制の思想史的背景について」（『中国研究集刊』三七、二〇〇五年）a

渡邉　義浩「「封建」の復権——西晉における諸王の封建に向けて」（『早稲田大学大学院文学研究科紀要』五〇—四、二〇〇五年）b
渡邉　義浩「杜預の左伝癖と西晉の正統性」（『六朝学術学会報』六、二〇〇五年）c
渡邉　義浩「杜預の諒闇制と皇位継承問題」（『大東文化大学漢学会誌』四四、二〇〇五年）d
渡邉　義浩「杜預の春秋長暦について」（『東洋研究』一五五、二〇〇五年）e
渡邉義浩（編）※『両漢の儒教と政治権力』（汲古書院、二〇〇五年）
渡邉　義浩＊「日本における「儒教の国教化」をめぐる研究について」（『両漢の儒教と政治権力』（汲古書院、二〇〇五年）f
渡邉　義浩＊「二千年の定説を覆す——福井重雅著『漢代儒教の史的研究——儒教の官学化をめぐる定説の再検討」（『両漢の儒教と政治権力』（汲古書院、二〇〇五年）g
渡邉義浩（編）『両漢における易と三礼』（汲古書院、二〇〇六年）
渡邉　義浩「司馬彪の修史」（『大東文化大学漢学会誌』四五、二〇〇六年）a
渡邉　義浩「西晉における国子学の成立」（『東洋研究』一五九、二〇〇六年）b
渡邉　義浩「九品中正制度と性三品説」（『三国志研究』一、二〇〇六年）c
渡邉義浩（編）『両漢における詩と三伝』（汲古書院、二〇〇七年）
渡邉　義浩「司馬氏の台頭と西晉の建国」（『大東文化大学漢学会誌』四六、二〇〇七年）a
渡邉　義浩「西晉における五等爵制と貴族制の成立」（『史学雑誌』一一六—三、二〇〇七年）b
渡邉　義浩「王肅の祭天思想」（『中国文化』六六、二〇〇八年）a
渡邉　義浩「陳寿の『三国志』と蜀学」（『狩野直禎先生傘寿記念　三国志論集』三国志学会、二〇〇八年）b
渡邉　義浩「西晉における「儒教国家」の再編」（『大東文化大学漢学会誌』四七、二〇〇八年）c
渡邉　義浩「西晉における華夷思想の変容」（『大東文化大学漢学会誌』四八、二〇〇九年）
渡会　　顕「漢代儒教国教化に関する二、三の考察——王莽の禅譲革命をめぐって」（『牧尾良海博士頌寿記念論集——中国の宗教・思想と科学』国書刊行会、一九八四年）
グラネ（著）、津田逸夫（訳）『支那人の宗教』（河出書房、一九四三年）
M．ウェーバー（著）、木全徳雄（訳）『儒教と道教』（創文社、一九七一年）

〔中　文〕

王　国　維『観堂集林』巻一（中華書局、一九五九年）
王　秀　臣『三礼用詩考論』（中国社会科学出版社、二〇〇七年）
王　柏　中『神霊世界：秩序的構建与儀礼的象征――両漢国家祭祀制度』（民族出版社、二〇〇五年）
何　照　清『両漢公羊学及其対当時政治之影響』（輔仁大学中国文学研究所碩士論文、一九八六年）
郭　熹　微「論魏晋禅代」（『新史学』八―四、一九九七年）
季　乃　礼『三綱六紀与社会整合――由《白虎通》看漢代社会人倫関係』（中国人民大学出版社、二〇〇四年）
甘　懐　真『皇権・礼儀与経典詮釈――中国古代政治史研究』（喜瑪拉雅研究発展基金会、二〇〇三年）
姜広輝（主編）『中国経学思想史』（中国社会科学出版社、二〇〇三年）
金　徳　建「白虎観与諸儒学派考」（『古籍叢考』台湾中華書局、一九六七年）
邢　義　田※『秦漢史論稿』（東大図書公司、一九八七年）
邢　義　田＊「天下一家――伝統中国天下観的形成」（『中国文化新論』一九八一年）
邢　義　田＊「漢代『故事』考述」（『労貞一先生八秩栄慶論文集』一九八六年）
卿希泰（主編）『中国道教史』第一冊（四川人民出版社、一九九六年）
呉樹平（校注）『東観漢記校注』（中州古籍出版社、一九八七年）
顧　頡　剛『秦漢的方士与儒生』（上海群聯出版社、一九五五年）
洪　廷　彦「両漢三国〝夷兵〟」（『文史哲』一九八五―三、一九八五年）
侯　外　盧『中国思想通史』第二巻（人民出版社、一九五七年）
耿　天　勤『鄭玄志』（山東人民出版社、二〇〇三年）
康　有　為『新学偽経考』（中華書局、一九五六年）
黄　復　山『東漢讖緯学新探』（台湾学生書局、二〇〇〇年）
崔　大　華「〝儒教〟辨」（『哲学研究』一九八二―六、一九八二年）
史　応　勇『鄭玄通学及鄭王之争研究』（巴蜀書社、二〇〇七年）

周桂鈿『董学探微』(北京師範大学出版社、一九八九年)
周徳良『白虎通曁漢礼研究』(台湾学生書局、二〇〇七年)
向晋衛『白虎通義――思想的歴史研究』(人民出版社、二〇〇七年)
葉程義『漢魏石刻文学考釈』(新文豊出版公司、一九九七年)
蕭登福『讖緯与道教』(文津出版、二〇〇〇年)
譚伝賢「十年来(一九八七〜一九九七)有関漢代酷吏与吏治研究綜論」(『中国上古秦漢学会通訊』四、一九九八年)
趙茂林『両漢三家《詩》研究』(巴蜀書社、二〇〇六年)
趙吉恵・郭厚安(主編)『中国儒学辞典』(遼寧人民出版社、一九八八年)
張栄芳「論両漢太学的歴史作用」(『中山大学学報』哲学社会科学版、一九九〇―二、一九九〇年)
張栄芳『中国的国教』(中国社会科学出版社、二〇〇一年)
張端穂『西漢公羊学研究』(文津出版社、二〇〇五年)
陳序経『匈奴史稿』(中国人民大学出版社、二〇〇七年)
陳蘇鎮『漢代政治与《春秋》学』(中国広播電視出版社、二〇〇一年)
陳　立『白虎通疏証』(中華書局、一九九四年)
唐雄山『賈誼礼治思想研究』(中山大学出版社、二〇〇五年)
皮錫瑞『経学通論』(中華書局、一九五四年)
苗潤田「儒学:宗教与非宗教之争――一個学術史的検討」(『中国儒学史研究』斉魯書社、二〇〇四年)
文幸福『詩経毛伝鄭箋弁異』(文史哲出版社、一九八九年)
馬　彪「試論漢代的儒宗地主」(『中国史研究』一九八八―四、一九八八年)
孟昭晋「曹丕与図書」(『北京大学学報』哲学社会科学版 一九八六―五、一九八六年)
楊　権『新五徳理論与両漢政治――「堯後火徳」説考論』(中華書局、二〇〇六年)
楊守敬『水経注疏』(江蘇古籍出版社、一九八九年、『楊守敬集』湖北人民出版社・湖北教育出版社、一九九七年に所収)
楊天宇『鄭玄三礼注研究』(天津人民出版社、二〇〇七年)
李国権・何克譲「儒教質疑」(『哲学研究』一九八一―七　一九八一年)

李　申『儒学与儒教』（四川大学出版社、二〇〇五年）
劉毓慶（等編）『詩義稽考』（学苑出版社、二〇〇六年）
林啓屏「論漢代経学的「正典化」及其意義――以「石渠議奏」爲討論中心」（『第四屆漢代文学与思想学術研討会論文集』国立政治大学中国文学系、二〇〇二年）
梁錫鋒『鄭玄以礼箋詩研究』（学苑出版社、二〇〇五年）

あとがき

本書は、渡邉義浩を代表とする科学研究費、基盤研究（A）「両漢儒教の新研究」（課題番号一七二〇二〇〇二）の研究成果の一部である。本科研は、二〇〇五年四月から二〇〇九年三月までの四年間に、四冊の共同研究の成果を刊行した。

渡邉義浩（編）『両漢の儒教と政治権力』（汲古書院、二〇〇五年、三二六頁）
渡邉義浩（編）『両漢における易と三礼』（汲古書院、二〇〇六年、四八七頁）
渡邉義浩（編）『両漢における詩と三伝』（汲古書院、二〇〇七年、四六三頁）
渡邉義浩（編）『両漢儒教の新研究』（汲古書院、二〇〇八年、四八八頁）

の四冊である。本書に収録した論文は、後掲のように、これらの本に掲載したものが多い。当初は、絶版となって久しい、渡邉義浩『後漢国家の支配と儒教』（雄山閣出版、一九九五年、四八六頁）を増補・改訂して一書にする予定であったが、未熟ながらも二十代にまとめた博士論文と、四年間におよぶ共同研究の結果、四十代にまとめた本書とでは接合しない部分も多く、前著の改訂は次の機会に譲ることにした。しかし、本書は前著を継承している部分が多い。「儒教国家」の成立について、歴史学の立場から仮説を提出した前著に対して、本書は思想史研究に踏み込んで「儒教国家」の内実に迫ろうと試みた。『全譯後漢書』を刊行していく中で、思想史の理解がなければ、志の翻訳が不可能であることを思い知ったこと、そして、何よりも、多くの思想史研究者との交流の中で、思想史への理解が深まったことが、思想史の視座より「儒教国家」の成立を考察した理由である。

本書を構成する諸章の中で、かつて発表した論文集・雑誌と論文題目は、次のとおりである。

第一篇　第一章「両漢における春秋三伝と国政」（渡邉義浩（編）『両漢における詩と三伝』汲古書院、二〇〇七年）

第二章「後漢儒教の固有性――『白虎通』を中心として」（渡邉義浩（編）『両漢の儒教と政治権力』汲古書院、二〇〇五年）

第三章「後漢における礼と故事」（渡邉義浩（編）『両漢における易と三礼』汲古書院、二〇〇六年）

第四章「両漢における華夷思想の展開」（渡邉義浩（編）『両漢儒教の新研究』汲古書院、二〇〇八年）

第二篇　第五章「鄭箋の感生帝説と六天説」（渡邉義浩（編）『両漢における詩と三伝』汲古書院、二〇〇七年）

第六章「両漢における天の祭祀と六天説」（渡邉義浩（編）『両漢儒教の新研究』汲古書院、二〇〇八年）

第七章「漢魏における皇帝即位と天子即位」（『東洋研究』一六五、二〇〇七年）

第八章「「魏公卿上尊號奏」にみる漢魏革命の正統性」（『大東文化大学漢学会誌』四三、二〇〇四年）

第九章「「受禪表」における『尚書』の重視」（『三国志研究』三、二〇〇八年）

今回、一書にまとめるにあたり、考え方の統一を図るとともに、文献表や資料の整備を行った。文献の整理には、大妻女子大学講師の仙石知子さんの協力を得た。編集経費の一部は、科学研究費より支出させていただいた。また、本書の刊行には、『全譯後漢書』でお世話になっている汲古書院があたってくれた。石坂叡志社長、編集の小林詔子さんには、今回もご迷惑をかけた。すべての人に深謝を捧げる。

二〇〇九年二月二七日

渡邉　義浩

著者紹介

渡邉　義浩（わたなべ　よしひろ）

1962年　東京都に生まれる
1991年　筑波大學大學院博士課程歴史・人類學研究科史學專攻修了，文學博士
1992年　北海道教育大學講師（教育學部函館分校）
現　在　大東文化大學教授（文學部中國學科）
著　書『後漢國家の支配と儒教』（雄山閣出版，1995年）
　　　『三國政權の構造と「名士」』（汲古書院，2004年）
編　書『兩漢の儒教と政治權力』（汲古書院，2005年）
　　　『兩漢における易と三禮』（汲古書院，2006年）
　　　『兩漢における詩と三傳』（汲古書院，2007年）
　　　『兩漢儒教の新研究』（汲古書院，2008年）
譯　書『全譯後漢書』（汲古書院，2001年〜，全19卷豫定）

後漢における「儒教國家」の成立

平成二十一年三月二十五日　發行

著　者　渡　邉　義　浩
發行者　石　坂　叡　志
印刷所　モ　リ　モ　ト　印　刷

發行所　汲　古　書　院
〒102-0072　東京都千代田區飯田橋二－五－四
電　話〇三（三二六五）九七六四
ＦＡＸ〇三（三二二二）一八四五

ISBN978－4－7629－2865－9　C3022

●魏・蜀・呉の政権構造を「名士」の視座から解き明かす!

三國政權の構造と「名士」

渡邉義浩著

本書は、後漢から両晋南北朝に至る転換期、とりわけ三国時代の歴史的位置を、「名士」が名士たり得た所以を解明し、彼らの国家政権との関わり方を国ごとに眺め、君主との力関係にその具体的な事象を見ながら、立体的に再現しようとするものである。「名士」が専有していた文化は他者からの干渉を受け付けようとはしない。三国の君主達はどう対応したのであろうか。

○内容目次

表八　蜀漢政権の枢要官

官職名	劉備（221–222）	諸葛亮輔政期（223–234）	蔣琬・費禕輔政期（235–249）
丞相	諸葛亮（徐Ⅱ）	諸葛亮（徐Ⅱ）	
大司馬			蔣琬（荊Ⅱ）
大將軍			蔣琬（荊Ⅱ）／費禕（荊Ⅲ
右大將軍			
錄尚書事	諸葛亮（徐Ⅱ）	諸葛亮（徐Ⅱ）	蔣琬（荊Ⅱ）／費禕（荊Ⅲ

▼A5判上製箱入り／総頁600頁／定価10500円
ISBN4—7629—2698—1　C3322

●「両漢文化」における易と三礼を分析する

両漢における易と三礼

渡邉義浩 編

【内容目次】

第一部 国際シンポジウム「易と術数研究の現段階」

趣旨説明 三浦國雄

一、漢代易学の基本的な特徴について 蕭 漢明

二、術数学——中国の数術 川原秀城

研究発表

一、『日書』より見た『周易』卦爻辞の用語・語法に関する考察 近藤浩之 大野裕司

二、易緯における世軌と『京氏易伝』 辛 賢

三、一種の注目に値する古代天文文献 劉 樂賢

第二部 第五一回国際東方学者会議 東京会議 シンポジウムⅥ「両漢における三礼の展開」

趣旨と背景 池田知久

一、後漢における礼と故事 渡邉義浩

二、漢代の「権」について 堀池信夫

三、『礼記』王制篇と古代国家法思想 王 啓発

四、『儀礼』鄭玄注と服部宇之吉の『儀礼鄭注補正』 蜂屋邦夫

五、鄭学の特質 池田秀三

第三部 両漢における易と三礼

一、『周易』研究の課題と方法 池田知久

二、出土文献から見た楚と秦の選択術の異同と影響 劉 樂賢

三、夫人の出国——董仲舒の「変礼」についての補遺 堀池信夫

四、鄭玄『三礼注』とその思想史的意義 王 啓発

▼A5判上製函入／500頁／定価10500円 06年9月刊

ISBN978-4-7629-2774-4 C3022

●中国学の垣根を越えた「両漢文化」研究の第三弾！

両漢における詩と三伝

渡邉義浩 編

【内容目次】

第一部 第五二回国際東方学者会議 東京会議 シンポジウムⅠ「両漢における『春秋』三伝の相剋」

一、『春秋事語』と『左伝』 野間文史・(コメント)李 承律

二、義から事へ——『左氏伝』の出現 岩本憲司・(コメント)狩野直禎

三、『春秋』の微言大義 ヨアヒム・ゲンツ・井川義次(訳) (コメント)堀池信夫

四、漢代の穀梁伝 田中麻紗巳・(コメント)吉川忠夫

五、両漢における『春秋』三伝と国政 渡邉義浩・(コメント)内山俊彦

第二部 国際シンポジウム「詩経研究の現段階」

一、『孔子詩論』の整理と研究 濮 茅左・田中靖彦(訳) (コメント)李 承律

二、両漢における四家詩の興亡について 石川三佐男・(コメント)池澤 優

三、詩経の文学性 牧角悦子・(コメント)渡邉義浩

四、鄭学における「毛詩箋」の意義 池田秀三・(コメント)古勝隆一

第三部 両漢儒教の諸問題

一、『後漢書』所引春秋三傳 田中麻紗巳

二、上海博物館楚竹書概述 濮 茅左・田中良明(訳)

三、鄭箋の感生帝説と六天説 渡邉義浩

四、歐陽尚書の六宗説について 池田雅典

▼A5判上製／474頁／定価10500円 07年12月刊

ISBN978-4-7629-2838-3 C3022

◎「両漢儒教研究」共同研究成果―第四弾！

両漢儒教の新研究

渡邉義浩 編

【本書】より　本書は、儒教と政治権力とが最も密接な関わりを持つ「天」に関する国際シンポジウムをまとめた第一部と、メンバーが四年間の研究成果を結実させた論文を中心とする第二部よりなる。

第一部「両漢における「天」の文化―思想史と歴史学の連携による」は、二〇〇八年五月二四日に、日本教育会館で行われた第五三回国際東方学者会議におけるシンポジウムをまとめたものである。

四年間にわたり、中国哲学・中国史学の枠を超えた学際的な共同研究を行うことにより、両者に共通する認識が着実に積みあげられた。具体的には、これまで、中国哲学と中国史学との間で、共通の認識を持ち得なかった「前漢武帝期に董仲舒の献策により五経博士が置かれ、儒教が国教化された」という班固の『漢書』の偏向による誤った認識は、溝口雄三・池田知久・小島毅『中国思想史』（東京大学出版会、二〇〇七年）の中では否定され、また、山川出版社の高等学校用教科書『詳説世界史』からも削除された。しかし、一方において、研究が進展するにつれ、両漢における儒教の問題を「両漢」という時間軸のなかだけで解明することに、次第に限界を覚えてきたことも事実である。シンポジウム「両漢における「天」の文化」において、儒教の「天」を扱うだけではなく、道教の「天」を対比材料として比較・検討を試みたのは、両漢という時間軸・儒教という分析視角だけでは、学際的な研究に限界のあることを認識したからに他ならない。

ことに、漢の儒教を集大成したとされる鄭玄の学説は、鄭玄に対する全面的な批判者である魏の王肅の学説を研究することで、初めてその儒教史上における位置を確定することができる。そして、魏から始まる魏晋南北朝時代は、漢代までの儒教一尊に代わって、儒・史・文・玄の四学、儒・仏・道の三教が兼修された時代となる。

【内容目次】

◆A5判上製／496頁／定価10500円　08年12月刊
ISBN978-4-7629-2850-5 C3022